STRENG GEHEIM

Andreas von Rétyi

STRENG GEHEIM

Area 51 und die »Schwarze Welt«

Geheime Experimente,
unterirdische Anlagen,
verborgene Sperrzonen

Weltbild

Genehmigte Lizenzausgabe für
Verlagsgruppe Weltbild GmbH,
Steinerne Furt, 86167 Augsburg
Copyright © 2002, 2001 by Jochen Kopp Verlag, Rottenburg
Umschlaggestaltung: Artelier/Peter Hofstätter, München
Umschlagmotiv: Archiv des Autors
Gesamtherstellung: Freiburger Graphische Betriebe
GmbH & Co. KG, Bebelstraße 11, 79108 Freiburg

Printed in Germany

ISBN 3-8289-3425-0

2006   2005   2004   2003
Die letzte Jahreszahl gibt die aktuelle Lizenzausgabe an.

Einkaufen im Internet: www.weltbild.de

Inhalt

KAPITEL 1

Sperrzonen und Maulkörbe –
Die Welt der Geheimnisse

Schwarz

Diese Nacht schien geeignet zu sein. Ja, es war eine von jenen Nächten, in denen Ungewöhnliches geschehen konnte. Die Sichel des zunehmenden Mondes neigte sich schon gegen den westlichen Horizont und goß ihr sanftkühles Licht über die kargen, felsigen Höhenzüge, wie sie für diese Landschaft so bezeichnend sind. Das grünblaue Dämmerlicht unmittelbar über den Bergen verriet eine besonders klare Luft. Bald würde die letzte schwach glimmende Erinnerung des vergangenen Tages und auch der Glanz des untergehenden Mondes verdrängt werden von einem tintenschwarzen Samthimmel, bedeckt vom Brillantenstaub der Sterne. Im Süden zeichnete sich das Sternbild Skorpion mit dem Riesenstern Antares schon deutlich ab, unweit davon glänzte der Mars, der seinen erdnächsten Punkt vor kurzem gerade verlassen hatte, um nach 2003 erst im Jahr 2287 der Erde wieder so nahe zu kommen.

Dunkle mondlose Nächte vor allem sind es, in denen sie mit ihren utopischen Fluggeräten erscheinen – sie, die man die Besten der Besten nennt. Sie kommen aus einem Niemandsland, einem unnahbaren Reich jenseits der waldlosen Gipfel, aus einer riesigen Stadt, die nur in der Zukunft zu existieren scheint. Wer ihrem Bannkreis zu nahe rückt, wird argwöhnisch beobachtet, und der, der ihn bricht, mag gar eine Reise ohne Wiederkehr antreten. Denn so lauten die Gesetze der »Schwarzen Welt«.

Was wie ein diabolisches Märchen anmutet, entstammt doch der Wirklichkeit. Im Sommer 2001 waren wir dieser geheimnisvollen Wirklichkeit wieder auf der Spur, wie schon viele Male zuvor. Der Schauplatz: Area 51 in Nevada. Nirgendwo sonst auf der Welt gibt es eine vergleichbar große, hermetisch abgeschottete Super-Geheimbasis, deren Existenz derart massiv negiert worden ist und immer noch weitestgehend abgestritten wird. Während in den vergangenen Jahren immer wieder Gerüchte kursierten, Area 51 sei mittlerweile inaktiv und man betreibe dort keine weiteren Undercover-Projekte, ergibt sich bei einer Vor-Ort-Betrachtung der Situation eine gänzlich andere Sachlage. Area 51, das ist unbestritten weiterhin Zentrum der »Schwarzen Welt«, eines verborgenen Netzwerks militärisch-nachrichtendienstlich-industrieller Geheimanlagen im Dienste der Führungselite der Vereinigten Staaten von Amerika.

Die Sicherheitsmaßnahmen um Area 51 sind drastisch verschärft worden, jeder, der sich nahe der Perimeter des riesigen Geländes befindet, steht nach wie vor unter intensiver Observation, und beim ersten falschen Schritt läuten alle Alarmglocken, sprich, der Eindringling lernt nun schnell seine ersten Lektionen, was ernsthafte Schwierigkeiten in der Praxis bedeuten können. Einen frühen Hinweis darauf vermitteln schon die Warntafeln an den diversen Schotterstraßen, die hinein in das Gelände führen. Mit roten Lettern leuchtet dort das Sätzchen: »Use of Deadly Force Authorized« – »Zur Anwendung tödlicher Gewalt autorisiert«. Die anonymen Wachtrupps, die entlang der Sperrzone patrouillieren, sind ganz offensichtlich »nervöser« geworden und verhalten sich aggressiver als noch vor wenigen Jahren. Sie sind seit Oktober 1999 auch nicht mehr mit den ziemlich auffälligen weißen Jeep Cherokees unterwegs, sondern fast ausschließlich nur noch mit neuen Ford F150-Modellen in einem sich dem Landschaftsbild weit besser »anpassenden« Champagnermetallic. Zahlreiche Veränderungen und Erweiterungen der Überwachungsvorrichtungen im Umland lassen nur einen Schluß zu: Area 51 befindet sich zur Zeit in einer neuen Phase extremer Geheimhaltung. Und das muß Gründe haben.

Als meine Begleiterin Nicki und ich uns im Juni 2001 in Rachel einfanden, dem mittlerweile schon durch Serien wie »Akte X« und Kino-Streifen wie »Independence Day« berühmt gewordenen, zur Geheimbasis nächstgelegenen winzigen Ort, begrüßten wir uns freudig mit Pat und Joe Travis, den liebenswerten Besitzern der kleinen

Motel-Bar »Little A ›Le‹ Inn«, und bezogen Quartier in einem der Wohncontainer. Diese Art der Behausung prägt das »Städtebild« von Rachel, das aus der Ferne betrachtet ein wenig aussieht, als hätte ein Riese unterwegs ein paar Schuhkartons verloren.

Das Bad unseres »Kartons« teilten wir uns mit dem Zimmernachbarn, und als ich den Raum betrat, fiel mir neben dem Waschbecken gleich ein deutscher Adapterstecker im Föhnkabel auf, was allerdings nicht recht zu den sonstigen, völlig amerikanischen Produkten und Accessoires passen wollte, die unser Mitbewohner aus dem Nebenzimmer hier abgelegt hatte. Man möchte kaum glauben, welche Rätsel einen im Umfeld von Area 51 gelegentlich noch beschäftigen!

Im »Inn« eröffnete uns Pat dann gut gestimmt, daß hier noch ein Deutscher namens Jörg Arnu wohne, direkt neben uns. Er betreue sogar ihre Homepage. – Das mußte

Pat und Joe Travis, die Inhaber des Little A ›Le‹ Inn.
(Aufnahme: Verfasser)

nun aber doch jemand sein, der sich schon länger in der Gegend aufhält, und damit hatte ich fast auch die Erklärung für meine so epochale Beobachtung im Badezimmer erhalten. Wir bestellten unser Abendessen, wobei für mich traditionell nur ein echter »Alien Burger« in Frage kam.

Ich hatte gar nicht bemerkt, daß zwischenzeitlich jemand durch die rückwärtige Tür des Gebäudes eingetreten war, als Pat zu unserem Tisch kam und meinte: »Das ist Jörg!« Ich drehte mich um und begrüßte den auf Anhieb sympathischen bärtigen jüngeren Mann, der freundlich lächelte und meinte: »Ihr seid auch aus Deutschland?«

Wir kamen sehr schnell ins Gespräch, wobei Jörg uns erklärte, er lebe schon seit über fünf Jahren in den USA, besitze die Green Card und werde nächstes Jahr endlich amerikanischer Staatsbürger. 1998 kam er erstmals nach Rachel, seitdem ließ ihn das Geheimnis um Area 51 nicht mehr los.

Mich freute zu hören, daß ihm ein Bekannter nur wenige Wochen zuvor einige Kopien aus meinem auch just 1998 erschienenen Buch »Geheimbasis Area 51« zugeschickt hatte, und im Nu fanden wir uns mitten im Ausbaldowern gemeinsamer Unternehmungen – dies nicht nur für die nächsten Tage!

Jörg verfolgt dieselbe Intention wie die meisten »Schwarze-Welt-Aktivisten« oder letztlich auch ich, er möchte der Öffentlichkeit mit gründlicher Arbeit zeigen, daß »Area 51« alles andere ist als das bloße Hirngespinst von Filmemachern und Verschwörungs-Theoretikern, sondern vielmehr Hort von Geheimprojekten ersten Ranges mit einer geradezu perfide wirkenden Abschottung vor der Außenwelt. Und er geht der Sache mit größter Konsequenz und ausgefeiltem technischen Know-how nach, wobei sein beruflicher Hintergrund als Nachrichtentechniker und Software-Entwickler beste Voraussetzungen zum Erfolg bietet. Das beweist auch seine Internet-Aktivität: Jörg betreut die derzeit einzige ständig aktualisierte und wirklich ausführliche Website zur Area 51 unter der Adresse www.dreamlandresort.com, nachdem andere gute Seiten mit der Zeit »eingefroren« wurden. Hier finden sich zahlreiche Informationen.

Glenn Campbell, jener einst so beharrliche Area-51-Forscher, der gewissermaßen an Ort und Stelle über Jahre hinweg glänzende Pionierarbeit geleistet hat und mit dem ich nahezu seit den ersten Tagen gut befreundet bin, hat sich 1997 nach Las Vegas zurückgezogen, eine Familie gegründet und seine Forschungen eingestellt. Seitdem liegt seine Internet-Seite brach. Andere, die dem Rätsel der Area 51 nachgegangen sind, haben in Anbetracht der extremen Geheimhaltung resigniert oder sich aus den verschiedensten Gründen neuen Interessen zugewandt. Eine Zeitlang war dann wohl nicht zuletzt deshalb der Eindruck entstanden, dort, im »Niemandsland« von Nevada, werde es langsam langweilig, die Basis sei gar nicht mehr aktiv. Dieses Gerücht erhielt vor allem durch einen Artikel Nahrung, den der Journalist Jim Wilson im Sommer 1997 in der amerikanischen Zeitschrift »Popular Mechanics« veröffentlicht hatte.

Wilson erklärte, auf eine Zufahrtsstraße zu Area 51 gefahren zu sein, bis hin zum Tor an der Sperrzone. Dort aber habe er keine Security-Leute mehr angetroffen, sogar selbst, nachdem er sich durch Hup- und Lichtsignale bemerkbar gemacht habe. Seine Schlußfolgerung aus allem war genau eben jene, daß Area 51 nicht mehr gesichert sei und daher auch nicht mehr als Geheimanlage genutzt werde. Ein unsinniger Trugschluß, denn der Journalist hatte sich massiv getäuscht, das Gate nämlich hat überhaupt nichts mit Area 51 zu tun, Wilson hatte sich schlichtweg in der Geographie geirrt! Und *wie* präsent die Wachtrupps sind, wenn man nur an die richtige Zone heranrückt!

Das sollten wir auch in den folgenden Tagen wiederholt beobachten. Interessanterweise zeigten sich die »Cammo Dudes«, die »getarnten Trottel«, wie Glenn sie taufte, auch an Orten, die noch relativ weit von der Sperrzone entfernt sind. Jörg, der sich über die Zeit eine exzellente Gelände-Kenntnis erarbeitet hat, fuhr an einem Tag mit mir zu einer abgelegenen Stelle zwischen Rachel und der Sperrzone. Dort war 1979 eine Phantom F-4 abgestürzt – ein Crash übrigens, den die Piloten nicht überlebten. Unfaßbar, mit welcher Wucht das Flugzeug beim Aufprall auf die felsigen Höhenzüge zerschmettert wurde! Als wir durch das weit ausgedehnte Trümmerfeld marschierten, zeigte sich auf einer benachbarten Anhöhe eines der neuen Security-Fahrzeuge. Dabei waren wir noch ziemlich weit von der Grenze entfernt. Offenbar handelt es sich bei der Örtlichkeit, die wir hier inspizierten, in irgendeiner Hinsicht um eine sensitive Stelle. Sicherlich aber nicht wegen des havarierten Flugzeuges, denn was hier geheim hätte sein können, wäre längst fortgeschafft worden.

Jörg machte während unserer Exkursion zwischen den zerfetzten Fragmenten der Maschine eine Bemerkung, über die ich erst am Abend in schallendes Gelächter ausbrach, als mir sehr plötzlich ihre groteske Komik bewußt wurde. Recht lapidar stellte er beim Begutachten einiger für uns nicht mehr identifizierbarer Teile fest: »Was man doch so alles braucht, um ein Flugzeug zu bauen!« – Irgendwie erschien es mir mit einem Male trotz aller Tragik ungeheuer komisch, daß man offenbar wirklich erst zu einer Absturzstelle fahren muß, um zu dieser Erkenntnis zu gelangen. Und tatsächlich, mir ging es nicht anders. Unsere »Freunde« in ihrem schicken champagnerfarbenen Ford machten sich allerdings darüber bestimmt keine Gedanken.

Wie gesagt, insgesamt fällt auf, daß die Wachtrupps »empfindlicher« geworden sind – ihre Reizschwelle liegt tiefer. Jörg war bei einer Gelegenheit nahe der Sperrzone unterwegs, als ein Fahrzeug mit relativ hoher Geschwindigkeit auf ihn zufuhr, um erst direkt vor seinen Füßen zum Stillstand zu kommen. Bei einer anderen Gelegenheit, so berichtete er mir, brüllte ein Sicherheitsmann zu ihm herüber, er solle sofort stehenbleiben, obwohl Jörg sich noch gut vor der Sperrzone auf öffentlichem Land befand. Gleich darauf schrie der Officer: »Bleiben Sie auf der Stelle stehen, seien Sie kein Narr!« – und als Jörg weiterging, immer noch auf öffentlichem Land: »Bleiben Sie sofort stehen, oder Sie werden gefangengenommen!« – auch Hubschrauber im Tiefflug kommen übrigens wieder verstärkt zum Einsatz, um potentielle Eindringlinge einzuschüchtern ... Keine Frage, es gibt Gründe dafür, warum der »Siedepunkt« der Security nun schneller erreicht ist.

Für jenen eingangs erwähnten Abend hatten wir besprochen, in der Nähe von Rachel ein kleines Wüstenbarbecue zu veranstalten. Wir hatten alle schon fleißig einkauft und wollten dann später das Angenehme mit dem Nützlichen verbinden. Das hieß in diesem speziellen Falle, wir wollten ein nächtliches Picknick

Jörg Arnu mit seinem kräftigen Tele.
(Aufnahme: Verfasser)

in freier Natur veranstalten und unseren Blick selbstredend auch »ein bißchen« auf die Aktivitäten von Area 51 richten. Vielleicht würden ja die »Besten der Besten« unterwegs sein, die hervorragendsten unter den Testpiloten von Area 51, um topgeheime Flugtechnologie in nächtlichen Tests zu erproben.

Außer Jörg, Nicki und mir hatte sich außerdem noch Bill eingefunden, ein unternehmungslustiger, äußerst humorvoller und aufgeschlossener »Wahl-Rachelaner«, der die Einsamkeit der Wüste liebt wie seine beiden Hunde »Big Dog« und »Snickers«. Als er das erste Mal nach Rachel und ins Little A ›Le‹ Inn kam, so erzählt er, rief er laut aus: »Ich bin zu Hause!« und erntete einen ziemlich verdutzten Blick von der Wirtstochter hinter der Theke. In den vielen Nächten, die er seitdem im Steppenland um die Area gecampt hat, konnte er schon einige merkwürdige Dinge am Himmel sehen. Und was er uns schilderte, waren keine Fantastereien.

Gegen zehn Uhr Abends zeigte sich eine Erscheinung wieder, von der Bill uns ebenfalls berichtet hatte, er habe sie bereits die Tage zuvor mehrfach gesehen. Westlich des Mondes tauchte sehr plötzlich ein weiß strahlendes Objekt auf, dessen Helligkeit innerhalb kürzester Zeit stark anstieg. Nachdem es eine Weile stationär verweilt hatte, verschwand es plötzlich in der Unsichtbarkeit. Bald darauf zeigte es sich nochmal, wobei es kurz hintereinander wie ein heller Stern leuchtete. Wenn es sich um die Landelichter eines Flugzeuges handelte, muß es schon außergewöhnlich manövrierfähig gewesen sein, um diesen Effekt zu bewirken. Außerdem wies es keinerlei typische Leuchtfeuer auf. Ein Erdsatellit wäre länger zu sehen und würde eine konstante Helligkeit beziehungsweise Helligkeitsentwicklung oder Rotationslichtwechsel zeigen. Und eine Sternschnuppe konnte es erst recht nicht sein. Wir hatten übrigens kurz zuvor ein wunderbares, grünblau leuchtendes und fragmentierendes Exemplar beobachtet – es war einer der mit Abstand schönsten Meteore, den ich in meinem Leben gesehen habe, dazu in einer der wundervollsten Landschaften, die man sich vorstellen kann. Was aber diese Lichterscheinung betraf, konnten wir uns keinen Reim darauf machen, sondern nur herumspekulieren. Ob wir da ein echtes UFO sahen? Wer weiß, in Nevada ist viel möglich …

Die in der Einsamkeit verborgene ultrageheime Basis Area 51, rund 130 Meilen nordöstlich von Las Vegas, stellt nach wie vor eines der größten menschengemachten Rätsel der Welt dar. Sie ist allerdings nicht abgekoppelt vom Rest der Geheimanlagen, sondern vielmehr die zentrale Schaltstelle jener »Schwarzen Welt«. Dieses komplexe und so lichtscheue Gebilde ein wenig zu beleuchten, darum soll es in den folgenden Kapiteln gehen. Area 51 als ungekrönte Königin des Schattenreichs spielt bei den folgenden Betrachtungen immer wieder eine impulsgebende Schlüsselrolle. Genauso aber wird sich erweisen, in wie vielen Variationen sich das Phänomen »Schwarze Welt« noch zeigt, wie viele streng geheime und entsprechend verborgene Projekte, schwer oder gar nicht zugängliche Test- und Untergrundanlagen sowie Tunnelsysteme existieren, von denen der Rest der Welt in der Regel nichts ahnt. So besteht meine Hauptintention darin, das bereits in meinem vorherigen Buch »Geheimbasis Area 51« behandelte Thema nun so aktuell wie möglich fortzusetzen und darüber hinaus die Verbindung mit anderen Geheimbasen der »Schwarzen Welt« zu zeigen.

Während der aktuellen Recherchen hat sich mein Verdacht schnell bestätigt, daß wir soeben in eine brandheiße Phase der Geheimnisse eintreten. Schon einige bisher völlig unbekannte Flugkörper, wie sie in der vergangenen Zeit wiederholt über Area 51 gesehen wurden, versprechen spannende Enthüllungen für die Zukunft, doch allein die Tatsache, daß sie mehrfach gesehen wurden, zeugt im gleichen Atemzug davon, daß man sich auf Area 51 keine größeren Sorgen über ihre Geheimhaltung mehr macht. Offenbar zählen Flugobjekte dieser Art dort gewissermaßen fast schon wieder zum »alten Eisen«. Derzeit sind mit Sicherheit noch ganz andere Projekte in Arbeit. Nicht umsonst sichert man das ohnehin bestens bewachte Gelände mit zusätzlichen Überwachungskameras ab, stellt Radaranlagen auf, verbreitert Straßenzüge, legt weitere Rollbahnen an, pflanzt neue Observationsdome auf Bergspitzen und verstärkt die Kontrollpunkte an den Einfahrten.

Von unserer nächtlichen Raststelle aus war die nunmehr ergänzte Radarstation auf dem 3.000 Meter hohen Bald Mountain deutlich zu sehen. Auf dessen fernem Gipfel leuchteten nun zwei schwache rote

Lichter. Während wir unsere Sandwiches vorbereiteten, das Feuer schürten und uns bemühten, einiges lästiges Wüstengetier abzuwimmeln, begrüßte der Mond bereits den westlichen Horizont. Die Sichel war keine ganz schmale mehr, doch immer noch zeigte sich der schwache Schimmer des Erdlichts auf der lunaren Nachtseite. Denn vom Mond aus gesehen ist zu jener Zeit nahezu »Voll-Erde«, sie reflektiert also viel Sonnenlicht zum Mond, der dieses Licht dann wieder zur Erde zurückwirft. Wenn Sie es nicht ohnehin schon gesehen haben, achten Sie doch einmal darauf, sobald der Mond wieder als Sichel am Himmel steht. Bei klarer Sicht werden Sie dieses »aschgraue Licht« und auch den von der Sonne unbeleuchteten Rest des Mondes sehen können. Als ich dort hochblickte, amüsierte mich der Gedanke, denn hier sah ich zwar nicht die Rückseite, aber doch immerhin die dunkle Seite des Mondes. »Die dunkle Seite des Mondes«, das ist aber auch ein gelegentlich in der Verschwörungsliteratur verwendeter Begriff für Area 51! So beobachteten wir die »dunkle Seite« in jener Nacht gleich zweimal.

Ein Berg wie ein Schweizer Käse

Es war ein sehr ruhiger Samstagvormittag auf einem extrem weitläufigen US-Militärgelände irgendwo im Westen der Vereinigten Staaten. An diesem so stillen, sehr speziellen Samstag im Frühjahr 1998 riskierte ein guter Freund von mir Kopf und Kragen, als wir unterwegs waren, einige Bezirke dort genauer zu erkunden. Er selbst – ich will ihn hier einfach Charles nennen – war zu jener Zeit als ziviler Mitarbeiter beschäftigt und kannte auch einige »intimere Details« des riesigen Geländes. Außerdem wußte Charles schon lange von meinem ausgeprägten journalistischen Interesse an militärischen Geheimprojekten, an ungewöhnlichen Flugkörpern, Sperrgebieten und verborgenen Anlagen. Nun wollte er mir ein paar auch nicht gerade uninteressante Stätten zeigen, die er alltäglich zu sehen bekam. Mit seinem kleinen Pickup fuhren wir tatsächlich bald an recht merkwürdigen Strukturen vorbei, darunter ungewöhnliche Kombi-

Ein geheimnisvoller Experimentalturm.
(Aufnahme: Verfasser)

nationen aus Spiegeln und Antennen oder ein hoher Betonturm, auf dem ein Gebilde thronte, das fast wie ein Schaffott aussah. Auf einigen Höhenzügen im militärischen Umland blinkten Solarpaneele und mächtige metallische Kuppeln, die mit an Sicherheit grenzender Wahrscheinlichkeit astronomische Teleskope in sich bargen – Sternwarten beim Militär, gar nicht so selten wie man zunächst vielleicht vermuten würde.

Wir fuhren weiter, machten einen größeren Bogen um einen Rundbau beachtlichen Ausmaßes, der aus mehreren, ineinander geschachtelten Aluminiumzylindern konstruiert zu sein schien, und näherten uns schließlich einer recht unauffälligen Hügelregion. Als wir ein Stück herangekommen waren, konnte ich erkennen, daß am Fuß der Höhenzüge ein Sperrgebiet begann. Drei hohe Zäune verwehrten hier jeden Zugang. Was aus größerer Entfernung kaum auffiel, entpuppte sich nun als beeindruckende Sicherheitszone, die selbst aber doch bereits auf militärischem Territorium lag. Mein Freund parkte den Wagen am Rand der kleineren Seitenstraße und wandte sich mir zu: »Hier vor uns haben wir ein Sperrgebiet innerhalb eines Sperrgebietes«, erklärte er mir, fast etwas amüsiert.

Ich wollte ein paar Bilder davon machen und fragte ihn, ob das in Ordnung gehe, worauf er nur meinte: »Kein Problem, wir können auch noch etwas näher heran.« Er startete den Motor wieder, und wir fuhren auf die Anlage zu. Wirklich imposant. Vor allem der innerste Zaun sah bedrohlich aus, mit all den messerscharfen, stabil gewundenen Drahtschleifen an seiner Oberseite. Charles ergänzte: »Am mittleren Zaun liegt natürlich Hochspannung an!« – Auch gut zu wissen!

Plötzlich standen wir vor dem Gate, jenem breiten Zugangstor, auf dessen rechter Seite sich ein wie üblich schmuckloses Wachhäuschen befand. Ich konzentrierte mich auf das getönte, im Schatten des weiten Vordachs liegende Fenster, konnte dahinter aber niemanden erkennen. Tatsächlich, das kleine Gebäude war leer. Auch sonst absolute Ruhe. Vor wenigen Minuten hatten wir zwar in einiger Ferne ein Fahrzeug ausmachen können, doch folgte es einem Straßenzug, der von uns wegführte. Ansonsten nichts. Ein wirklich stiller Samstag.

Charles schaute wieder herüber. Er hielt noch einen Moment inne und fragte mich dann: »Möchtest Du noch etwas näher hin?« Ich hatte kaum zu einer Antwort angesetzt, als er schon hinzufügte: »Also, eigentlich ist es ja von der anderen Seite noch interessanter. Habe ich schon erwähnt, daß ich zum Wachteam gehöre?« – Ich glaubte mir sicher zu sein, daß er das nicht hatte. Aber, beabsichtigte er nun wirklich und wahrhaftig das, was er hier andeutete? Mir war jetzt auch klar, warum seine Augen so mystisch glänzten.

Mein guter Freund zog ein Kärtchen aus der Tasche, fuhr auf das Gate zu und stieg dann aus dem Pickup, um auf einen kleinen Metallkasten zuzugehen, dessen Vorderfläche von Blenden abgeschirmt war. Er schob die Karte hinein und gab einen längeren Code ein, nur mit dem Unterschied, daß dabei nun nicht etwa ein paar Banknoten herauskamen, sondern vielmehr das breite Tor vor uns aufging. Als er sich wieder in den Wagen setzte, fiel mir nichts Besseres ein als die Bemerkung »Du bist verrückt!«

Nun, seine Augen glänzten immer noch.

Es war schon ein spannender, erwartungsvoller und auch etwas beklemmender Moment, als wir einen Zaun nach dem anderen passierten und dann innerhalb des Sperrgebietes abwarteten, bis sich das Tor hinter uns wieder komplett geschlossen hatte. Charles setzte seinen Pickup daraufhin wieder in Bewegung, und wir folgten einer kleinen geteerten Straße, um bald hinter einigen Hügelchen aus der direkten Sichtlinie zu verschwinden.

»Du befindest Dich jetzt auf einem Gelände in den USA, das auch ein US-Bürger nicht ohne spezielle Befugnisse betreten darf.« Mit diesen Worten verklarte mir mein Freund die besondere Situation. Das reichte bald schon für ein schlechtes Gewissen, andererseits war da auch meine mit Blick auf gewisse technologische Geheimnisse unstillbare Neugierde. Außerdem übertünchte viel eher meine Sorge darüber, was geschehen würde, wenn man uns entdeckte, alle anderen Erwägungen. Es würde wohl einiges Gebrüll mit sich bringen, das aufregende Gefühl einer scharfen Waffe am Kopf, dazu stundenlange Verhöre, Verhaftung, Landesverbot, weiß der Teufel was, und vor allem: Mein Freund wäre seinen Job los und ruiniert …

Nun, jetzt waren wir ohnehin schon drinnen und somit gab es auch kein Zurück mehr. Demnach begann ich nun langsam, den Augenblick zu genießen, wenn man das so sagen darf.

Da waren wir also, auf streng abgeriegeltem Gebiet.

Charles fuhr jetzt die Strecke ab, die er stets auf seinen Wachgängen zu absolvieren hatte. »Dieser ganze Berg hier, schau ihn Dir nur mal genau an«, forderte er mich auf. Ich betrachtete die weichen Höhenzüge südlich von uns eingehend, mein Blick wanderte langsam über sie hinweg, dann stutzte ich auf einmal. – »Ja, genau, sieh' Dir das an!« Charles hatte meine Reaktion bemerkt. Plötzlich konnte ich die dunklen, regelmäßig geformten Stellen auch deutlich erkennen. Warum ich sie vorher nicht gesehen hatte, schien mir rätselhaft, denn so gut versteckt waren sie gar nicht einmal. Aber sie fügten sich doch wunderbar in die Steppenlandschaft mit ihrem Wechsel aus Hell und Dunkel ein. »Das sind Bunkertore«, erklärte mir Charles. »Sie führen in lange, unterirdische Tunnel hinein. Insgesamt gibt es hier ungefähr 300 solcher Eingänge. Der ganze Berg ist durchlöchert wie ein Stück von eurem guten Schweizer Käse. Wir befinden uns hier auf einem der größten Atomwaffenlager unseres Landes.«

Am Eingang zur Hölle

Nicht zu fassen, der gesamte Höhenzug innerhalb des von 16 Kilometer Zaun umsäumten Geländes, diese aus einiger Ferne absolut unscheinbar wirkende Hügelregion besteht aus gewaltigen unterirdischen Waffenlagern in einem System aus verborgenen Bunkern, Schächten und Tunnelpassagen!

Charles setzte die Fahrt fort. Auf der linken Seite konnte ich nun weitere Bunkertore im Berg erkennen – einige davon standen sogar sperrangelweit offen. Mit Sicherheit befand sich hier nichts mehr, diese Lager mußten wohl geräumt worden sein. Am liebsten hätte ich meinen Freund gebeten anzuhalten, damit wir einen Blick hineinwerfen hätten können, doch wollte ich ihn nicht möglicherweise noch tiefer in ein Desaster hineinreiten. Deshalb sagte ich nichts und starrte nur fasziniert auf die offenen Türen. Schließlich kamen wir ganz nahe an eines dieser massiven Stahltore heran. Ich konnte es kaum glauben, nun gleichsam direkt vor dem »Eingang zur Hölle« zu stehen.

Die stählerne Doppelpforte war mit mehreren Schlössern und mächtigen Bolzen stabil gesichert, auf jeder Hälfte befand sich ein vorkragender Metallkasten mit je einem wuchtigen Hebel. Der in stumpfem Braungrau gestrichene Eingang, der von einer schweren Betonmauer eingefaßt war, wirkte wie das Mahnmal einer apokalyptischen Zukunft – und nichts anderes war er ja letzten Endes auch. An der Tür befanden sich mehrere Schilder; auf der linken Seite ein rot umrandetes mit Angaben zu verbotenen Stoffen, auf der rechten ein gelbes mit Informationen über gesetzliche Regelungen zu Atomwaffen und Nuklearmaterial. Dann gab es noch ein Hinweisschild, daß es sich hier um US-Eigentum handele, natürlich drohten an jener Pforte eindringliche Warnungen und Verbote, die Anlage zu betreten. Für einen »normalen Sterblichen« lag diese Option eigentlich ohnehin weit jenseits des Möglichen. Eigentlich.

Ich stand für eine Weile vor dem Bunker, dann machte ich recht eilig noch ein Foto und stieg wieder in den Pickup. Vor meinem geistigen Auge tauchten Bilder der apokalyptischen Reiter auf.

Nun ärgere ich mich darüber, daß ich nicht wenigstens noch Nahaufnahmen der einzelnen Schilder gemacht habe, vielleicht standen sonst noch interessante Informationen darauf, aber wir hatten zu dem Zeitpunkt bereits eine knappe halbe Stunde auf dem Gelände verbracht. Das war unter den gegebenen Umständen doch schon sehr viel. Charles schien nun auch langsam ein wenig unruhiger zu werden und den Rückweg antreten zu wollen. Er ließ sich zwar äußerlich nichts anmerken und war weiterhin zu einigen für ihn typischen scherzhaften Bemerkungen aufgelegt, doch irgendwie spürte ich trotzdem, daß wir nun eine sehr sensible Grenze erreicht hatten – abgesehen einmal davon, daß wir im Grunde schon längst über sie hinweg waren! Weiter in die Geheimnisse des Berges vordringen konnten wir ohnehin nicht mehr. Auf der Rückfahrt kamen wir immer wieder in die Nähe des Dreifachzaunes, wobei sich Charles darauf verließ, daß sein kleiner grüner Pickup auf der Militärbasis und dem gesonderten Sperrgelände ausreichend bekannt war, um kein weiteres Aufsehen zu erregen. Man sollte eben nur nicht gerade erkennen können, daß außer dem Fahrer noch jemand im Wagen saß.

Nachdem wir uns noch einen Moment umgesehen hatten, steuerten wir geradewegs auf das Gate zu. Die Spannung wuchs, als wir uns dem Tor näherten. Hoffentlich würde nicht im letzten Moment doch noch jemand bemerken, was sich hier gerade abspielte. Charles setzte den Öffnungsmechanismus in Bewegung, und majestätisch langsam schoben sich vor uns die Gitter zur Seite. Nicht mehr lange, und wir sollten wieder auf der »sicheren« Seite sein. Endlich konnten wir durchfahren. Hinter uns schloß sich das Tor genauso langsam wie es sich aufgetan hatte. Charles erklärte, er müsse unbedingt abwarten, bis es wieder absolut fest verriegelt sei, denn: Das Gate bereits vorher zu verlassen, würde einen massiven Sicherheitsbruch bedeuten. Wir mußten unweigerlich über diese Bemerkung lachen, verständlicherweise …

Offenbar – und nach meinem Dafürhalten auch wundersamerweise – hatte uns wirklich niemand gesehen. Wir konnten die »Mutterbasis« wieder unbehelligt verlassen. Doch auch die nächsten Tage waren wir etwas unsicher. Ich hoffte nur, daß mein Freund nicht später noch Probleme bekommen würde.

Wir hatten aber tatsächlich Glück gehabt. Es geschah nichts.

Nun, lediglich wenige Jahre zuvor war das Gelände noch äußerst scharf bewacht gewesen, ständig patrouillierten Sicherheitskräfte in

Jeeps entlang der Grenzen jener »inneren Basis«. Damals wäre eine Aktion der von uns realisierten Art völlig undenkbar gewesen. Zwar ist das Gelände immer noch definitiv streng abgeriegeltes Sperrgebiet, doch muß sich mittlerweile etwas geändert haben. Wesentliches Material wurde ohne Zweifel an einen anderen, noch besser geschützten Ort verbracht.

Der Manzano-Untergrund

Ein dreifach umzäuntes Gelände, wie wir es damals aufgesucht haben, befindet sich in New Mexico: der Manzano-Distrikt der Kirtland-Luftwaffenbasis in Albuquerque.

Mit der Basis von Manzano, übrigens ein Wort indianischer Herkunft, das schlicht und einfach »Apfel« bedeutet, verbindet sich folgende »kriegerische Geschichte«: Im Jahre 1949 schon begannen die Militärs mit ersten Arbeiten, die Manzano-Berge zu durchtunneln. Sie legten Gänge, Stollen und Untergrundgewölbe an. Der Sinn und Zweck des Unternehmens bestand darin, dort nukleare Sprengköpfe aufzubewahren, sie möglicherweise auch erst dort herzustellen oder zusammenzusetzen. Der Apfel war gleichsam madig geworden.

1989 dann begannen die Experten auf Kirtland mit der Errichtung eines zweiten hochgeheimen Komplexes, der rund fünf Jahre später fertiggestellt wurde. Dieses extrem stark gesicherte Gelände übernahm wohl einiges aus dem Manzano-Reservoir. Einer sehr verläßlichen, direkten und gut informierten Quelle zufolge handelte es sich dabei nicht allein um Nuklearmaterial, sondern auch um Material, das man an einem solchen Ort eher weniger erwarten würde, wie zum Beispiel illegale Drogen – dies warum auch immer. Doch selbst, wenn wir uns nicht um die Frage kümmern, was nun wirklich von dort in die neue, zu über 90 Prozent unterirdisch konstruierte Anlage gebracht worden ist, seine Natur muß einen gravierenden Grund für die massive Geheimhaltung abgeben, die sich ebenfalls deutlich von »alt« nach »neu« verlagert hat. Heute teilen sich

US-Luftwaffe und das US-amerikanische Atomenergie-Ministerium – *Department of Energy, DOE* – die Nutzung der Manzano-Untergrundanlage. In beiden Einrichtungen, sowohl der neuen als auch der alten, werden weiterhin streng geheime Güter aufbewahrt und etliche nicht minder geheime Projekte durchgeführt.

Die beiden Autoren Tad Bartimus und Scott McCartney weisen in ihrem 1991 erschienen, hervorragenden Buch »Trinity's Children« explizit auf die Bedeutung des Dreifachzaunes hin: »Die Basis an den ›Four Hills‹ der Manzanos ist von einem dreifachen Ring Maschendrahtzaun umgeben, gekrönt von Stacheldraht. In Militärkreisen bedeutet ein dreifacher Maschendrahtzaun mit Stacheldraht dasselbe wie eine Warntafel, aus der es geradezu herausschreit: ›Kernwaffen direkt hier drinnen! Direkt hier!‹«

Interessant ist nun das Verhalten der Behörden zur Existenz oder Nicht-Existenz dieser Anlagen. Wir wissen mit hundertprozentiger Sicherheit, daß es sie tatsächlich gibt. Doch Anfragen unter dem Gesetz zur Informationsfreiheit, dem sogenannten *Freedom of Information Act* (*FOIA*), das in den siebziger Jahren verabschiedet wurde, konnten in dieser Sache überhaupt nicht fruchten. Natürlich ist dieses Gesetz kein Freibrief, niemand wird wirkliche Geheimnisse damit lüften können. Denn sobald beispielsweise die Privatbeziehungsweise Intimsphäre von Personen gefährdet ist oder vor allem aber die nationale Sicherheit der Vereinigten Staaten auf dem Spiel steht, können die Ämter und Behörden, die sich mit diesem lästigen Informationsgesetz und den zahlreichen Anfragen von Bürgern herumschlagen müssen, dem unbequemen Drängen einen schwerwiegenden Riegel vorschieben. FOIA ist dann automatisch außer Kraft gesetzt.

Dergleichen gibt es viele Fälle. Allerdings wird dieser Umstand dem Nutzer von FOIA dann auch mitgeteilt, ohne jedoch irgendwelche weiteren Aussagen darüber zu treffen, ob nun Informationen existieren oder nicht, ob nun eine bestimmte Einrichtung existiert oder nicht, ob nun ein bestimmtes Projekt existiert oder nicht. Die stereotype Auskunft erschöpft sich schlichtweg in der Phrase: »… can neither confirm nor deny …« – man könne eben »weder bestätigen, noch abstreiten«, daß die zur Debatte stehenden Informationen oder Einrichtungen existieren.

Manchmal aber scheinen sogar andere Mittel probat zu sein: unter anderem sogar die faustdicke Lüge. Oder wie sonst soll man es nennen, wenn die Existenz der betreffenden, unbestritten vorhandenen Anlagen auf Manzano von offizieller Seite definitiv geleugnet wird? Oder die Existenz der supergeheimen Area 51 in Nevada? Oder …?

Tunnelsysteme in der Climax-Mine.
(Aufnahme: U.S. Department of Energy)

Der amerikanische Politologe Dr. Richard Sauder, der uns in diesem Buch noch des öfteren begegnen wird, hat hochinteressante und sehr umfangreiche Nachforschungen zum Thema »Geheime Untergrundanlagen« angestellt. Er hat sich auch unter dem FOIA nach der Existenz von Untergrundanlagen des DOE erkundigt, die sich nicht zuletzt in Texas befinden, in Colorado und in New Mexico, in der berühmten Atomstadt Los Alamos, und ebenso auf Kirtland. Die Anfrage ging direkt an das DOE-Büro, das in den selbst schon wieder höchst geheimnisvollen Sandia-Laboratorien auf der Kirtland-Basis zu finden ist. Die ernüchternde und trotzdem faszinierende Antwort war einfach, man habe keine Dokumente oder Aufzeichnungen gefunden, die der Nachfrage entsprechen könnten. Angeblich verfüge man über keinerlei Informationen. Faszinierend ist diese Antwort ganz einfach deshalb, weil sie die Unverfrorenheit der betreffenden Stellen bloßlegt. Denn wie Dr. Sauder feststellt, hatte zu jener Zeit bereits die örtliche Zeitung über die Existenz von Untergrundbasen auf Kirtland berichtet, die zu 50 Prozent vom DOE, also der Atomenergie-Behörde genutzt werden!

Jetzt ist es nur noch eine reine Definitionsfrage, ob wir die Antwort als schlichte Lüge interpretieren wollen oder aber als das Recht einer Behörde, die Existenz einer Geheimanlage eindeutig abzustreiten, anstatt einfach jede Aussage zu verweigern. Wir wissen in diesem speziellen Fall, daß die Zeitung keine Ente produziert hatte, als sie von den verborgenen Kirtland-Basen berichtete. Doch das interessierte die Behörden nur peripher. Denn die Existenz einer Anlage ist wohl erst dann eine Tatsache, wenn deren Betreiber sie ebenfalls zugibt. Andernfalls können sogar detailreiche erdgebundene wie satellitengestützte Aufnahmen von Geheimbasen vorgelegt werden, ohne daß das Militär oder andere offizielle Stellen sich davon beeindruckt zeigen und auch nur einen Schritt machen würden, deren Existenz einzugestehen.

So auch bei der berühmt-berüchtigten Area 51, der paradoxerweise bekanntesten Geheimbasis der Welt, die dennoch bis auf den heutigen Tag ihre wesentlichsten und aktuellsten Mysterien zu verbergen wußte.

Geheimhaltung funktioniert wirklich!

Mittlerweile ist beinahe ein Jahrzehnt vergangen, seit ich diese supergeheime Stadt im Bergland von Nevada das erste Mal mit eigenen Augen sehen konnte, die gewaltigen Hangars, die bis zu zehn Kilometer langen Rollbahnen, die ausladenden Radareinrichtungen und vieles mehr. Ich werde diesen Eindruck mein ganzes Leben lang nicht vergessen.

Area 51 steht seit vielen Jahren, sogar schon seit Jahrzehnten in einem höchst mysteriösen Ruf. Sie soll nicht nur Forschungs-, Entwicklungs- und Teststätte für ultramoderne Geheimflugzeuge sein, sondern auch Lager für eine noch fremdere Technologie, die nach

Aussage verschiedener Zeugen nicht von der Erde stammt. Da ich in mehreren Büchern auf dieses spezielle Thema eingegangen bin, möchte ich es hier nicht in den Vordergrund stellen. Doch auf ungewöhnliche Flugkörper und unerklärliche Sichtungen werde ich durchaus wiederum zu sprechen kommen, gleich, welche Erklärungen sich dafür vielleicht einst, in hoffentlich nicht zu fernen Tagen, finden werden. Wir sollten bei allem wohl auch nie vergessen, daß der in diesem Zusammenhang oft gebrauchte Begriff »UFO« in seinem ureigentlichen Sinne sehr neutral ist, daß er nämlich nicht mehr und auch nicht weniger bedeutet als »unidentifiziertes fliegendes Objekt«; ein außerirdisches Raumschiff muß das allerdings noch lange nicht sein. Zwar halte ich mich aus verschiedenen Gründen – auch aus einem sehr festen Prinzip weitestgehender Unvoreingenommenheit gegenüber nicht abwägbaren Wahrscheinlichkeiten – stets genauso für die These eines potentiellen, nur durch außerirdische Technologie erklärbaren Anteils der nicht identifizierten fliegenden Objekte offen, doch ist das wie gesagt ein völlig anderes Kapitel und hat in diesem Buch kaum etwas verloren. Ich möchte mich hier in der Regel an diejenigen Informationen halten, die wenigstens *etwas* leichter nachweisbar sind und im konventionellen Rahmen einordbar sein könnten. Was aber die UFOs allemal sehr gut zu demonstrieren vermögen, ist die Tatsache, wie leicht Zeugen, die etwas Ungewöhnliches gesehen haben, lächerlich gemacht und ausgegrenzt werden können. Diese Lächerlichmachung wie auch das UFO-Thema an sich dienen somit zweifellos einer Vernebelung militärischer Geheimprojekte.

Wir erkennen aber auch deutlich, daß sich entgegen manch skeptischer Einwände sogar sehr große Undercover-Projekte sehr gut geheimhalten lassen, selbst über lange Zeiträume.

Area 51 existiert, wie gesagt habe ich sie mit eigenen Augen gesehen, das sogar wiederholt, und sie auch fotografiert. Und ich war natürlich keineswegs der Erste. Trotz aller Beweise leugnen die Betreiber bis heute ihre Existenz immer noch fast vollständig ab. Es ist lediglich die Rede von einem »Testgelände« am Groom Lake in Nevada – worunter man vieles verstehen kann. Wer dort arbeitet, darf einem anderen gegenüber nicht einmal den Namen der Einrichtung erwähnen. So sprechen leitende Beschäftigte, wenn sie nach vielen Jahren über mittlerweile Geschichte gewordene Projekte von Area 51/Groom Lake berichten, lediglich von einer »remote facility«, einer »abgelegenen Einrichtung« also. In seinem im Juni 2001 erschienenen, leider kaum sehr aufschlußreichen Roman »Dreamland« gibt der ehemalige Air-Force-Captain und Bestseller-Autor Dale Brown der Geheimanlage den Namen »Air Force High Technology Aerospace Weapons Center«, was dem verborgenen Treiben im Gebiet von Groom Lake recht nahe zu kommen scheint.

Noch nach Jahrzehnten erfahren wir oft nicht, welche technologischen Innovationen hier aus der Taufe gehoben wurden. Auch das Manhattan-Projekt, das dem Bau der ersten US-Atombombe gewidmet war und rund 50.000 Menschen – Zivilisten wie Militärs – beschäftigte, blieb genau so lange geheim, wie es in der Absicht der Führungskräfte lag. Es gab kein Leck. Denn Menschen können sehr leicht kontrolliert und auch manipuliert und zum Schweigen gebracht werden. Wer meint, sein Mitteilungsbedürfnis auch nur gegenüber den nächsten Angehörigen besänftigen zu müssen, kann natürlich mit mancherlei Problemen rechnen, die er bereits per Unterschrift auf seinem Arbeitsvertrag akzeptiert hat. Er weiß also durchaus, was ihm blüht. Dabei muß nicht gleich schwerstes Geschütz aufgefahren, nicht gleich mit Mord und Totschlag gedroht werden. Es genügt doch schon, die Pension zu verweigern oder den Kindern bei der Ausbildung einige Schwierigkeiten zu machen, und ein Familienvater wird sich bestimmt nicht erst dreimal überlegen müssen, was er weitersagt und was nicht.

Die Geheimhaltung funktioniert, die Einschüchterung greift. Menschen können schweigen. Jahrzehntelang. Und diese Menschen sind beileibe nicht nur Geheimdienstler, es können auch ganz einfache Dorfbewohner sein.

Der Armenien-Fall

Ein bemerkenswerter, beispielhafter Fall ereignete sich Ende der fünfziger Jahre. Vielen wird bekannt sein, daß zwischen den Jahren 1954 und 1957 zahlreiche US-Spionageflüge über sowjetischem Territorium stattfanden, von denen nicht einmal der damals amtierende amerikanische Präsident Dwight D. Eisenhower etwas wußte. General Curtis LeMay, Begründer des Strategischen Luft-Kommandos – *Strategic Air Command (SAC)* – und ein außergewöhnlich eigenmächtiger Mann, setzte sich sowohl über den Präsidenten als auch über internationales Recht hinweg und riskierte mit derartigen, geheimen Missionen sogar einen dritten Weltkrieg. Vielleicht wollte er einen extremen globalen Konflikt ohnehin provozieren, zumindest bestand sein Denken ganz offensichtlich nur in Kategorien wie Nuklearwaffen und kriegerischen Auseinandersetzungen. Andere Mittel schienen ihm nicht angemessen und in der Regel ohnehin zu unsicher. Am liebsten hätte er, und nur er allein, die Hand an jenem roten Knopf gehabt, der zwischen Sein und Nichtsein entscheidet.

Am 2. September 1958 drang eine amerikanische C-130-Frachtmaschine während einer typischen LeMay-Mission tief in den sowjetischen Luftraum ein. Zu tief. Sie wurde von den Sowjets beschossen und stürzte ab. Laut den offiziellen Darstellungen kamen dabei alle 17 Besatzungsmitglieder ums Leben. Die Aufzeichnungen über diesen fatalen Vorfall blieben 35 Jahre lang geheim. Erst 1993 wurden einige Akten in den riesigen Schreinen der *National Archives* in Washington deklassifiziert, somit also freigegeben, und konnten an Ort und Stelle eingesehen werden. Das war zwar nur ein Tropfen auf dem heißen Stein der Geheimnisse, doch immerhin wurden plötzlich einige Zusammenhänge sonnenklar.

Angeblich völlig harmlose Flüge zur Erkundung des Wettergeschehens entpuppten sich als ausgemachte Spionagemissionen.

Die Schwester eines der an jenem schicksalhaften Flug vom 2. September 1958 beteiligten Soldaten fand nunmehr, nach so vielen Jahren, endlich weitere Hinweise. Dorfbewohner hätten über der Absturzstelle in Armenien einige Männer mit Fallschirmen abspringen gesehen. 1993 noch entschloß sich die Angehörige, selbst nach Armenien zu reisen, in die entlegene Unglücksregion, um sich über die einstigen Vorgänge dort endlich absolute Gewißheit zu verschaffen. Sie sprach mit zahlreichen älteren Dorfbewohnern, die damals Zeugen gewesen sein müssen.

An Fallschirme und ein solches Absturzereignis aber kann oder will niemand sich erinnern. Als sie die »Hundemarke«, die Dienstplakette ihres Bruders, durch einen unfaßbaren Zufall vor Ort entdeckt und den verstockten Armeniern präsentiert, glaubt sie, damit den Bann des Schweigens brechen zu können. Doch nichts geschieht, die Leute halten dicht.

In einer WDR-Dokumentation zu jenem Vorfall wurde das Verhalten der Zeugen unter anderem mit den Worten kommentiert: »So aufgeschlossen und kooperativ russische und armenische Behörden heute sein mögen, den einfachen Dorfbewohnern im Grenzgebiet hatte man während des Kalten Krieges und der Sowjetherrschaft eine Überlebensregel eingeimpft: Nichts hören, nichts sehen, nichts wissen! 35 Jahre nach dem Absturz der C-130 finden sich noch Überreste des Wracks auf umliegenden Feldern. Umso erstaunter ist die Schwester des abgeschossenen US-Soldaten über das Verhalten der armenischen Augenzeugen, die sich partout nicht an Fallschirme erinnern wollen.« Menschen können schnell lernen, lange zu schweigen, wenn es das Überleben sichert.

Gefrorenes Wissen

Geheimhaltung hat immer etwas Negatives und auch Hinterhältiges an sich. Da gibt es also einige elitäre Personen oder Gruppen, die mehr wissen (dürfen oder müssen) als andere – doch wie elitär sind sie wirklich? Letztendlich hat doch jeder Normaldenkende, der etwas versteckt, auch das Gefühl des Unrechtmäßigen. Das ist die berühmte »Leiche im Keller«, man hat eben etwas zu verbergen. Geheimnisse aber besitzen wie fast alles auf der Welt mindestens zwei Seiten. Sie sind so exklusiv wie suspekt. Nahezu alle Menschen leben mit Geheimnissen, nur sind die meisten davon sehr harmlos und für die Mitmenschen unbedeutend – auch wenn neugierige Nachbarn gelegentlich an den winzigsten Details interessiert sein können.

Die kleinen Geheimnisse mögen durchaus liebenswert sein, sie werden als etwas sehr Persönliches und Eigenes gepflegt, sie sind geradezu ein Stück Privatsphäre. Trotzdem deutet sich schon auf dieser Ebene etwas Negatives an. Denn selbst die unbedeutendsten Geheimnisse übernehmen auch die Funktion eines imaginären Podestes, einer erhöhten Position, in der sich der Eingeweihte wähnt. Mit der Bedeutung der Geheimnisse, und wenn es vielleicht auch nur eine scheinbare Bedeutung ist, wächst auch die Sonderstellung des Eingeweihten. Diesen Vorzugs-Effekt nutzen Sekten und einige Randgruppen geschickt aus, um ihre Anhänger zu gewinnen und natürlich auch zu mehren. Stets vermittelt natürlich das Teilen von Geheimnissen mit anderen ein Gefühl von Zugehörigkeit, Vertrautheit und Überlegenheit. Der beste Freund, und nur er, erfährt vielleicht ein bestimmtes Geheimnis. Wer dieses Vertrauen mißbraucht, wird fortan zutiefst geschmäht. Und wer wissen will, ob ein Freund wirklich das ist, was er zu sein vorgibt, offenbart ihm ein glühendes Geheimnis – das allerdings schlicht der Phantasie entspringt –, um dann einfach abzuwarten, was geschieht. Die Sache ist selbstverständlich gut durchdacht, damit nicht später ein unliebsames Gerücht kursiert, das man sogar selbst in die Welt gesetzt hat. Taucht die Geschichte bald aus unerwarteter Quelle auf, stimmt etwas mit dem Freund nicht. Andererseits, wie ist es dann um die eigene Ehrlichkeit und Glaubwürdigkeit bestellt?

Verschworene Gruppen ziehen Interessenten an. Um die Exklusivität einiger Geheimnisse zu wahren, müssen die betreffenden Informationen aber weiterhin in einem möglichst engen Zirkel gehalten werden. So werden Stufungen nötig, bestimmte Grade. Eine Hierarchie besitzt sowieso so manchen Nutzen. In die höheren Grade werden nur die ganz verläßlichen Mitglieder der Gruppe eingeweiht. So weitet sich das System immer mehr aus, muß komplizierter werden, und seine Struktur entspricht im Prinzip dem eines Geheimdienstes oder eines Syndikats.

Unfraglich wandelt eine ganze Zahl von Zeitgenossen in Gottes freier Natur umher, die allesamt mit nicht unerheblichen Geheimnissen leben und auch der festen Überzeugung sind, absolut richtig zu handeln, wenn sie dieses Wissen unter einem Deckmantel halten. Selbst in jeder Demokratie wird gelegentlich im ersten Atemzug sicher nicht demokratisch entschieden, denn zunächst überlegt man doch, was der Öffentlichkeit preisgegeben werden kann und was nicht. Dann wird ihr eine entsprechende Auswahl vorgestellt, um ihr den Eindruck einer völlig freien Eigenentscheidung zu vermitteln.

Natürlich sind die »Eingeweihten« letztendlich auch nur Stufe einer Hierarchie, deren oberste Sprosse niemand kennt und von der auch niemand weiß, wie viele Stufen noch bis dahin zu überwinden wären. Der eigene Standort und somit die eigene Bedeutung sind daher kaum zu ergründen.

Geheimnisse bedeuten Wissen. Wissen ist Macht, und der simple Dreisatz läßt folgern, daß Geheimnisse ebenfalls Macht bedeuten. Bürger würden anders wählen, hätten sie Einblick in sämtliche Fakten. Das Verbergen von Information – wie es ohne Ausnahme in allen Gesellschaften und Gesellschaftssystemen praktiziert wird – entzieht dem Außenstehenden die Mündigkeit. Wenn dann, wie es gleichfalls die Regel ist, Machtmißbrauch (= Geheimnismißbrauch) hinzukommt, geraten wir ins Verbrecherische. Doch, wie können wir das erkennen, wenn doch alles geheim bleibt? Ein sehr altes Sprichwort lautet: »Nichts ist so fein gesponnen, als daß es nicht einst kommt an die Sonnen« – Tatsächlich scheint der Faktor »Zeit« die wirksamste Abschminke für Geheimnisse und ihre Träger zu sein. Bei den wirklich bedeutenden Geheimnissen und Verschwörungen ist bis dahin die Verjährungsfrist meist längst abgelaufen, so daß das Ergebnis bei der Aufdeckung solcher Geheimnisse kaum über einen kurzzeitigen »Aha-Effekt« hinausgeht. Danach ist der Fall Geschichte und somit zum Einstauben verdammt. Irgendwann kommt die Zeit, in der es einfach niemanden mehr interessiert, wer JFK umgebracht hat. Das ist dann ohnehin das Verfallsdatum dieses Geheimnisses. Und so geht es auch mit allen anderen großen Rätseln und Geheimnissen dieser Welt.

Die perfekte Geheimhaltung und das perfekte Verbrechen haben viel miteinander gemein, erstere kann auch letzteres fördern – das kann sein, muß aber nicht. Natürlich klingt das alles nach öder Theorie und leerem Gerede. Tatsächlich sind die Verhältnisse wohl so viel komplexer, daß beispielsweise beileibe nicht jedes Geheimnis sogleich zum verbrecherischen Machtmißbrauch dienen könnte. Denn in der Regel gilt ohnehin, daß unter den Geheimnisträgern jeder nur soviel wissen soll und darf, wie er unbedingt zur Erfüllung seiner unmittelbaren Aufgaben wissen muß – im englischsprachigen Jargon das berühmte »need-to-know«. Hauptsache, er kann seinen Job erledigen. Wir haben also nicht nur die verschiedenen Stockwerke im »Haus der Geheimnisse«, in dem auf Ebene 1 die Informationen milderer Brisanz gehandhabt werden, auf Ebene 2 die schon deutlicheren Beispiele und schließlich auf der dritten Etage oder darüber diejenigen »Gefahrengüter«, die am explosivsten sind. Wir haben neben dieser vertikalen Staffelung auch die Aufgliederung der einzelnen Ebenen. Für jeden der Räume, die auf demselben Stockwerk liegen, benötigen wir einen eigenen Schlüssel, um hineinzugelangen. Was geschieht nun, wenn jemand sich einen Nachschlüssel machen läßt, obwohl niemand ihn dazu befugt hat? Klar, dieses unerlaubte Eindringen nennt sich Spionage.

Was aber, wenn Journalisten versuchen, im Interesse der Allgemeinheit hinter die Kulissen zu blicken? Auch hier hängt es von der Methode ab, die selbstverständlich legal sein sollte. Doch gibt es auch hier so etwas wie eine Grauzone, die Grenzen sind manchmal nicht so scharf gezogen. Ein investigatives Niemandsland gewissermaßen. Wenn sich abzeichnet, daß bestimmte Vorgänge hinter verschlossenen Türen einer sehr kleinen Gruppe hohen Nutzen bringen, der darüber nicht informierten Öffentlichkeit aber direkt oder indirekt, vielleicht erst Jahre später, deutlichen Schaden zufügen können, dann beginnen freilich die ethischen Alarmglocken zu läuten. Viele hochbrisante und wichtige Fakten wären ohne Whistle-Blower, ohne Zeugen aus Insiderkreisen also, die ihnen bekannte wesentliche Informationen unter der Hand weitergaben, nie ans Licht geraten. Viele Skandale wären nie aufgedeckt worden.

Es geht nicht darum, der Spionage das Wort zu reden, sondern der Skrupellosigkeit Einhalt zu gebieten.

Ein einzelner Journalist oder ein Medienorgan kann letztlich nicht die Verantwortung für die Preisgabe von sensiblen Geheimnissen übernehmen. Die Hüter der Geheimnisse bestreiten sicherlich auch, daß es Außenstehenden überhaupt möglich sei, eine sinnvolle Abschätzung der Bedeutung eines Geheimnisses abzugeben, da sie sich ja nicht im Besitz der vollen Wahrheit befinden. Wenn nur ein Puzzlestück fehlt, kann die Sachlage bereits wieder völlig anders aussehen. Wer aber befindet sich im Besitz der vollen Wahrheit? Es sind eben die sehr kleinen Gruppen, die besonders brisante Geheimnisse hüten und teils am besten über die Situation auf diesem Planeten Bescheid wissen. Wie ist es um die demokratischen Grundfesten bestellt, wenn derartige Gruppen für die Allgemeinheit entscheiden? Sie können keinesfalls die Verantwortung für das Verbergen von Information übernehmen. Doch wer sich außerhalb der Verantwortlichkeit befindet, muß sich darüber natürlich keine Gedanken machen.

Da zeichnet sich gleich aber noch eine weitere Frage ab: Wer hat überhaupt das Recht, bestimmtes Wissen gleichsam einzufrieren, indem er es unzugänglich macht und vor der Welt verschließt? In Wirklichkeit liegen selbstverständlich viele Informationen überhaupt nicht auf Eis, sondern werden aktiv genutzt. Von »totem Kapital« keine Spur! Und dieses Kapital befindet sich in den Händen heimlicher Gruppen, deren Beweggründe und Absichten nicht erkennbar sind. Da reifen im Lichte geheimer Untergrundanlagen Gedanken, Projekte, Experimente und Technologien heran, bei denen uns teils vor Entsetzen Hören und Sehen vergehen würde. Die Stätten, in denen all dies geschieht, gleichen bösartigen Wucherungen – sie wachsen und gedeihen unsichtbar, verbreiten sich über zahlreiche Kanäle, bilden weitere Absiedlungen und wenn sie beginnen, uns Schmerzen zu verursachen, ist es bereits zu spät! Ich muß nur noch einmal auf das berühmte Manhattan-Projekt verweisen! Doch das geheime Netz hat sich mittlerweile stark ausgeweitet.

Wahrheitssuche

In einer heißen Debatte um die Vorgänge auf Area 51 und einige geradezu irrwitzige Entscheidungen erklärte John Seiberling, Ausschußvorsitzender des Repräsentantenhauses: »Es gibt keine höheren Instanzen als die Gesetze der Vereinigten Staaten!« – doch genau dies mußte er in jener Debatte erkennen. Es gibt eben Fälle, bei denen die üblichen Regeln und Gesetze im Interesse der Geheimhaltung völlig außer Kraft gesetzt sind, Fälle bei denen nicht einmal Inhaber höchster Ämter mehr eingeweiht werden. Es gibt militärische und geheimdienstliche Komplexe, die so verborgen sind, daß sie sich jeglicher Kontrolle entziehen. Und hier, ich glaube, das habe ich schon deutlich machen können, wird es meiner Meinung nach bedenklich. Hier wird gelegentlich wohl auch Hilfe zur Selbsthilfe nötig, denn hier könnten sogar Verbrechen gegen die Menschlichkeit und die Menschheit stattfinden, und niemand würde es je erfahren. Die alles andere als »trockene« Geschichte zeigt uns, daß dies durchaus funktioniert. Wenn wir aufmerksam zurückblicken – und allein das ist schon positiv, denn bekanntlich blicken wir eher selten in den »Rückspiegel der Zeit« –, dann sehen wir, wie praxisnah all diese Gedanken sind. Nicht allein die NS-Verbrechen, die uns hier freilich als erstes in den Sinn kommen, erinnern an vor der Öffentlichkeit verborgen gehaltene Schrecken, auch zahlreiche andere grauenvolle Vorgänge weltweit, seien es nukleare Versuche an unwissenden Personen, die schrecklichen Experimente des japanischen Professors Ishii Shiro oder was immer noch, tauchen vor dem geistige Auge der Reihe nach auf. Wer behauptet, es gebe derartige Extrem-Beispiele und solcherlei erschreckende Folgen der Geheimhaltung heute nicht mehr, ist entweder naiv, uninteressiert, uninformiert, verantwortungslos, blind oder aber vielleicht sogar selbst ein Beteiligter. Die Geheimhaltung jedenfalls funktioniert, vielleicht sogar besser denn je. Solange es Menschen gibt, gibt es auch Geheimnisse. Als Journalist oder Wahrheitssucher steht man dann vor der Frage: »Betreibe ich nun vielleicht schon Spionage gegen eine Nation oder aber Aufklärung ihrer Bevölkerung?« Das eine kann wohl ohne das andere nicht geschehen. Tatsächlich wieder die Geschichte mit der Grauzone. Lassen wir einmal diese Grauzone auch in der Hinsicht bestehen, daß wir manche Zeugenaussagen einfach als gegeben hinnehmen, anekdotisch sozusagen, vielleicht gar absichtlich als Gerücht, als »Möglichkeit«, indem wir dem Zeugen – demjenigen, der etwas nicht Alltägliches erlebt hat – den erforderlichen Spielraum geben, auch in seinen Äußerungen. Schließlich stehen diese Personen nicht selten unter deutlichem Druck. Manchmal genügt es, wenn bestimmte »Ideen« und »Gedanken« geäußert werden, wenn jemand etwas »irgendwo gehört« hat oder die Existenz bestimmter Informationen absolut verneint, am Schluß des Gespräches über diese Informationen dann nur noch erklärt, er werde stets abstreiten, daß der gerade geführte Dialog je stattgefunden habe. Dann aber kommen aus anderer Quelle vielleicht weitere fragmentarische Berichte hinzu, die alle jene »Anekdoten« zu bestätigen scheinen. Wir werden nachdenklich, auch wenn nicht alles in diesem Spannungsfeld, auf diesem nebelhaften Schauplatz wirklich wahr sein muß, nicht immer fixiert und fundamentiert ist. Doch ist es nicht gerade das Unbestimmte, Vage, geradezu Gespenstische, das den Reiz der Geheimnisse so entscheidend mitbestimmt?

Sehr vieles von dem, was in diesem Buch berichtet wird, kann einwandfrei nachgewiesen werden. In einigen Fällen müssen wir uns jedoch auf Gerüchte beschränken, die aber ebenfalls nicht ohne faktischen Hintergrund sein dürften. Auf den folgenden Seiten werde ich versuchen, Sie zu einigen der geheimsten und ungewöhnlichsten Schauplätze dieses Planeten zu führen. Ich möchte mit diesem Buch, wie schon angedeutet, an seinen eigentlichen Vorgänger »Geheimbasis Area 51« anknüpfen, der weite Kreise gezogen und bis auf den heutigen Tag bei vielen Lesern starkes zusätzliches Interesse an der hochaktuellen Thematik geweckt hat. Die unzähligen Anfragen, die ich erhalten habe und auf die ich leider aus zeitlichen Gründen selbst beim besten Willen nicht immer eingehen konnte, haben mich natürlich gleichfalls ermutigt, die Nachforschungen und die Beschreibung fortzusetzen. Hier möchte ich nun auch versuchen, diese an mich gerichteten Fragen zumindest teilweise einzubezie-

hen, sofern sie geheime Anlagen betreffen. In den anschließenden
Kapiteln wird es neben einem erneuten, sehr aktuellen Blick auf
Area 51 nun auch immer wieder um verschiedenste weitere Geheimbasen gehen, um gewaltige Projekte zur Errichtung unterirdischer
Tunnel und Hallen, um die Technologie, solche Anlagen zu errichten, um bis heute rätselhafte historische Stätten und Bunkeranlagen,
um geheimste Projekte und Experimente, um fremdartige Flugkörper, um Sonderkommandos und Elitetruppen, um Unterwasser-Basen, um Waffentechnologien für das nun soeben begonnene dritte
Jahrtausend, um Geheimdienste, verschworene Gruppierungen und
vieles mehr. Es wird auch immer wieder um die geschichtlichen
Hintergründe gehen, um freigegebenes Material über Projekte, die
heute längst überholt sind, vor Jahrzehnten aber strengst geheim
waren. Die Erkenntnis, was vor so langer Zeit bereits alles möglich
war, ist oft mehr als überraschend und läßt einige interessante Schluß-
folgerungen auf die Möglichkeiten von heute zu. Die Untersuchung
verschiedener Projekte und Anlagen im Netzwerk der »Schwarzen
Welt« ergänzt ihrerseits wiederum den Blick auf das zentrale Geheimnis »Area 51«.

Wer einen Überblick über diese Fakten bekommt, wird erkennen,
was alles möglich ist. Er wird den Boden unter seinen Füßen mit
anderen Augen betrachten, wird erkennen, daß Felder nicht immer
Felder sind, Berge nicht immer Berge und Wälder nicht immer Wälder. Er wird feststellen, daß es eine eigene Gesellschaft im Schatten
der Welt gibt, wir könnten sie in einem ganz eigenen Sinne fast eine
»geschlossene Gesellschaft« nennen. Und er wird bemerken, wie
viele Geheimnisse um ihn sind. Denn es gibt intelligente, sehr ge-
schickte Maulwürfe auf dieser Welt!

KAPITEL 2

Gerüchte um den geheimsten Ort der Welt

Ein Insider packt aus

»Ich habe den Zeitraum von Juni 1965 bis August 1977 direkt auf dem Testgelände von Nevada verbracht, das heißt, dort eine Vollzeit-Beschäftigung gehabt. Ich war im Bereich *Strahlung – Gesundheit und Sicherheit* tätig. Die meiste Zeit, die ich dort gearbeitet habe, war ich entweder für das Los-Alamos-Wissenschaftslabor bei Berkeley, Kalifornien, oder für die Sandia Corporation bei Albuquerque tätig. All diese Testlaboratorien haben mittlerweile ihre Namen geändert. Das Lawrence-Strahlenlabor ist nun das Lawrence National-Laboratorium, sie verwenden das Wort Strahlung nicht mehr. In meinem Job hatten wir für die Gebiete der *Nevada Test Site* [Nevada-Testgelände] die Verantwortung und auch den Zugang dazu. Das Gelände umfaßt 4.600 Quadratkilometer. Es beginnt nördlich von Las Vegas bei Indian Springs, wo der *Bombing and Gunnery Range* [Versuchsgelände für Bomben und Geschützwesen] seinen Anfang nimmt, und verläuft die ganze Strecke weiter nach Beatty, Nevada. Dieses Gebiet wird von bewaffneten Wachen patrouilliert, dort gibt es auch Überwachungs-Systeme; es handelt sich um gesperrten Luftraum. Sie können nicht darüber fliegen. Wenn Sie dabei erwischt werden, wird so einiges mit Ihnen geschehen. Ich hatte eine Top-Secret-Freistellung, und ich denke, es gab kaum eine Quadratmeile, die ich von der Test-Site nicht selbst gesehen habe, von der ein Teil den Namen *Area 51* trägt. Eines, was ich Ihnen sagen möchte, ist, daß es gewisse Dinge gibt, über die ich nicht sprechen kann und werde. Wenn Sie dort aussteigen, aussteigen aus der Organisation, die sich früher *Atomic Energy Commission* [Atomenergie-Kommission] nannte, nun *Department of Energy* [Atomenergie-Ministerium], dann ist das so, als ob man bei der *Central Intelligence Agency* [CIA; US-Auslandsgeheimdienst] aussteigt. Man steigt in Wirklichkeit nie aus. Sie lassen Sie nicht aus ihren Fängen. Es gibt bestimmte Dinge, die ich gesehen und an denen ich teilgenommen habe, [Erinnerungen], die ich ins Grab mitnehmen werde ... Es gab Dinge, die ich in Area 51 gesehen habe, die einen sehr nachdenklich werden lassen über die Frage, woher sie kommen. Ich habe dort draußen Dinge gesehen, welche die meisten Gesetze der Physik verletzen. Ich besitze einen Hochschul-Abschluß in Physik, und wir beobachteten gewohnheitsgemäß, da wir in der Nacht arbeiteten ... Ich habe dort draußen viel in der Nacht gearbeitet. Ich habe Dinge gesehen, wie sie die meisten Flugzeuge, die ich kenne, nicht bewerkstelligen; nein, kein Flugzeug, das ich kenne, ist dazu in der Lage. Insofern sind die neuen Berichte, die Sie hören, durchaus genau, wenn es immer heißt, daß irgendwer entweder Waffen oder verschiedene Gefährte testet, die sich durch die Atmosphäre bewegen und eine Technologie verwenden, in deren Besitz wir uns gar nicht befinden. Nun, falls das ein bißchen merkwürdig klingen sollte, dann müßte ich vielleicht Folgendes sagen. Die [US-]Bundesregierung ist besorgt – tatsächlich hatten wir eine komplette Abteilung von Leuten, die für Öffentlichkeitsarbeit zuständig waren und dafür, eben jener Öffentlichkeit ›gereinigte Informationen‹ zuzuführen. Die Bundesregierung befürchtet, wenn die Bevölkerung der Vereinigten Staaten einige der Dinge wüßte, die wir getan, gesehen und gefunden haben, daß die Leute dann auch in Panik geraten würden. Und das ist alles, was ich darüber sagen kann. Das andere ist noch, daß während der Nuklearwaffen-Tests dort draußen [auf der Nevada Test Site, AvR], im letzten Jahr, in dem ich dort war, dem letzten kompletten Jahr, in welchem ich dort draußen war (1976), wir 53 oder 54 unterirdische Kernwaffen-Tests hatten. Wir haben zwei davon der Öffentlichkeit angekündigt. Der Grund dafür war strikt politisch ...

Was nun Area 51 angeht, habe ich eine Menge an Freunden, die immer noch auf der Test Site arbeiten. Area 51 ist das am strengsten gesicherte Areal in den Vereinigten Staaten ... Vieles, was sich auf Area 51 abspielt, findet in der Nacht statt, so daß russische Satelliten nicht sehen können, was dort vor sich geht. Deshalb sehen Leute von Zeit zu Zeit dort Ungewöhnliches. Es ist ein faszinierender Ort ... Ich habe auf Area 51 einige Objekte gesehen, die fremdartig waren, die nichts zu sein schienen, zu dessen Herstellung wir zu jener Zeit die Fähigkeiten hatten. Ich weiß nicht, woher sie kamen, ich weiß auch sonst nicht viel darüber. Aber ich habe gesehen, was ich mit meinen Augen gesehen habe.«

Ein Ausschnitt aus dem Bericht eines Zeugen. Ein typischer Bericht, wie man ihn immer wieder zu hören bekommt, wenn Mitarbeiter der legendären Area 51 Andeutungen über ihre Arbeit machen und über das, was sie dort gesehen haben. Obwohl ich bereits früher umfangreich über diese geheimnisvolle Anlage berichtet habe, gibt es immer noch vieles dazu zu sagen, auch haben sich – wie im ersten Kapitel angedeutet – zwischenzeitlich schon wieder etliche, sehr bedeutende Neuigkeiten zugetragen. Denjenigen, die bisher nur wenig oder vielleicht sogar noch gar nichts über Area 51 gehört haben, möchte ich hier zunächst nun einen kleinen ersten Einblick geben. Ich hoffe aber, auch die Leser meines vorigen Buches zum Thema werden die folgenden Seiten mit Gewinn lesen, denn wie gerade erwähnt, es gibt spannende Neuigkeiten!

Emigrant Valley

Als ich im Sommer 2001 nach längerer Pause wieder in die Gegend der sagenumwobenen Area 51 kam, schien sich auf den ersten Blick nicht sonderlich viel verändert zu haben. Das weite Land mit seiner schönen Steppenvegetation, den Joshua Trees und Sage Brushes, mit seinen kargen Bergen und unendlichen Ebenen lag wie eh und je in einer verzauberten Stille, einem unwirklichen, todgleichen Märchenschlummer, der dennoch soviel geheimnisvolles Leben in sich barg. Diese alte typische Spannung, dieses Prickeln, die Erwartung, das jeden Augenblick etwas Ungewöhnliches geschehen könne – all diese vertrauten Gefühle, auch sie waren wieder da.

Als eine gute Bekannte von mir, Nicki, und ich den Hancock Sum-

mit hinter uns gelassen hatten, einen Gipfel, der erstmals einen un-
gehinderten Blick auf den »Vorgarten« von Area 51 freigibt, stellte
sich bei mir unvermittelt wie immer ein wohliges Magenkribbeln
als Botschaft kommender Abenteuer ein, doch ahnten wir noch nicht,
wie viel sich geändert hatte, dort, in diesem so besonderen Landstrich von Nevada. Doch bald sollten wir erfahren, daß auf Area
eine neue Runde strikter Geheimhaltung eingeläutet wird und neue
Maßnahmen für noch größere Sicherheit sorgen sollen.

Was hatte diese Gegend schon alles erlebt! Während wir weiter-
fuhren, passierten noch einmal die Glanzpunkte militärischer und
geheimdienstlicher Entwicklungen vor meinem »geistigen Auge«
Revue. Area 51 – Heimat utopischer Hochtechnologie – war vor
rund einem halben Jahrhundert in dieser romantischen Wildwest-
Szenerie entstanden und hat sich als abgeschottetste aller supergeheimen Testanlagen bis auf den heutigen Tag bestens bewährt.

Schon immer waren die westlichen Vereinigten Staaten der Dreh-
und Angelpunkt zahlreicher Militärprojekte, dort befinden sich riesige Erprobungsgelände von Armee, Luftwaffe und Marine. Hier
wurden sowohl Raketen-, als auch Radar- und Reaktortechnik entwickelt und getestet – die drei großen »R«.

In den fünfziger Jahren vergab der Geheimdienst CIA der supergeheimen Abteilung des Flugzeugbauers Lockheed den Auftrag, einen neuen Höhenaufklärer zu entwickeln, ein Flugzeug, das feindli-
ches Territorium ausspionieren und dabei in so großer Höhe operieren könnte, daß kein anderes Flugzeug, keine andere Waffe es erreichen würde. Natürlich mußte für dieses Projekt ein Gelände gefunden werden, das für jegliche Spionage genauso schwer zugänglich
war wie das geplante Flugzeug selbst. Die Leute von »Skunk Works«,
so der recht merkwürdig klingende Name jener Undercover-Abtei-
lung von Lockheed, hatten also alle Hände voll zu tun. In der An-
fangszeit war ihre Arbeitsstätte im kalifornischen Burbank als großes Zelt getarnt und befand sich in unmittelbarer Nähe einer recht
übel riechenden Kunststoff-Firma. Deshalb entstand auch der Spitz-
name »Stinktierfabrik«. Deren Chef, Clarence Kelly Johnson, be-
auftragte seinen fähigsten Testpiloten Tony LeVier, nach einem ge-

eigneten Gelände zu suchen, auf dem dann das geheime Flugzeug ausprobiert werden könnte.

LeVier fand den Platz bald. Er kannte die Geographie der westlichen Staaten nahezu perfekt, denn er mußte jederzeit einen sicheren Landeplatz ansteuern können, wenn er mit einem neuen, noch unausgereiften Flugzeugtyp unterwegs war. Die besten Landeplätze sind Trockenseen – und der versteckteste von ihnen befindet sich in einem Tal, das als Emigrant Valley bekannt ist, das »Emigrantental« im ausgesprochen einsamen US-Bundesstaat Nevada. Der ausgetrocknete See, an dem heute die supergeheime Basis zu finden ist, trägt den Namen der Rancherfamilie Groom. Hier schlugen LeVier und das Team von »Skunk« ihre Zelte auf, neben denen nunmehr weit und breit keine miefende Plastik-Fabrik mehr störte. Allerdings gab es da einen anderen, auch nicht unbedingt angenehmen Nachbarn. Denn im Westen von »Groom« betrieb die Atomenergiebehörde in den fünfziger Jahren ihre Teststätten, die damals noch für oberirdische Atomversuche herhalten mußten. Tatsächlich brachte das ernste Bedenken seitens der »Stinktiere« mit sich, zum einen wegen der radioaktiven Strahlenbelastung, zum anderen wegen der zu erwartenden Erschütterungen. Nach einigen Rückfragen bei den »Bombenjungs« der angrenzenden Region kam die Entwarnung: »Wir freuen uns, euch als Nachbarn zu haben!«, meinten die nur. – Das aber täuschte nicht darüber hinweg, daß man das Gelände um Groom Lake durchaus öfters evakuieren und demnach die Arbeit niederlegen mußte, wenn die »Sonne wieder einmal im Westen aufging«, wenn also wieder eine A-Bombe gezündet wurde.

Diese Unterbrechungen waren nun aber wirklich noch das kleinste Übel, das jene Tests verursachten, bei denen auch Menschen und Tiere zu Grunde gingen – Vorfälle, die nach aller Möglichkeit samt nuklearem Fallout unter den großen Teppich der Geheimhaltung gekehrt wurden, einen ziemlich dicht gewebten Teppich, dessen Fläche insgesamt über eine Millionen Hektar bedeckt. Dieser Teppich besteht aus ineinander verschachtelten, aneinander gegliederten und miteinander logistisch mehr oder minder verknüpften Territorien, die sich von der Spielermetropole Las Vegas im Süden bis hinauf nach Tonopah erstrecken und somit den Löwenanteil von Südnevada für sich beanspruchen. Direkt im Norden von Las Vegas finden wir die Zentrale der Nellis Air Force Base, die auch für einige Aktivitäten am Groom Lake zuständig ist. Andere Bereiche des militärischen Ballungsraumes sind das riesige Nuklearlager Area 2, dann das als Bombentestgelände sowie Übungsareal für die berühmte Thunderbirdstaffel genutzte Gebiet von Indian Springs – Range 63, nicht zu vergessen die anschließende Atomstadt Mercury, die Nevada Test Site NTS oder auch der Außenposten der Sandia National Laboratories: Tonopah Test Range. Und natürlich: »Dreamland«.

Dreamland umfaßt ein Areal von rund 40 mal 40 Kilometern, ein vergleichsweise kleines Gelände, dennoch bereits gewaltig. Auf diesem Territorium befindet sich auch der legendäre Groom Lake. Über die Jahre entstand dort jene gewaltige Geheimbasis, die vom Militär, von höchstrangigen privaten Konzernen und von Nachrichtendiensten betrieben wird. Am Groom Lake »wuchsen« bald die längsten bekannten Rollfelder der Welt heran, überdimensional große Hangars, Treibstofflager, Radarkomplexe, unterirdische Strukturen und viele andere Einrichtungen – jene Geheimbasis eben, die bald als »Area 51« in die Geschichte des Mysteriösen eingehen sollte.

Schwarze Schleier

Allein der zentrale Teil der Basis erstreckt sich über etliche Kilometer, er umfaßt Hunderte von Gebäuden. Doch alle offiziellen Stellen streiten bis heute vehement ab, daß ein solch gewaltiger Komplex, daß eine regelrechte Geheimstadt dort existiert. Das einzige, was die Sprecher verlauten lassen ist, daß »nahe dem Groom Lake« eine »militärische Installation« liege, ein Testgelände, auf dem sensible Operationen durchgeführt werden, die durchaus auch für die nationale Sicherheit des Landes eine Bedeutung haben – genau aus diesem Grunde heraus könnten auch keine weiteren Angaben gemacht werden. Es ist schon interessant: Die ganze Region von »Dreamland« ist so geheim, so exklusiv, so speziell, daß nicht einmal Pilo-

ten der »Mutterbasis«, also jener Nellis Air Force Base, das Gebiet
überfliegen dürfen. Wer in die Nähe des gesperrten Luftraums mit
der Bezeichnung R-4806/R-4808 einfliegt, wird argwöhnisch beobachtet, wer in die »Restricted Area«, die Sperrzone hineingerät, er-
wirkt damit das Ende seiner fliegerischen Laufbahn und wird darüber hinaus noch so manche Probleme erleben. In meinem ersten
Area-51-Buch bin ich auf solche Fälle eingegangen und will das
Thema daher hier nicht weiter vertiefen. Jedenfalls kam es gelegentlich zu Situationen, bei denen Piloten die strenge Regel durch-
brochen haben und in die Area 51 eingeflogen sind. Einzelne Zeugen schildern bereits seit den fünfziger Jahren, dabei höchst ungewöhnliche, leuchtende und diskusförmige Flugkörper von der Geheimbasis aufsteigen gesehen zu haben. Sehr hartnäckig halten sich
auch die Gerüchte, daß hier eine nicht-irdische Technologie getestet
wird. In Anbetracht der Reputation einiger Berichterstatter und der
Zahl sich deckender Beobachtungen äußerst merkwürdiger Vorgänge im Luftraum von Area 51 ist es ganz und gar nicht einfach, diese
Geschichten als übersprudelnde Phantasien von Spinnern und Träu-
mern abzutun. Wer so argumentiert, macht es sich selbst, vor allem
aber auch den Betreibern von Area 51, sehr leicht.

Je ausführlicher man sich mit dem Thema auseinandersetzt, desto interessanter, vielschichtiger und auch plausibler gestaltet sich
die gesamte Angelegenheit. Was wiederum noch längst nicht heißen
muß, daß Area 51 tatsächlich Hort einer außerirdischen Technologie ist …

Nun, diese Anlage am Groom Lake ist Teil von Dreamland, das
noch viele andere Namen erhalten hat. Interessanterweise ist in einem offiziellen Dokument, das die Sandia-National-Laboratorien
1996 für das US-Atomenergie-Ministerium vorbereitet haben – Bericht SAND96-0375 – auf Seite 40 eine Sektions-Kontrollkarte der
Nellis-Luftwaffenbasis abgebildet, auf der dem gesperrten Luftraum
R-4608 der Name »Dreamland« zugeordnet ist.

Die ewigen Namenswechsel und Vielfachbezeichnungen von Projekten und Lokalitäten dienen übrigens in der Regel nichts anderem
als einer gezielten Verwirrung, wie sie von den federführenden Kräf-

ten hoch erwünscht ist. So ist das »Land der Träume« unter anderem und aus den verschiedensten Hintergründen heraus auch als »Red Square«, »The Ranch«, »Paradise Ranch«, »Pig Farm«, »Watertown Strip«, »The Strip« und mehr oder minder noch unter vielen anderen Bezeichnungen bekannt. Vor allem jedoch kennen wir es als die »Schwarze Welt« beziehungsweise als deren Zentrum, was auch besonders eingängig ist. Das Schwarze ist immer undurchschaubar und besitzt naturgemäß die Aura des Bösen. Auf Area 51 ist vieles »schwarz«. Die dortigen Projekte werden in den Budgetlisten des US-Verteidigungsministeriums nicht geführt, es gibt stattdessen undefinierte »Schwarze Budgets«, die nur Gesamtsummen ausweisen und Kürzel oder geheime Projektbezeichnungen enthalten, aus denen nichts eigentlich Aussagekräftiges hervorgeht. Schwarz sind auch meist die speziellen Anstriche der utopischen Flugzeuge von Area 51 – *Stealth-* oder Tarnkappen-Technologie! Die Vergütung der Oberflächen geschieht mit radarabsorbierendem Lack, dessen Zusammensetzung – wie könnte es anders sein – streng geheim ist. Sämtliche Überreste aus der Produktion wurden bis auf den letzten Tropfen verbrannt, in eigens dafür angelegten, riesigen Gräben. Von den Arbeitern, die diese Tätigkeit durchzuführen hatten, kamen mehrere ums Leben, sie starben an den hochgiftigen Dämpfen. Nun prozessieren die Witwen gegen die US-Luftwaffe, doch welche Mittel haben sie schon in der Hand, wenn sie verbrecherische Vorfälle anführen, die auf einer *nichtexistenten* Basis stattgefunden haben sollen!

Geht es um die Geheimnisse von Area 51, so sind uns mittlerweile durchaus einige bekannt. Wir wissen, daß Kelly Johnson damals von der CIA den Auftrag bekam, einen Höhenaufklärer für Spionagezwecke zu bauen und wir kennen das Ergebnis: die nach nur achtmonatiger Entwicklungszeit – mehr stand den Fachleuten nicht zur Verfügung – komplettierte Utility-2, kurz U-2 genannt. Ihr schloß sich unter Johnsons Nachfolger Ben Rich das Projekt Oxcart an, der Bau des stratosphärischen Superfliegers A-12 beziehungsweise SR-71A »Blackbird«, von seinen Konstrukteuren auch stolz »das wilde Pferd der Stratosphäre« genannt, das mit fast vierfacher Schallgeschwindigkeit dahinbrauste und die Strecke London – Los Angeles in genau nur drei Stunden, 47 Minuten und 39 Sekunden bewältigte, schon bald aber im Museum »landete«, obwohl bis heute kein echter Nachfolger bekannt ist. Das allein schon machte viele Kenner stutzig, denn das Militär gibt so ein Prachtstück nicht einfach auf, ohne bereits etwas Besseres in Reserve zu haben. Die in den siebziger Jahren entwickelten und heute ebenfalls schon bekannten Tarnkappen-Flugzeuge, der Jäger F-117A und der mächtige Bomber B-2 sind zwar gleichfalls technologische Wunder, aber dennoch Unterschallflugzeuge, die keinesfalls einen Ersatz für den rasanten Blackbird darstellen. Insofern gehen schon länger Gerüchte, daß die Experten auf Area

Gelandet – das Cockpit einer F-117 öffnet sich.
(Aufnahme: Verfasser)

51 ein bisher unter dem Mantel absoluten Schweigens gehaltenes Flugzeug testen: *Aurora* – bereits vor der offiziellen Bekanntgabe eine wahre Flugzeuglegende! Tatsächlich aber gibt es auch hier zahlreiche sehr verdächtige Augenzeugenberichte, teils sogar von erfahrenen Flugzeugbeobachtern, die allesamt bestätigen, daß hier sprichwörtlich etwas Neues »in der Luft liegt«.

Paradiesvögel

Ein Air-Force-Mitarbeiter und Freund von mir, der über eine Top-Secret-Freistellung verfügt und mit etlichen recht bizarren Dingen zu tun hat, deutete einmal an, daß *Aurora* oder besser gesagt jenes Geheimflugzeug, das eben landläufig so genannt wird, auf einer Anlage im US-Bundesstaat Alabama gebaut wird, was aber nicht heißen muß, daß auf Area 51 keine Tests damit stattfinden. Auch auf der Beale Air Force Base im kalifornischen Marysville soll sich eine *Aurora* befinden sowie laut Aussage eines anonymen Luftwaffen-Mitgliedes noch ein »anderes« Flugzeug, das absolut geheim ist. Er spezifizierte aber nicht, worum es sich handelt. Ob das nur ein Gerücht ist, kann ich zur Zeit nicht sagen.

Ich selbst konnte bei einem meiner Aufenthalte in der Region von Area 51 eine ungewöhnliche Beobachtung machen, die möglicherweise im Zusammenhang mit *Aurora* steht. Im Jahr 1995 hielten mein guter Freund sowie Verleger Jochen Kopp und ich uns auf dem Tikaboo Peak auf. Dieser 2.412 Meter hohe Berggipfel galt für einige Zeit als einziger Punkt, von dem aus bei klarer Luft ein direkter Blick auf die »Paradise Ranch« möglich ist. Zumindest ist seine Entfernung zur Geheimanlage mit rund 42 Kilometern vergleichsweise noch »gering«. Vom 2.716 Meter hohen Reveille Peak sind es bereits 72 Kilometer bis Area 51, und der beinahe noch einmal tausend Meter höhere Mount Charleston im Westen von Las Vegas erhebt sich in rund 112 Kilometern von Groom Lake.

1995 gelangen mir mit einer leistungsfähigen Teleskop-Optik und dem Glück einer sehr klaren Luft etliche Aufnahmen von Tikaboo Peak aus, die einen relativ kompletten Überblick über die Anlagen vermitteln. Ich hoffe, daß anderen bald gelingen wird, bessere, aktuelle Aufnahmen vom Erdboden und damit wohl ebenfalls vom Tikaboo aus zu machen, die ausreichen werden, um weitere, feinere Details erkennen zu können.

Solche Bilder waren vor allem möglich, als Beobachter auf mittlerweile abgeriegelten Erhebungen unmittelbar vor der Sperrzone über bessere Sichtbedingungen verfügten. Der Amateurastronom Chuck Clark machte vor vielen Jahren von diesen Standorten die wohl beeindruckendsten Bilder der Basis.

Meine Aufnahmen, die ich 1995 aus doppelter Distanz anfertigte, zeigen im Verhältnis weniger Details. Wenn zwischen Kamera und Zielobjekt rund 42 Kilometer Luft liegen, läßt sich kaum mehr erreichen. Bei direkter Beobachtung aber konnte ich stärker vergrößern, das Auge nimmt dann die Detail-Informationen blitzschnell auf, die während der Belichtung hoffnungslos verschmieren. Die visuellen Eindrücke liefern damit ein weitaus besseres Gesamtbild.

Damals, im September 1995, sah ich ein helles, recht großes Flugzeug auf Area 51, das eine Concorde-ähnliche Nase besaß, einen langen, besonders in der Heckpartie sehr schmalen Rumpf, Deltaflügel und eine geradezu überdimensioniert wirkende Heckflosse. Möglicherweise war es ein für bereits recht große Höhen ausgelegtes »Mutterschiff« für die kleinere Aurora, die damit auf Überschallgeschwindigkeit gebracht wird, um bei diesem Tempo ihren eigenen unkonventionellen Antrieb wirksam zu starten, sich selbständig zu machen und weit höhere Geschwindigkeiten zu erreichen. Auch aus gut informierten Kreisen ist hierbei die Rede von utopischen 12 bis 15 Mach, also 12- bis 15facher Schallgeschwindigkeit.

Am selben Vormittag vernahmen Jochen Kopp und ich auch einen ungeheuer lauten Donner, der sich ausnehmend schnell von Norden nach Süden bewegte. Wir wissen bis heute nicht, in welchem Zusammenhang diese Wahrnehmung steht und was ich damals auf Area 51 gesehen habe. Als Jochen Kopp und ich Jahre später die bedrohlich wirkende Schallwahrnehmung noch einmal diskutierten, meinte er nachdenklich, dieses extreme Geräusch erschien ihm so, als ob es von einer unterirdischen Anlage ausging. Wer weiß? Er erinnerte mich an merkwürdige Gerüchte über gigantische Untergrundanlagen und -Tunnel in der ehemaligen Sowjetunion, die so groß sein sollen, daß diese riesigen Verbindungsstollen sogar durchflogen werden können. Kaum vorstellbar. Ich werde aber später noch auf Projekte zurückkommen, die zeigen, was alles tatsächlich und nachweislich möglich ist. In Anbetracht solcher Erkenntnisse rücken plötzlich auch Gerüchte um subterrane Flugrouten in ein realistischeres Licht.

Jedenfalls versetzten uns die Vorgänge jenes Septembertages 1995 in anhaltendes Erstaunen. Was die kaum beschreibliche akustische Wahrnehmung angeht, so erschien sie uns hochgradig unheimlich. Unheimlich war daran vor allem das Tempo des Schalls, denn es schien der Physik zu widersprechen. Der Schall selbst bewegte sich nämlich offenbar deutlich schneller als nur mit Schallgeschwindigkeit. Ich habe viele Überschalljäger in Aktion gesehen, die verschiedensten Typen bei unterschiedlichsten Gelegenheiten, in der Nähe und in großer Ferne. Und ich glaube, mittlerweile recht gut abschätzen zu können, wie schnell sie über den Himmel fliegen beziehungsweise auch, wie der Schall sich bemerkbar macht. Was wir damals erlebten, paßt allerdings nicht mehr in dieses konventionelle Schema.

Leider ging alles sehr schnell vonstatten. Extrem schnell sogar. Auch die Beobachtungszeit des seltsamen Flugzeuges auf Area 51 war sehr kurz. Ich wurde damals durch die Sichtung eines heranfliegenden Stealth-Bombers abgelenkt, der seine Runden zu Überwachungszwecken um Area 51 dreht, wenn dort sensitive Projekte gestartet werden. Als ich wieder durch das Teleskop sah, war das seltsame Flugzeug von Area 51, jenes potentielle »Mutterschiff«, bereits verschwunden. Wir müssen damals offenbar eine bedeutendere Aktion empfindlich gestört haben.

Einige Zeit nach unserem Besuch auf Tikaboo wurden Gerüchte laut, daß auf dem benachbarten Bergrücken des Badger Mountain eine Überwachungskamera angebracht worden war – die »Gegenseite« installierte angeblich dort mindestens eine Videokamera, um möglichst rechtzeitig gewarnt zu sein, wenn wieder einmal ungebetene Gäste ihre Aufwartung machen würden. Daß wir mitauslösender Faktor für diese Aktion waren, wäre reine Spekulation.

Andere sahen und hörten mehr als wir, sie sahen vielleicht sogar die *Aurora* selbst. Und wieder andere, die kamen, um vor Area 51 nach *Aurora* Ausschau zu halten, wurden Zeugen von völlig ungewöhnlichen Fluggeräten.

Ein Bericht, der mich nachhaltig beeindruckt hat, stammte von einem jungen Mann, der versehentlich in Area 51 eingedrungen war. Tatsächlich ist das Gelände nicht umzäunt, es wird aber wie erwähnt streng von anonymen Sicherheitstrupps bewacht. Außerdem sind im Umland etliche Sensoren und eben auch in zunehmenden Maße diverse Überwachungskameras verteilt, die Aufschluß über »unerwünschte« Aktivitäten geben sollen. Trotz dieser und weiterer Vorkehrungen läßt sich in Anbetracht der gewaltigen Größe des Geländes nicht ganz verhindern, daß gelegentlich einmal Eindringlinge übersehen werden – doch selbst das macht im Grunde nicht viel aus, denn genau wegen der gigantischen Größenverhältnisse gelangen sie, die wenigen zu weit gehenden Gelegenheitsschnüffler und Irrläufer, auch nicht viel näher an die Basis heran, die rund 20 Kilometer innerhalb der gefährlichen Sperrzone liegt, an deren Hauptzufahrt große Schilder jeden weiteren Schritt verbieten. Fotografieren und das Anfertigen von Skizzen ist verboten, und wer die Grenze mißachtet, die lediglich durch spärliche orangerote Metallpföstchen markiert ist, der muß mit der Anwendung tödlicher Gewalt von Seiten der Security rechnen.

Nun, jener junge Mann, Kevin Vogt aus Las Vegas, erscheint mir nach persönlichen Gesprächen ebenso glaubwürdig wie eine nicht unerhebliche Zahl weiterer Augenzeugen, mit denen ich im Lauf der Zeit sprechen konnte und welche tatsächlich die ungewöhnlichsten Objekte über dem abgelegenen, allseits von Bergzügen umgebenen Gelände beobachtet haben – zu nächtlicher Stunde genauso wie am Tage.

Kevin Vogt erzählte mir vor einigen Jahren in einem Casino in Las Vegas ausführlich, was er bereits 1993 erlebt hatte. Alle seine Schilderungen habe ich auf Tonband aufgezeichnet. Kevin fuhr gegen Abend recht gut gerüstet hinaus in das Umland von Area 51. Als er den Hancock Summit erreichte, einen Gipfel im Nachbartal, in dem auch die mittlerweile als »Extraterrestrial Highway« bekannte, kaum befahrene Hauptstraße 375 verläuft, konnte er erstmals die kerzengerade über dreizehn Meilen hinweg schließlich in das Sperrgebiet verlaufende *Groom Lake Road* erkennen. Um Verwechslungen auszuschließen, es gibt noch eine zweite Groom Lake Road, die vom nördlichen Ende der Nevada Test Site zum Groom Lake führt. Hier ist aber die von Osten kommende Zufahrt gemeint, die sich zunächst über öffentliches Land erstreckt und auch weit populärer ist. Kevin war diese breite Schotterstraße schon fast bis zur Grenze gefahren, dort wo die Warnschilder stehen, als er mit der Ölwanne unglücklicherweise auf einem größeren Stein aufsetzte und liegenblieb. Er wanderte daraufhin bei fortgeschrittener Dunkelheit in westliche Richtung und sah nach einiger Zeit plötzlich die Lichter der Geheimbasis vor sich. Erschreckt hielt Kevin inne, denn er wußte jetzt, daß er zu weit vorgedrungen war. Er entschloß sich aber, erst noch einige Observationen zu machen und dann in absoluter Dunkelheit wieder aus dem Sperrgebiet herauszuschleichen. Es dauerte nicht lange, und Kevin, ein recht erfahrener Flugzeugbeobachter, konnte durch sein Fernglas beobachten, wie ein unidentifiziertes Flugzeug aus einem der gewaltigen Gebäude herauskam. Es bewegte sich langsam zur Rollbahn, hob dann ohne jeglichen Anlauf ab und fing kurz darauf orangefarben zu glühen an. Anschließend vollführte es die wildesten Manöver am Himmel. Es schien in »Zakken« und rechtwinkligen Mustern zu fliegen, machte Sprünge und verharrte lange Zeit auch im Schwebeflug. Dann landete es, das Leuchten hörte auf, und das Objekt verschwand im Hangar. Kevin war überwältigt. Nachdem er sich gefaßt und noch ein wenig gewartet hatte, trat er den Rückmarsch an. Er wurde zwar außerhalb des Sperrgebietes doch noch von den Wachleuten aufgegriffen, die offiziell genauso wenig existieren wie die ganze Basis. Allerdings kam er noch einmal mit dem Schrecken davon, da er nicht auf dem Territorium selbst entdeckt worden war. Kevin besitzt im übrigen wohl ein ausgeprägtes Talent, »ganz versehentlich« in Sperrgebiete einzudringen. Wie er mir erzählte, hatte er sich etliche Jahre nach seinem »Area-51-Einmarsch« mit einem vierradgetriebenen Geländewagen auf einige Schleichwege nahe der Nellis-Basis bei Las Vegas begeben. Der von ständiger Neugierde geplagte Flugzeug-Enthusiast fuhr auf der Bergseite entlang, so daß die Basis genau zwischen ihm und der eigentlichen Hauptstraße I-15 lag. Schließlich endeten die Wege, er setzte seinen Kurs aus purem »Wissensdurst« trotzdem fort und drang auf diese Weise schließlich in das schon erwähnte, gewaltige Atomwaffenlager Area 2 ein. Auf jener Seite hatte man auch keine zu weitgehenden Sicherheits-Vorkehrungen getroffen, muß man doch erst einmal die gesamte Nellis-Basis meilenweit auf den unmöglichsten Wegen umfahren, um überhaupt an diese Stelle zu gelangen. Auch in diesem Fall kam Kevin glimpflich davon. Was er zwischenzeitlich getrieben hat, weiß ich nicht, ich habe lange nichts mehr von ihm gehört – was auch immer das bedeuten mag.

Ähnliche Vorgänge, wie Kevin sie auf Area 51 verfolgen konnte, haben viele andere vor und nach ihm ebenfalls erlebt. Mit so manchem habe ich mich eingehend unterhalten können, und das stimmige Gesamtbild liefert meiner Meinung nach schwerwiegende Indizien, daß hier Objekte getestet werden, von denen wir nicht einmal zu träumen wagen.

KAPITEL 3

Es gibt nichts, was es nicht gibt

S-4 und die Insel der Stabilität

Über die Jahre hinweg wurde das so geheime Gebiet von Area 51 immer stärker gegen neugierige Blicke abgeschottet. 1984 fand eine ungeheuerliche Vereinnahmung öffentlichen Landes statt, völlig illegalerweise. Damals gerieten 36.000 Hektar umliegenden Berglandes unter Kontrolle der US-Luftwaffe, schlichtweg, um eine natürliche Mauer zu schaffen, auf deren »Simse« sich niemand mehr setzen durfte. Die Anlagen von Groom Lake sollten den Blicken der Welt ganz entzogen werden. Der Kongreß wurde mit großem Geschick umgangen, denn jede Diskussion dort bringt Publicity mit sich, vor der sich die Betreiber von Geheimbasen scheuen wie die Katz' vorm Wasser. Eigentlich muß aber jede Landübernahme von mehr als 2.000 Hektar eben doch vom Kongreß bewilligt werden. Nun, einmal war offenbar keinmal, und die Volksvertreter gewährten den heimlichen Häuslebauern vom Groom Lake den erweiterten »Vorgarten« einfach rückwirkend und ganz und gar stillschweigend.

Das Problem schien gelöst – bis den Planern eine schwerwiegende Erkenntnis kam. Man hatte in rund 20 Kilometer Entfernung von Groom zwar eine wunderbar gerade Linie gezogen, dabei aber übersehen, daß nur wenig weiter draußen doch zwei Bergspitzen übrig geblieben waren, von denen aus noch immer direkte Sicht auf den Trockensee und sein gesamtes Westufer möglich war. Und genau dort liegt nun einmal der Hase im Pfeffer, oder eher: die Basis am Ufer. Offensichtlich ist man am Groom Lake zwar in der Lage, unvorstellbare Superflugzeuge zu entwickeln, weniger aber dazu, topographische Karten richtig zu lesen. Jedenfalls wurde eine weitere Landnahme dringend erforderlich, vor allem, nachdem das Interesse der breiten Öffentlichkeit gegen Ende der achtziger Jahre in zunehmendem Maße auf Area 51 gelenkt wurde.

Damals nämlich trat ein Zeuge auf, der mehr als jeder andere Whistle-Blower vor oder nach ihm für Furore zu sorgen begann. Die Geschichte ist lang und soll hier nur in ihren wesentlichsten Zügen beleuchtet werden, vor allem, weil ich sie in meiner vorherigen Arbeit zur Area 51 schon auf über sechzig Seiten relativ ausführlich behandelt habe und hier lieber bald noch einigen Neuigkeiten zur Area 51 den Vorzug geben möchte.

Der im Laufe der Zeit aus teils durchaus nachvollziehbaren und ernstzunehmenden Gründen hoch umstrittene Robert (»Bob«) S. Lazar berichtet, er habe von Ende 1988 an bis zum Frühjahr 1989 auf einem zweiten Geheimkomplex gearbeitet, der sich südlich von Area 51/Groom Lake befindet und als S-4 (»Site-4«) bezeichnet wird, gelegen am anderen Trockensee von »Dreamland«, dem Papoose

Das Ufer des rätselhaften Papoose Lake. Die Aufnahme entstand zu einer Zeit, als es noch keine Sperrzone von Dreamland gab.
(Aufnahme: unbekannt)

Lake. Zwischen den beiden Anlagen erstreckt sich eine hohe, vulkanisch entstandene Bergkette, bekannt als Papoose Mountain Range, die jeden Einblick von nordöstlicher Richtung – also Tikaboo

Peak – verwehrt. Nun, in der Südflanke des Papoose-Berges, nahe dem Ufer des gleichnamigen Sees, befinden sich laut Lazar hervorragend getarnte Hangars, genauer: mehrere miteinander verbundene Hallen. Hier soll die US-Regierung neun außerirdische Flugscheiben aufbewahren und bis ins Detail erforschen. Bob Lazar will dort an einem metallischen, runden und wie aus einem Stück gegossenen Diskus gearbeitet haben, mit dem Auftrag, das Antriebssystem zu ergründen. Er sei dabei zu dem Ergebnis gelangt, daß diese Scheiben, deren Herkunft auch ihm unbekannt war, mit einem Gravitationsantrieb ausgestattet sind und damit das Raum-Zeit-Kontinuum um sich herum verändern können. Die Energie dafür liefert seinen Schilderungen zufolge ein absolut exotisches chemisches Element, ein sehr fernes Transuran, Element 115. Lazar gibt sogar physikalische Eigenschaften dieses seiner Aussage nach stabilen Elementes an. Normalerweise sind ja sämtliche Transurane radioaktiv und somit instabil, sie zerfallen innerhalb allerkürzester Zeiträume in andere Produkte. Allerdings nicht Element 115, so erklärt Lazar.

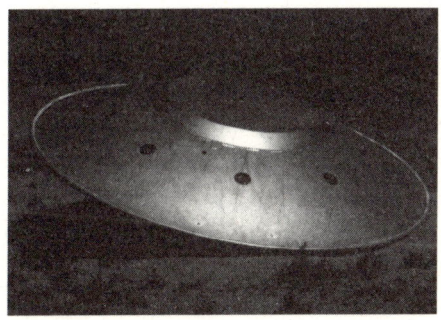

Eine echte Flugscheibe? Nein, nur ein großes Modell vor dem Little A ›Le‹ Inn, Rachel.
(Aufnahme: Verfasser)

Tatsächlich hat der theoretische Physiker Glenn Seaborg schon 1969 vorhergesagt, daß ab dem Element 114 eine »stabile Zone« existiere, wobei »stabil« jedoch nicht viel bedeutet. Denn möglicherweise zerfällt ein solches Element zwar langsamer als eines von niedrigerer Ordnungszahl, aber dennoch so schnell, daß es in der Praxis eben immer noch hoch instabil ist. Entgegen einigen Behauptungen wurde Element 115 bis heute noch nicht in physikalischen Labors nachgewiesen. Kurioserweise aber veröffentlichten Physiker des *Lawrence Berkeley National Laboratory* in Kalifornien Anfang 1999 ihre Entdeckung zweier superschwerer Elemente *jenseits* von 115. Sie fanden Element 118 und 116 durch Beschuß von Blei mit einem Strahl hochenergetischer Krypton-Ionen. Dabei ist 116 ein Zwischenprodukt des Zerfalls von Element 118 zu 106 (Seborgium). Der Übergang von 118 auf 116 findet innerhalb von weniger als einer tausendstel Sekunde statt, wobei ein Alpha-Teilchen, also ein Helium-Atomkern, abgespalten wird. Ein weiterer Alpha-Zerfall führt auch zu 114, nur 115 kann dabei nicht entstehen. Immerhin aber befinden sich die Physiker nun genau in jener Zone, die von Seaborg beschrieben wurde. Der an den Experimenten beteiligte Physiker Victor Ninov erklärte nicht ohne Begeisterung: »Wir sind über den See der Instabilität auf eine Insel der Stabilität gesprungen, die Theorien seit den siebziger Jahren vorhersagen.«

Ab Mitte 1999 also haben Wissenschaftler erstmals jene kritische Region erreicht, die auch bald zum Prüfstein einer weiteren sehr wichtigen Aussage von Bob Lazar werden kann.

Immer wieder haben andere Personen, die selbst auf Area 51 gearbeitet haben und einen beruflichen Hintergrund als Techniker oder Physiker besitzen, die Grundaussage von Lazar bestätigt.

Über einen gemeinsamen Freund in der US-Luftwaffe erfuhr ich von einem anderen Air-Force-Angehörigen, der von einer extrem geheimen Anlage in der Wüste um Las Vegas weiß, die komplett im Erdboden versenkbar sei. Es gebe dort einen Untergrundbereich, der sieben Stockwerke unter die Erde führe; er selbst habe dort gearbeitet und ein Szenario gesehen, das dem von Lazar beschriebenen sehr ähnele – man verwende exotische Antriebe, die wie »UFO«-Technologie wirkten. Natürlich hatte ich bisher nicht das Glück, diese Dinge mit eigenen Augen zu sehen und kann daher auch die Schilderung nur in einem anekdotischen Sinne hinnehmen und weitergeben, als interessante Möglichkeit. Allerdings fiel mir auf einer alten Luft-Aufnahme des Papoose Lake ein bemerkenswerter Unterschied gegenüber anderen Fotos auf, der allerdings noch einer genauen Überprüfung bedarf. Das Foto, eine US-Geological-Survey-Aufnahme vom 9. Oktober 1952, zeigt mitten im Trockensee und somit unweit der legendären S-4-Anlage eine runde Struktur von etwa 200 Meter

Durchmesser. Handelt es sich hierbei etwa um jene geheimnisvolle, ganz und gar versenkbare Anlage oder lediglich um eine natürliche, jahreszeitlich oder vom Beleuchtungswinkel abhängige Erscheinung, vielleicht auch um ein Bild-Artefakt?

Antigravitation

Was die Antriebssysteme jener Flugkörper unbekannter Herkunft betrifft, scheint allerdings einige Unklarheit zu herrschen. Der durchaus gut informierte, jahrelang auf der Test Site tätige Physiker, der am Anfang des vorigen Kapitels zu Wort kam und als Mitarbeiter des Komplexes anonym zu bleiben wünscht, sprach beispielsweise nicht von einem Gravitationsantrieb, sondern von einem Anti-Gravitationsantrieb, einer in der Diskussion um exotische Systeme durchaus beliebten Variante. Antigravitation – ein in der etablierten Physik eher ungeliebter Begriff, der bar jeder Logik zu sein scheint. Zwar gibt es zu fast jeder Art von Atomteilchen auch ein entsprechendes Antiteilchen, doch die daraus bestehende Antimaterie würde keine negative Schwerkraft, also keine abstoßende Kraft entwickeln. Überall wirkt Schwerkraft mehr oder minder stark. Diese schwächste der vier grundlegenden Wechselwirkungen dominiert bei großen Massen und Entfernungen, also im Skalenbereich des Makrokosmos, über alle anderen Kräfte. Das ist unter anderem auch der Grund, warum »Schwarze Löcher« entstehen können. Sie durchdringt alles, und bis heute ist offiziell kein Mechanismus und kein Apparat bekannt, der diese »All-Kraft« abschirmen oder sogar umkehren könnte. Antigravitation hat im Weltbild der konventionellen Physik somit keinen festen Platz. Wenigstens am Rande möchte ich aber bemerken, daß eine Art Antigravitation bereits von Einstein in seiner Allgemeinen Relativität eingeführt wurde, um dem seiner damaligen Ansicht nach statischen Universum eine Art »Stütze« zu verleihen. Diese »Repulsivkraft« äußert sich in seinen Formeln als der kosmologische Term Lambda, den Einstein aber bald als die »größte Eselei« seines Lebens verwarf. Interessanterweise lassen moderne astronomische Beobachtungen darauf schließen, daß sich das Weltall entgegen aller bisherigen, über Jahrzehnte gehegten Annahmen mit zunehmender Beschleunigung ausdehnt. Irgendeine bisher unbekannte Kraft scheint die Welt auseinanderzudrücken. Niemand weiß, worin die Ursache hierfür liegt; die Astrophysiker sprechen nun fast etwas mirakelnd von einer »Dunklen Energie«, die wir als eine Ausprägung von Antigravitation ansehen könnten, und Lambda wird somit auch wieder top-aktuell.

Die Diskussion um Möglichkeiten zur Aufhebung der Schwerkraft wurde im Jahr 1992 entscheidend angefacht. Damals führte der finnische Materialwissenschaftler Dr. Eugene Podkletnov an der Universität von Tampere ein Experiment mit ungewöhnlichem Ausgang durch. Er verwendete eine 30 Zentimeter messende Scheibe aus Spezialkeramik, zusammengesetzt aus Yttrium, Barium und Kupferoxid. Das normalerweise nichtleitende Material wird bei sehr tiefen Temperaturen supraleitend, das heißt, der elektrische Widerstand in der Scheibe geht gegen Null. Podkletnov ließ die Scheibe in einem Magnetfeld rotieren. Sie drehte sich außergewöhnlich schnell, mit rund 5.000 Umdrehungen pro Minute. Der Wissenschaftler versuchte, mit dieser Anordnung einige Kontrollen vorzunehmen, Materialprüfungen an dem Supraleiter. Was er dabei aber schließlich feststellte, schien ungeheuerlich zu sein: Im Bereich über der rasant rotierenden Scheibe nämlich war die Schwerkraft deutlich herabgesetzt. Sie lag zwischen ein und zwei Prozent niedriger als außerhalb! Bahnte sich hier eine Sensation an, vielleicht sogar eine echte Revolution?

Der als »Podkletnov-Experiment« weltbekannt gewordene Versuch schürte kontroverse Diskussionen rund um den Globus. Die Universität von Tampere distanzierte sich schnell von allem, Podkletnov erhielt für seine Arbeit auch keinerlei Auszeichnung; vielmehr kündigte man ihm den Posten. Sein Experiment stand einfach in krassestem Widerspruch zu allem, was die experimentelle, vor allem aber die theoretische Physik als fest verankertes Weltbild verteidigte. Ein neuer Galilei, ein Scharlatan oder nur ein Narr, überdrehter als seine Scheiben? Obwohl bereits einige Jahre vergangen sind, ist es noch viel zu früh, hierüber ein Urteil zu fällen. Aber genau das ist es, was Wissenschaftler im Namen der Wissenschaft getan haben – Podkletnov wurde von den meisten Fachleuten vorverurteilt. Es scheint nicht möglich zu sein, als Forscher auch über ungewöhnliche Ergebnisse zu berichten, ohne sogleich verteufelt zu werden. Doch glücklicherweise gibt es einige innovative Gruppen, die auch vor unkonventionellen Konzepten nicht zurückschrecken. Glücklicherweise, denn nur durch Menschen, die sich über künstlich geschaffene Grenzen hinweggesetzt haben, nur durch Nonkonformisten, die scheinbar Undenkbares gedacht, Althergebrachtes neu überdacht und sich nicht um Konventionen gekümmert haben, wurde und wird in dieser Welt echter Fortschritt erzielt. So sind auch einige Gruppen bei der US-Raumfahrtbehörde NASA mit sehr ungewöhnlichen Ideen befaßt. Und für diese Visionäre der Raumfahrt kommt Podkletnovs Fund gerade recht. Sollte sich nämlich herausstellen, daß der finnische Forscher sich tatsächlich nicht irrt, dann wären herkömmliche Raketenantriebe bald überflüssig. Wer die Gravitation beherrscht und sie ausschalten kann, besiegt damit gleichzeitig das massivste Hindernis der Raumfahrt, denn es ist ja die Schwerkraft, die mit ungeheurer Energie überwunden werden muß, um die Erde oder andere Planeten zu verlassen. Durch die Abschirmung von Schwerkraft-Effekten werden bemannte Flugobjekte auch in der Lage sein, extrem stark zu beschleunigen, ohne daß die Insassen etwas davon spüren. Heute gehen selbst gut vorbereiteten Astronauten bei länger anhaltender, acht- bis zehnfacher Erdbeschleunigung alle Lichter im Kopf aus.

Die NASA unterstützt die weitere Erforschung des Podkletnov-Experiments, was einige Physiker wie Professor Francis Slakey für reinste Verschwendung halten – »Das Geld hätte besser für legitime Weltraum-Forschung verwendet werden können«, so meint er.

An der Universität von Alabama, Huntsville, schienen eine Zeitlang die vielversprechendsten Überprüfungen stattzufinden, in Zusammenarbeit mit der NASA. Leider gab es im Jahr 1999 unter den Forschern dann einige Auseinandersetzungen über die Vorgehensweise und die Prioritäten. Die bis dahin eine entscheidende Rolle spielende chinesische Forscherin Professor Ning Li hatte sogar schon eine feste Theorie. Ohne Einzelheiten zu nennen, erklärte sie, bereits die Formeln gefunden zu haben, die erklären, warum der Effekt überhaupt entsteht. Der NASA aber war die praktische Seite wichtiger. Man wollte einfach einen entsprechend funktionierenden Apparat bauen. Dr. Li verließ deshalb die Universität und zog nach China. Nun arbeitet Podkletnov nach NASA-Absprache mit der US-Firma *Superconductive Components* zusammen. Dort möchte man die Antigravitations-Maschine bauen.

Warum ich das alles so ausführlich erzähle?

Nun, vielleicht hat es tatsächlich den Anschein, als sei ich weit vom eigentlichen Thema abgekommen, den Geheimbasen und Area 51. Mir geht es aber schlicht um Folgendes: Mit dem Podkletnov-Experiment zeichnet sich eine Möglichkeit ab, die erklären könnte, was manchmal am Himmel über Area 51 schon seit vielen Jahren beobachtet wird.

Blickpunkte

Hier, über dem so abgelegenen Geheimstützpunkt am Groom Lake, manövrieren Flugobjekte mit Beschleunigungen, die weit jenseits dessen liegen, was bislang im Bereich des Menschenerträglichen lag. Haben Wissenschaftler militärischer Geheimprojekte die zivilen Forschungen des Eugene Podkletnov bereits Jahre früher durchgeführt und in die Tat umgesetzt? Es wäre nicht das erste Mal, daß das Militär der zivilen Forschung um viele Jahre voraus ist.

Die Beobachtungen, wie sie seit langem in der Umgebung von Area 51 gemacht werden, sind zahlreich und übereinstimmend genug, um einen realen Hintergrund zu vermuten. Als Bob Lazar dann mit seinen Behauptungen an die Öffentlichkeit trat, begann sich das Interesse aber erst richtig auszuweiten, und Neugierige pilgerten in die Region von Area 51, um vor allem Mittwochs nach nächtlichen Aktivitäten Ausschau zu halten. Denn wie Lazar erzählte, war an jenen Tagen der Verkehr auf dem benachbarten Highway am geringsten, auf dem ohnehin durchschnittlich nur 50 Autos pro Tag entlangfahren.

Genau an jenen Abenden also war die Situation für Tests jener laut Lazar nicht von unserer Welt stammenden Flugkörper am günstigsten. Wenn auch viele Details seiner Geschichte kontrovers sind, täuscht nichts darüber hinweg, daß Robert Lazar durchaus intime Kenntnisse über viele geheime Details und Projekte besitzt, die er anscheinend nur dann kennen kann, wenn er auch wirklich daran beteiligt war und in Dreamland arbeitete. Zumindest aber muß er Personen kennen, die ihn mit guten Insider-Informationen versorgten. Vielleicht konnte er mit deren Hilfe seine in jedem Fall fantasievolle Story »zusammenkochen«. Lazar machte Area 51 zweifellos erst so richtig bekannt.

Doch wieder zurück zur Natur: Die Betreiber des Komplexes wurden zunehmend nervös wegen der beiden schon erwähnten Bergspitzen, die sich nur ganz knapp außerhalb der Sperrzone befinden und die das Militär bei seiner großen Landnahme von 1984 dummerweise übersehen hatte.

Der Zustand wurde immer lästiger, wenn dort irgendwelche Neugierigen auftauchten und versuchten, einen Blick auf die Area 51 zu erhaschen und vielleicht sogar Zeugen geheimer Projekte wurden. Einer der unerwünschten Zaungäste riskierte nach etlicher Vorbereitung sogar, mit einem guten Fernrohr Aufnahmen der Basis zu machen – es sind die bislang weltbesten bekannten Fotos der geheimen Bauwerke am Groom Lake. Eine gewisse Umsicht bei dieser Arbeit war schon erforderlich, denn die anonymen Wachtrupps machten durchaus bereits Probleme, wenn sie einen Beobachter mit einem größeren Feldstecher auf einem der beiden Berge – White Sides beziehungsweise Freedom Ridge – erwischten. Dem schon früher erwähnten Chuck Clark gelang es trotzdem, mit einem Teleskop aufzukreuzen, seine Bilder zu machen und wieder unbehelligt zu entwischen. Im Sommer 2001 zeigte mir Chuck noch einmal seine superscharfen Bilder aus den »guten alten Zeiten« …

Im April 1995 schnappte sich die US-Luftwaffe endlich die beiden lange ersehnten Berggipfel, wobei sie genau darauf achtete, nicht über 2.000 Hektar zu verschlingen, denn das hätte ja den Kongreß mobilisiert, und ein zweites Mal wäre die Sache dann bestimmt nicht ohne Publicity abgegangen. Immerhin reichte der nunmehr abgesperrte Bereich, um jeden Blick auf die Anlagen von Groom zu verwehren.

Blick auf White Sides. Direkt hinter diesem 1995 vom Militär vereinnahmten Berg befinden sich Area 51 und Groom Lake.
(Aufnahme: Verfasser)

Mir war klar, daß ich die schöne Aussicht von White Sides nur noch kurze Zeit genießen würde können, und so hastete ich im April 1995 noch einmal nach Nevada, hinauf auf den vulkanischen Berg, um die nicht-existente Militärstadt ein letztes Mal aus ziemlich geringem Abstand in Augenschein zu nehmen. Wenige Tage danach fiel dann tatsächlich die unsichtbare Klappe – White Sides und Freedom Ridge gehörten seit Mitte April 1995 zu Dreamland/Area 51! Wer nun am Ende der Groom Lake Road auf die unscheinbare Schotterstraße in Richtung von White Sides fuhr, wurde von neuen Warnschildern überrascht. Und das war alles andere als ein Aprilscherz!

Jetzt war nur noch ein Berg in allerdings doppelter Entfernung zugänglich, von dem aus sich Area 51 gleichfalls in direkter Sichtlinie befand: Tikaboo Peak. Erdgebundene Aufnahmen sind eine Sache, Satellitenbilder eine andere. Beides hat seinen Sinn und Zweck.

Interessant ist eben vor allem, daß Privatpersonen zu *unvorhergese-hener* Zeit auf einem Gipfel auftauchen und ihre Aufnahmen machen können. Wenn dann gerade – wie auch in meinem Fall – ein Geheimprojekt im Gange ist, muß alles wieder »weggeräumt« werden, so daß sehr schnell gar nichts mehr zu sehen und zu fotografieren ist. Zumindest aber besteht für den unerwartet auftauchenden Späher die Möglichkeit, gewissermaßen in eine verdeckte Operation hineinzuplatzen und davon etwas mitzubekommen.

Satelliten sind weitaus besser berechenbar. Die Betreiber von »Dreamland« wissen, wann welcher der künstlichen Erdtrabanten über das Gelände hinwegfliegt und richten ihre Projekte dementsprechend zeitversetzt aus – die zwangsläufig daraus entstehende Auszeit für Geheimprojekte ist als »Cover-Time« bekannt, als »Verdeckungszeit« also. Somit sind bisher keine Satellitenfotos veröffentlicht worden, auf denen ungewöhnliche Flugzeuge zu erkennen sind. Doch decken die Weltraum-Aufnahmen weite Bereiche ab und können aus dieser Perspektive natürlich jeden noch so verborgenen Winkel erfassen, egal, hinter welchem Berg er liegt.

Private Spionage, verschwundene Beweise

In den vergangenen Jahren sind einige Privatkonzerne in das Satellitengeschäft eingestiegen, und mittlerweile existieren hochaufgelöste und topaktuelle Bilder der so versteckten Basis am Groom Lake. Am 17. April 2000 machte *TerraServer*, der größte Internet-Anbieter von Satellitenfotos, bekannt, erstmals hochaufgelöste Bilder der Area 51 auf seiner Homepage zu zeigen und Drucke zum Kauf anzubieten. Der Ansturm auf die Internetseite war gigantisch, in kurzer Zeit klickten Hunderttausende den TerraServer an, um endlich einen Blick auf die supergeheime Basis werfen zu können. Vor allem US-Bürger hatten nach Ende des Kalten Krieges vermutet und gehofft, daß die extrem strengen Vorschriften der Geheimhaltung in vielen Bereichen gelockert und Militär- beziehungsweise Geheimdienstprojekte deutlich transparenter werden würden. Doch änderte sich in Wirklichkeit kaum etwas daran, ein Umstand, der das Mißtrauen in der Bevölkerung schürte.

Was in aller Welt könnte es nur sein, das die USA sogar noch in diesen Zeiten so massiv vor der Öffentlichkeit verbergen, vor ihrem eigenen Volk!

Die nunmehr auf dem Internet einsehbaren Bilder stammten von dem russischen KOMETA-Satelliten, der seine Aufnahmen von Area 51 bereits am 15. März 1998 geschossen hatte – absolut legal, nach internationalem Recht, das seit dem Jahr 1992 im Rahmen des *Open Skies Treaty* – also recht wörtlich übersetzt: des Vertrages für einen offenen Himmel – Kontrollbeobachtungen durch die Vertragsstaaten zuläßt. Die Veröffentlichung der Aufnahmen, die immerhin noch Details von zwei Meter Größe zeigen, wurde von Pentagon-Sprecher Kevin Bacon recht lapidar kommentiert. Er erklärte, sie würden die nationale Sicherheit der USA kaum in Frage stellen können. Der Grund hierfür liegt nahe, denn nach einer Verweilzeit von rund zwei Jahren würde keine US-feindlich gesinnte Partei mehr einen Nutzen von dem Material haben, da es schlichtweg in keiner Weise mehr aktuell ist.

Sehr schnell zogen die Satellitenbild-Lieferanten nach. Über den sowjetischen Anbieter *Sovietinformsputnik* und seinen US-Partner *Aerial Images* in Raleigh, North Carolina, werden Aufnahmen des russischen SPIN-2-Satelliten verbreitet, die gleichfalls eine Auflösung von zwei Metern erreichen, ebenso sind öffentlich einige Aufnahmen des CORONA-Satelliten verfügbar.

Mit diesem schon alten Satelliten, der wie die meisten anderen auf eine Auflösung von zwei Metern begrenzt ist, verbindet sich eine interessante Geschichte. CORONA war von 1960 bis 1972 im Einsatz und zählt damit zu den ersten fotografischen Aufklärungssatelliten. US-Präsident Bill Clinton veranlaßte am 22. Februar 1995 per Ausnahmebestimmung Nummer 12951 die Freigabe der Aufnahmen aus den mit Hilfe von CORONA, ARGON und LANYARD kodierten Satellitenprojekten. Schriftliche Dokumente und Bildmaterial aus diesen Programmen landeten mittlerweile in den mächtigen US-Nationalarchiven, den *National Archives* in Washington, in denen die Antworten auf unzählige Geheimnisse der Welt schlummern, fast so wie im Vatikan.

Interessanterweise hat eine sehr umfangreiche Nachforschung in diesem zentralen Super-Archiv ergeben, daß dort alle CORONA-Aufnahmen des Groom Lake vernichtet worden sind – sowohl die Papierabzüge als auch die Originalnegative!

Da hatte jemand wirklich gründlich gearbeitet!

Genau dasselbe ist rein zufälligerweise auch mit Bildkopien im Satellitendatenzentrum in Sioux Falls, South Dakota, geschehen. Forscher der *Federation of American Scientists (FAS, Bündnis Amerikanischer Wissenschaftler)*, einer privaten, 1945 von Wissenschaftlern des Manhattan-Project gegründeten Gruppe, die ein scharfes und kritisches Auge auf alle Aktivitäten der US-Geheimhaltung wirft, vermuten, daß die Vernichtung der Groom-Lake-Aufnahmen bereits vor 30 Jahren stattgefunden hat. Damals wurde das Material *oberhalb* von STRENG GEHEIM – TOP SECRET klassifiziert. Im System der US-Geheimhaltung erhielt es die Einstufung »SCI« – dahinter verbirgt sich sensitive, aufgegliederte nachrichtendienstliche Information, im guten Fach-Amerikanisch *Sensitive Compartmentalized Intelligence*. Innerhalb dieses Bereichs wurden sie dem Ressort nationaler technischer Hilfsmittel zugeordnet, zu dem Satelliten und Aufklärungsflugzeuge rechnen. Und genau dafür gab's noch einen Code-Begriff völlig kostenlos dazu, *Talent-Keyhole*, das Talent-Schlüsselloch, womit möglicherweise das scharfe Auge einer Satellitenkamera gemeint war.

Die FAS-Wissenschaftler ziehen interessante Folgerungen aus jenem »Bildersturm«:

»Die Bedeutung davon ist, daß ein Bildanalytiker, der eine TOP-SECRET-Sicherheits-Freistellung hat und auch eingeweiht ist in das Talent-Keyhole-System, dennoch keine ausreichende Freistellung besaß, um Bildmaterial von Groom Lake zu sehen. Dieser Grad an Aufsplitterung von Geheim-Information grenzt schon ans Surreale.«

Und paradoxerweise kann heute jedermann bessere Satellitenaufnahmen von Groom Lake sehen. Der von allen Satelliten derzeit »gefährlichste« ist IKONOS. Er liefert vergleichsweise gestochen scharfe Bilder mit einer Auflösung von einem Meter. Das ist zwar längst nicht der hohe Standard eines echten Spionagesatelliten, der mit heutiger Technik beinahe schon erkennen könnte, ob sich der Wachmann ABC vor Hangar XYZ seine Schuhe auch ordentlich geputzt hat, doch immerhin ein großer Fortschritt gegenüber den bisher kursierenden Aufnahmen. Jedes Bildelement von KOMETA wird bei IKONOS gleich durch vier solcher Elemente ersetzt, was eine entsprechend höhere Detailgenauigkeit bedeutet!

Wenn wir's genau bedenken, leben wir schon wirklich in einer ziemlich verrückten, ja eben surrealen Welt. Führen wir uns doch nur einmal vor Augen, daß hier militärische Einrichtungen verwendet werden, um supergeheime Militäranlagen für die Öffentlichkeit auszuspionieren! IKONOS wurde am Morgen des 24. September 1999 im Auftrag der privaten, in Colorado ansässigen Firma *Space Imaging* von der kalifornischen Vandenberg-Luftwaffenbasis aus gestartet! Der auch auf Area 51 aktive Konzern *Lockheed Martin* wiederum ist gleichfalls Hersteller der Startrakete für IKONOS, einer *Athena II*! Nun kreist also dieser Satellit in einer polaren und somit die gesamte Erdoberfläche nacheinander erfassenden Bahn von knapp 700 Kilometer Höhe um unseren Planeten, um dabei unter anderem auch so kamerascheue militärische Forschungsstätten wie Area 51 auszukundschaften …

Die neuen Satelliten-Bilder, vor allem eben die von IKONOS, zeigen zahlreiche hochinteressante Details von Area 51 und ihrer Nachbarschaft, die bisher unbekannt waren.

FAS hatte schon Anfang Februar 2000 ein aktuelles Foto der Basis in Auftrag gegeben, das allerdings erst im April geliefert werden konnte. Daran wurde auch sehr deutlich, daß die kommerzielle Satellitenüberwachung keine Gefahr für ernste Angriffe auf die Sicherheit eines Landes bedeutet, denn derart verspätet eintreffendes Material ist hier nicht akzeptabel. Gerade zu Beginn der kommerziellen Unternehmungen war man von Regierungsseite auch am Abwägen, ob man den privaten Satellitenaktivitäten nicht doch Einhalt gebieten solle; allerdings kamen die Untersucher zu dem Resultat, der kommerzielle Nutzen würde am Ende für das Land überwiegen, zumal Satelliten fremder Nationen jene sensitiven Territorien letztlich ohnehin überfliegen können.

Tim Brown, ein Bildanalytiker von FAS, der sich zwei Jahre lang mit CORONA-Aufnahmen auseinandergesetzt hat, befaßt sich nun auch eingehend mit den neuen IKONOS-Aufnahmen von Area 51. Ihm ist ein interessanter Zusammenhang aufgefallen: »Area 51 ist ein Flugtestzentrum für fortgeschrittene Technologie – eine ›schwarze‹ Version der Edwards Air Force Base. Spekulation beiseite gelassen, zeigt das von uns erworbene 1-Meter-IKONOS-Bild Gebäude und Einrichtungen, die mit denen übereinstimmen, wie sie sich auf der Edwards-Basis befinden.«

»Edwards« ist eine der bedeutendsten militärischen Einrichtungen der Vereinigten Staaten. Sie liegt im kalifornischen Antelope-Valley nahe der Städte Lancaster und Palmdale und gilt als das herausragendste Aero-Testzentrum der Welt. Daß die Edwards-Basis in einem sehr engen Zusammenhang zu Area 51 steht, ist schon lange bekannt. Vor einigen Jahren konnte ich durch glückliche Umstände das letzte Puzzlesteinchen in die Argumentation einfügen und damit nachweisen, daß die Abteilung Nummer 3 des dort ansässigen Luftwaffen-Flug-Testzentrums (Detachment 3, Air Force Flight Test Center – DET 3/AFFTC) nichts anderes ist als Area 51 selbst! Darüber habe ich aber bereits bei früherer Gelegenheit ausführlicher berichtet.

Tatsächlich, dort draußen in der Wüste am Groom Lake liegt fast so etwas wie die geheime »Blaupause« der Edwards-Luftwaffenbasis. Hier werden die sensibelsten Projekte getestet. Nicht nur utopische Flugzeuge, sondern beispielsweise nicht-lethale Waffen und andere Technologien für das dritte Jahrtausend.

IKONOS konnte alle wichtigen Bereiche der am Erdboden so abgeschotteten Anlage aus der Vogelperspektive ablichten. Jeder, der einen Internetanschluß besitzt, kann diese Fotografien abrufen (www.terraserver.com). Wenn wir einmal einen kurzen Blick auf solche Aufnahmen oder auf die wenigen hochaufgelösten erdgebundenen Bilder der Basis werfen, sehen wir erst, was so alles nicht existiert …

Detailansichten

Am südlichen Ende des zentralen Komplexes befinden sich acht größere Flugzeughallen, die früher der CIA zur Unterbringung ihrer A-12-Flotte dienten, den Vorläufern des »Stratosphären-Pferdes« Blackbird. Jeder dieser Hangars ist rund 35 Meter breit. Ihnen schließt sich nach Norden bald schon Hangar 17 an, eine große Halle mit einer Torweite von 40 Metern und einem Sicherheitsgewölbe. Über die weite südliche Rampe von Area 51 geht es dann direkt zu auf das dominierende Gebäude, den rätselhaften Hangar 18, um den sich viele Gerüchte ranken, aber auch durchaus ernstzunehmende Berichte. Dieses Hauptgebäude ist fast quadratisch, erreicht die Höhe eines achtstöckigen Hauses bei einer Länge von annähernd 100 Metern. Im Zentrum der mächtigen Halle soll sich ein nicht minder beeindruckender Liftschacht befinden, der in die unterirdischen Gefilde der Area 51 führt, unter anderem mehr als 20 Stockwerke hinab in einen gigantischen Untergrund-Hangar. Übrigens existiert auf der Edwards-Basis ein Hangar mit vergleichbaren Abmessungen wie »18«, allerdings gibt es in ihm keinen solchen Schacht. Es lassen sich aber viele gute Gründe und Anzeichen dafür finden, daß Area 51 sogar größtenteils ein unterirdischer Komplex mit mehreren Ebenen ist.

Die Bezeichnung »Hangar 18« für diese eigentlich als »Gebäude 430« geführte Monumentalkonstruktion leitet sich vom legendären Hangar auf der so sagenumwobenen Wright-Patterson-Luftwaffenbasis in Ohio ab. In ihm sollen genau jene fremden Wesen und Raumschifftrümmer aus dem berühmten Roswell-UFO-Absturz unter strengsten Sicherheits- und Geheimhaltungsmaßnahmen aufbewahrt werden. Mittlerweile sprechen sogar Mitarbeiter von Area 51 nur noch von »Hangar 18«, wenn sie das Hauptgebäude am Groom Lake meinen.

Die eher traditionellen Beobachter sind der Ansicht, daß der auffallend hohe Hangar die Montagehalle ist, in der das superschnelle Aurora-Flugzeug huckepack auf ein größeres Mutterschiff gesetzt wird. Wir kennen dieses Mehrstufenprinzip von den großen Raketen. Hier wird es auf Flugzeuge angewandt, wohl ganz nach den Konzepten des Konstrukteurs Eugen Sänger.

Wenn wir nun den Blick weiter in nördliche Richtung wenden, rücken weitläufige Bereiche mit Unterkünften, Verwaltungsgebäuden, Werkstätten etc. ins Sichtfeld. Am auffallendsten sind die dunklen Dächer der in Reih' und Glied angeordneten Quartiere, 33 an der Zahl. Daraus läßt sich ungefähr abschätzen, wieviele Menschen dort untergebracht werden können – es dürften zwischen 2.700 und 4.000 Personen sein. Und diese Überlegung erstreckt sich nur auf das Sichtbare. Wir wissen zur Zeit noch nicht, wieviel zusätzlicher Raum unter dem Erdboden und im benachbarten Berg zur Verfügung steht, an dessen Flanken gleichfalls hohe Aktivitäten in Form von Grabungsarbeiten zu erkennen sind – auch vom Boden aus sichtbar, natürlich nur mit Hilfe guter Teleoptiken.

In unmittelbarer Nachbarschaft des McCarran-Flughafens von Las Vegas befindet sich ein Geheimterminal, von dem aus die Mitarbeiter von Area 51 regelmäßig mit einer Flotte von unmarkierten Boeing-737-Maschinen der 200er-Serie und anderen kleineren Flugzeugen vor allem zum Groom Lake geflogen werden. Der dazugehörige Parkplatz bietet Raum für genau 1.565 Autos. Dieser Parkplatz ist oftmals fast voll belegt. Beobachtungen zeigen, daß in jedem Wagen auch immer nur eine Person sitzt, somit spiegelt die Zahl der vorhandenen Fahrzeuge auch genau die Zahl der gerade auf diesem Wege zur Area gelangten Mitarbeiter wieder.

Weitaus weniger Personal wird mit speziellen Bussen dorthin transportiert oder gelangt mit Privatwagen hinein.

Diese weißen Busse sind mit stark getönten Fenstern ausgestattet und können selbst auf schlechten Pisten extrem schnell unterwegs sein. Ein solches Gefährt ist an jedem Wochentag morgens auf seiner Fahrt in das Sperrgebiet zu beobachten, genauso am Nachmittag, wenn es gegen 15 Uhr 45 aus Richtung der Area 51 kommend die großen Warnschilder passiert und rund eine Viertelstunde später, das heißt mit über 80 Stundenkilometern und einer damit gegenüber dem vorgeschriebenen Tempo um 15 Prozent überhöhten Geschwindigkeit das Ende der breiten Groom-Lake-Schotterstraße und damit den Highway 375 erreicht. Am Abend kann man den weißen Bus, Marke MCI, dann in der Nähe des Friedhofs von Alamo vor einem Verwaltungsgebäude parken sehen.

Wir dürfen insgesamt von durchschnittlich gut und gerne 2.000 Menschen ausgehen, die auf der Groom-Lake-Basis arbeiten. Aus dieser Zahl können wir allerdings noch lange nicht den Umkehrschluß ziehen und die Existenz von weiteren unterirdischen Bunkern und Unterkünften ausklammern. Es würde wie gesagt wenig plausibel erscheinen, Area 51 als rein oberirdische Anlage zu betrachten.

Im Bereich der Quartiere, genauer gesagt, etwas östlich davon, fällt ein sehr großes, langgestrecktes Gebäude auf, das »Operations Building 299« – eine wesentliche Arbeits-Zentrale von Area 51. Hier befinden sich Forschungsabteilungen, Entwicklungs- und Konstruktionsbüros, Besprechungsräume, etc.

Woher aber wissen wir das alles? Woher die Details, die Bezeichnungen? Zum Teil sind es Zeugenaussagen, kombiniert mit Satellitenbildern, doch viele Informationen stammen aus einem offenbar wirklich authentischen Dokument, das erstmals im Jahr 1994 auf obskuren Wegen auftauchte und sich noch heute als Kopie in einigen privaten Händen befindet. Dieses Dokument entpuppte sich als Handbuch für Sicherheitskräfte auf Groom und trägt den Titel »DET 3 SP – JOB KNOWLEDGE«, also Richtlinien für die Arbeit auf DET 3 Special Projects. – Kurioserweise finden sich keine Stempel darauf, die das 29-seitige Heft als geheim oder darüber einstufen. War das ein Ausrutscher, wie seinerzeit auch das Versäumnis, die Berge White Sides und Freedom Ridge einzuverleiben? Allemal eine merkwürdige Geschichte und kaum zu glauben.

Titelseite des Area-51-Sicherheitshandbuches.

Für die Echtheit dieses Dokuments spricht unter anderem, daß es im Zusammenhang mit einem Prozeß um Opfer der Verbrennung giftiger Schadstoffe am Groom Lake eine ernstzunehmende Rolle spielte. Bisher haben sich alle Informationen im Dokument bestätigt. Seit einiger Zeit versucht die Air Force – erstmals in der Geschichte – jenes bereits öffentlich verbreitete Dokument nachträglich zu klassifizieren, wieder einmal geradezu paradox!

Was das Gebäude 299 angeht, findet sich sogar ein genauer Plan mit der Aufzeichnung beider Stockwerke und der nachrichtendienstlichen und kryptologischen Sondertrakte darin.

Auf dem kilometerweiten Gelände sind noch viele interessante und zum Teil obskure Strukturen zu sehen, deren Bedeutung sich dem Betrachter nicht immer erschließt. Eindeutig aber zu identifizieren sind mächtige Radarschüsseln und Testpylone (Trägermaste für Flugzeuge) in den nördlicheren Teilen der Anlage. Bekannt sind auch die Erholungsbereiche, Waffenlager und Werkstätten. Auf einer Anhöhe nahe dem gewaltigen Haupthangar thront ein Arrangement von Wassertanks, das noch kräftig erweitert wurde. Solche Details könnten interessante Hintergründe besitzen. Möglicherweise spielt Wasser bei neuartigen Treibstoffen der künftigen Flugzeuggeneration vom Groom Lake eine entscheidende Rolle. Vielleicht aber steht auch eine neue Phase an geheimen Projekten ins Haus, die einen umfangreichen Mitarbeiterstab benötigen, wodurch der Wasserbedarf zwangsläufig wachsen muß.

Auffallend sind vier große Hangars am nördlichen Ende des Hauptkomplexes, von denen jeder fast 70 Meter breit ist. Sie sind als der »Foreign Technology Hangar Complex« oder auch als »Red Hat Hangars« bekannt. In diesen Gebäuden wird Technologie fremder Nationen, die auf nicht bekannten Wegen in die Hände der US-Luftwaffe gelangt ist, genau analysiert, auf Schwachstellen untersucht und dann in simulierten Einsätzen attackiert. Vor allem ehedem sowjetische Militärprodukte stehen seit langem im Fokus der dortigen Forschungen. Russische MiG-Maschinen fliegen dann auch in großen, absolut lebensechten Kampfsimulationen, in Manövern wie »Red Flag« und anderen, über dem Territorium von Nellis.

Area 51 ist mit Abstand heute die bekannteste und gleichzeitig verborgenste Geheimanlage der Vereinigten Staaten. Und ihr ultrageheimer Status gilt trotz ihrer guten Erforschung und inoffiziellen Medienpräsenz immer noch, denn im Grunde wissen wir Außenstehenden nicht, was dort wirklich vor sich geht – ungeachtet aller Bemühungen.

Die Sicherheitsvorkehrungen sind denkbar ausgeklügelt und funktionieren wunderbar. Das einzige, was wir sehen, sind die riesigen Anlagen dort, wir sehen sie aus der Luft und von Bergspitzen aus. In der Regel sehen wir aber kaum mehr. Die eigentlichen Geheimnisse sind nach wie vor gut verschlossen, und auch die Mitarbeiter hüten sich für gewöhnlich, ihr Wissen preiszugeben. Allein aber die Anwesenheit eines derartigen Geheimnisses, das nie absolut für sich stehen kann, läßt noch viel mehr erwarten, vielleicht so verborgen und geheim, daß wir bis heute nicht einmal auf die dazugehörenden Anlagen gestoßen sind. In anderen Fällen haben wir sie offen vor Augen, ohne dahinter etwas Besonderes zu vermuten, in wieder anderen Fällen machen Hinweise stutzig und lassen bestimmte Regierungsprogramme und -einrichtungen plötzlich sehr interessant erscheinen.

Offizielle Aussagen über die Existenz oder Nicht-Existenz klassifizierter Projekte und Stationen jedenfalls sind makulatur. Gelegentlich wird definitiv sogar gelogen. Spätestens, als ich Area 51 mit eigenen Augen erblickte, wußte ich das.

KAPITEL 4

Das verborgene Netzwerk

Mitten im Nest

Washington D.C. ist eine Reise wert. Die US-Regierungsmetropole im rautenförmigen »District of Columbia« und politische Schaltstelle der Welt vermittelt jedem Besucher aber nur einen sehr bescheidenen Eindruck von der unüberschaubaren Komplexität und Zahl unterschiedlichster Behörden und Einrichtungen des Landes. Hier bekommen wir wirklich nur die ganz offizielle Seite, sozusagen die oberste Spitze des Eisberges zu sehen, die überall in wunderbarstem Blütenweiß strahlt, während sowohl in Washington sowie über das gesamte Land verteilt die düstersten und verborgensten Geheimanlagen errichtet worden sind, eben die Ableger der »Schwarzen Welt«, deren teils nur schwach durchscheinenden, aber doch eben verräterischen Lebenszeichen wir uns bald ausführlicher widmen werden.

Die neoklassizistischen Gebäude im Federal Triangle, dem berühmten Regierungsviertel, wirken wie Tempel der Aufrichtigkeit und Ehrenhaftigkeit, Felsen in der Brandung. Tatsächlich, sie sind riesig, sie sind ein gelungenes Sinnbild des US-amerikanischen Selbstverständnisses und seiner Präsentation, Repräsentation vor der Welt. Jeder, der entlang der großzügigen Straßen unterwegs ist, der zwischen diesen heiligen Hallen spaziert, wähnt sich im Olymp unseres Planeten, einem Göttersitz besonderer Art, den man schließlich erreicht hat, sobald man vor dem Weißen Haus oder dem Capitol steht, von dessen Zuckerbäckerarchitektur man fast ein Stückchen abbrechen und kosten möchte – wäre das nicht verboten und auch kaum sonderlich bekömmlich. Doch kulinarische Anwandlungen beiseite gelassen, an diesen Orten ist Macht in ihrer reinsten Form zu spüren, gewissermaßen unverdünnt. Sei es nun vor dem

Präsidentensitz, sei es vor der legendären US-Bundespolizei *FBI* oder vor den geheimnisvollen *National Archives*, sei es vor der Zentrale des Auslandsgeheimdienstes *CIA* am Beltway, jenem einmal um die Stadt laufenden Straßengürtel, sei es in den Gefilden des technischen Geheimdienstes *NSA* (*National Security Agency*) oder besonders vor dem gewaltigen Pentagon – einem Superlativ für sich.

Das Pentagon, Zentrale des US-Verteidigungsministeriums (*US-Department of Defense, DoD*), ist immer noch das größte Regierungsgebäude der Welt. Diesen Rekord hält es seit 1943, als es nach nur zweijähriger Bauzeit vollendet wurde. Der genau symmetrisch konstruierte, fünfeckige Bau am Süd-West-Rand der Metropole bedeckt ein Gelände, auf dem beinahe drei Cheops-Pyramiden plaziert werden könnten. 23.000 Menschen arbeiten hier und strömen Tag für Tag durch die Korridore, die eine Gesamtlänge von fast 30 Kilometern erreichen. Wer um das Gebäude herumspaziert, ist eine ganze Weile unterwegs und kommt an fünf imposanten Haupteingängen vorbei, pro Flanke des Fünfecks einer davon. In den Eingangsbereichen finden sich Bronzebüsten bedeutender Politiker, darunter selbstredend auch die des ersten US-Verteidigungsministers, Secretary of Defense James V. Forrestal, dessen tragisches Ende bis heute nie wirklich aufgeklärt werden konnte. Kurz zuvor wurde ihm möglicherweise ein für ihn unerträgliches Geheimnis offenbart, das er mit sich in die Ewigkeit nahm, als er von einem Turmzimmer des Marinekrankenhauses von Bethesda in den Tod sprang. Obwohl man wußte, daß Forrestal Selbstmordgedanken hegte, hatte man ihn ausgerechnet dort unterbringen lassen. Es gab noch andere Merkwürdigkeiten um seinen Tod, doch über allem liegt der ewig schwarze Schleier des Geheimnisses.

Während eines Aufenthalts in Washington fuhren mein Verleger Jochen Kopp und ich auch einmal zu jenem riesigen Fünfeck hinaus, vorbei am berühmten Heldenfriedhof von Arlington, auf dem auch John F. Kennedy und andere Mitglieder des steinreichen, aber doch unglücklichen Clans ihre letzte Ruhestätte gefunden haben, Menschen, von denen einige deshalb unglücklich wurden, weil sie zu hohe Ämter innehatten, dabei zuviel wußten und offenbar auch preiszugeben beabsichtigten. Tödliches Unglück. Nun, wir fuhren weiter in Richtung des gigantischen Monuments, ohne in irgendeiner Weise dem Glauben verfallen zu sein, hier hilfreiche neue Einsichten für unsere Recherchen erhalten zu können. Es war schlichtweg ein typischer Besuch aus reiner Neugierde und zur Komplettierung des Bildes. Wir wollten uns einer der öffentlichen Besichtigungen anschließen, bei denen einige wenn auch völlig unspektakuläre Räumlichkeiten und Gänge des US-Verteidigungs-Labyrinthes zu sehen sind. Also stellten wir den Wagen auf einem der großen Parkplätze ab und marschierten auf den mächtigen Klotz in der Landschaft zu. Dauernd kamen uns hochrangige Offiziere entgegen, kein Wunder, vor uns lag ja ihr »Nest«. Wir grüßten und setzten unseren Weg fort, wunderten uns nur ein bißchen, daß der unter das Gebäude führte. Bald erreichten wir einen fest betonierten Eingangsbereich und liefen eine flache Rampe in das Gebäude hinein. Es ging eine Weile einen breiten Gang entlang, der bald nach rechts abbog. Dann tauchte eine große, dicke, verschlossene Glastüre mit Warnzeichen auf, dahinter Wachpersonal. Gut, das war es dann wohl. Weiter ging es nicht, wir wären sonst wohl irgendwo im Keller des Pentagon gelandet. Warum eigentlich nicht?

Diese kleine Begebenheit ist an sich völlig unspektakulär, doch sie hatte auf uns eine ganz besondere Wirkung. In gewisser Weise beginnen in solchen Momenten manchmal die vielen winzigen Räderwerke im Kopf angeregt zu arbeiten, plötzlich erinnert man sich an Fakten, die man längst vergessen hat, stellt neue Querverbindungen her und sieht die Dinge klarer vor Augen. Tatsächlich, solche an sich unwichtigen Ereignisse liefern eine ganze Menge »Anregungsenergie« und setzen manchmal Startmarken für neue Recherchen. Das rein zufällige »Schnuppern« am Kellereingang zum Pentagon hatte jedenfalls mein Interesse an geheimen Anlagen, unterirdischen Bauten und an allem, was wir normalerweise nicht sehen und nicht erfahren, wieder neu geweckt. Dazu gehört auch das geheime Netzwerk, das sich über die gesamten Staaten erstreckt und sich aus den unterschiedlichsten verborgenen Projekten, Organisationen, Konzernen, Instituten und Behörden zusammensetzt, die häufig in deutlicher Konkurrenz zueinander stehen und andererseits dennoch oft Hand in Hand arbeiten müssen. Hier, unterhalb des Pentagon, hatte ich auch das Gefühl, unter dem Leib einer riesigen Spinne zu stehen, die ihre Fäden geschickt gezogen hat und, auf ihrem Platz in der Mitte des riesigen Netzes, versucht, alles um sich herum zu kontrollieren, jede Bewegung, jedes Zupfen an einem der Fäden zu registrieren und sofort darauf geeignet zu reagieren.

Und plötzlich umgibt den Beobachter dann auch das Gefühl von Verwirrung, von Verschwörung, verbunden mit der Frage, wer in Anbetracht dieses gewaltigen Apparates mit seinen Millionen immer noch gewaltiger Unterstrukturen den Überblick zu bewahren im Stande ist. Wieviel Kontrolle hat die Regierung? Wieviel Vertrauen kann man in sie haben? Und, dient der ganze US-Behördenwirrwarr am Ende wirklich allein dem Prinzip von Tarnen und Täuschen, um möglichst jeden potentiellen Skandal schnell unter den Teppich kehren zu können?

Marionetten, Macht und Machenschaften

Kein Land der Welt kann auch nur annähernd soviele offizielle Stellen wie die USA vorweisen, der Wahnsinn scheint Methode zu haben. Die US-Bürger selbst sind vielleicht die argwöhnischsten Beobachter des Geschehens, nur wenige trauen noch ihrer Führung. Vor allem die Bürger im weiten, freiheitsliebenden Nevada, Heimstaat von Area 51, können sich mit der großen Politik nicht anfreunden. In Rachel, jenem der Geheimbasis nächsten Wüstennest, das seine Bewohner vielleicht doch nicht ganz zum Scherz als die geheime Hauptstadt der Welt bezeichnen, hing vor einigen Jahren in der Bar ein Schild über der Theke: »Wir haben Bush nicht gewählt, wir haben auch Clinton nicht gewählt.« Vor allem aber Clinton kommt nicht gut weg. Es gibt da heute an derselben Stelle eine jener typischen Bildsequenzen »Evolution vom Affen zu …« – nun, hier ist es eben Slick Willy, der gute Bill Clinton, der diese Entwicklung durchmacht. Da hat es »Bush Nummer 2« schon weit besser, sein politischer Kurs entspricht viel eher dem Empfinden des echten Amerikaners, vor allem des Mannes aus Nevada, der im Normalfall so etwa ab dem dreizehnten Lebensjahr stolzer Besitzer einer scharfen Zweitwaffe ist. Wie sagte einst Glenn Campbell über den stillen Ort Rachel, von dem der nächste Sheriff rund 50 Meilen weit weg ist? »Das einzige Gesetz hier draußen lautet Smith & Wesson!«

Das so ferne, von allen möglichen Skandalen heimgesuchte Washington erscheint den Bewohnern dieser einsamen Gegend allerdings geradezu als Sumpf der Verschwörungen. Watergate, Travelgate, Troopergate, Monicagate – seit der Abhöraffäre um Präsident Nixon hängt fast allen Präsidenten-Skandalen, den bedeutenderen wie den weniger bedeutenden, die Silbe -gate an. Und die Skepsis der Bevölkerung nahm im Lauf der Zeit mehr und mehr zu. Der Unglaube im Lande wuchs, ob es nun darum ging, wie weit Präsident Bush Senior als ehemaliger CIA-Direktor in Drogen-Machenschaften verwickelt oder für den tödlichen Beschuß eines Bootes verantwortlich war, dessen Besatzung ohnehin schon die weiße Fahne schwang, ob es um Clintons selbst vom wahrhaft starrsinnigen Ermittler Kenneth Starr nicht aufgedeckten finanziellen Transaktionen bei Whitewater ging oder um das präsidentielle Wissen über die Mena-Morde, immer wieder zeigte sich, daß allesamt mächtig Dreck am Stecken hatten beziehungsweise noch haben. Da können dann schließlich auch eher ungelenke Aktionen zum öffentlichen Ärgernis führen, die in Anbetracht der wirklich großen Skandale eigentlich nicht der Rede wert sind. Trotzdem scheint es unsinnig, wenn das Pentagon seine Sanitäranlagen mit 600 Dollar teuren Toilettenbrillen ausstatten läßt ... »John-Gate«! Fast wirkt es manchmal so, als gebe es auch so etwas wie ein Washingtoner *Un*arten-Abkommen!

Wie auch immer, wer in der kleinen Bierkneipe von Rachel, jenem winzigen Kaff nahe Area 51, seinen »Alien Burger« mit »Secretion« verzehrt, wird jedenfalls bemerken, daß die große Politik hier in der Regel eher keinen Anklang findet, während die Washingtoner sich im Wortsinne aus den Affären winden, indem sie darauf verweisen, daß die Verantwortlichen für all die politische Korruption nicht *aus* Washington, sondern *nach* Washington kommen, was ja nun tatsächlich auch oft stimmt.

Aber das ändert nicht viel am Grundproblem. Viel wesentlicher ist letztlich, daß alle Augen auf Washington gerichtet sind, während sich im US-amerikanischen Hinterland viele verlängerte Arme schon sehr selbständig von den Regierenden gemacht haben. Überstrahlt vom Glanz der »mächtigen« Marionetten können auf diese Weise ganz andere Kräfte ungehindert und unauffällig agieren. Sie sind auch schon lange und kontinuierlich am wirken, während die US-Präsidenten kommen und gehen, alle paar Jahre ein neuer. Bei der Amtseinführung finden »briefings« statt, bündige Einführungen in verschiedenste Sachverhalte und Fakten. Das kann durchaus sehr individuell abgestimmt sein, so daß der eine Präsident zu einzelnen Themen mehr erfährt als ein anderer, ganz in Abhängigkeit von allen verfügbaren Informationen über seine Person, seinen Werdegang, seine Gesinnung. Die Verantwortung und das Wissen um Hintergründe liegt bei sensiblen Themen sehr oft in den Händen anderer, die bereits jahrzehntelang mit spezifischen Geheimnissen vertraut sind.

Der heimliche Präsident

Im Falle des Atomprojektes und der supergeheimen Forschungsstätten auf der Nevada-Test-Site übernahm diese Funktion niemand anderes als Edward Teller, der so geniale wie gefährliche ungarisch-amerikanische Physiker, Vater der Wasserstoff-Bombe.

Teller, nunmehr 94 Jahre alt und an den Rollstuhl gefesselt, war führender Wissenschaftler im Manhattan-Projekt, Erfinder des Röntgen-Lasers und sein ganzes Leben lang besessen vom Bau gigantischer Bomben. Der in Budapest geborene Edward Teller studierte in Leipzig Physik und promovierte 1930 unter keinem Geringeren als Werner Heisenberg. Teller verließ Deutschland wegen seiner jüdischen Abstammung im Jahr 1935 und übernahm eine Professur an der George-Washington-Universität. Nachdem er 1941 die ameri-

Edward Teller.
(Aufnahme: Archiv Verfasser)

kanische Staatsbürgerschaft erhalten hatte, schloß er sich ein Jahr darauf dem Manhattan-Projekt an und wurde später, nach wiederholter Tätigkeit der mit »Manhattan« untrennbar verwoben Los-Alamos-Laboratorien schließlich Direktor der Lawrence-Livermore-Laboratorien, denen er sogar noch heute als Berater zur Seite steht, eine Funktion, die er bereits seit 1952 innehatte.

Der körperlich eher kleine Mann, dessen auffallend buschige dunkle Augenbrauen genau wie das physikalisch-diabolische Genie ihres Besitzers fern jeglicher Konkurrenz standen, wurde im Verlauf seiner Karriere mit Ehrungen geradezu überschüttet. Den Nobelpreis hat er zwar nie erhalten, doch tat das seinem Einfluß nicht den geringsten Abbruch. Teller ist mit Abstand der politisch mächtigste Wissenschaftler unsere Zeitalters. In späteren Jahren widmete er sich Plänen zum Bau einer noch weit über die Wasserstoffbombe hinaus gefährlichen Superbombe, vor allem aber galten seine Bestrebungen fortgeschrittenen Waffen im Weltraum. Die Präsidenten Bush und Reagan waren in dieser und manch anderer Hinsicht nicht viel mehr als Tellers willige Werkzeuge.

So erscheinen historische Aufnahmen, die Teller als einen bescheidenen alten Forscher zeigen, der den »mächtigsten Männern der Welt« gleichsam als treuer Streiter für die Nation wie für den Frieden sehr ergeben die Hand reicht, geradezu als Symbole historischer Ironie und kaum zu überbietenden Understatements. Denn *er* war es, der die Fäden in der Hand hielt, *er* war der Puppenspieler, dem alle brav folgten und in einen kriegerischen Wahn getrieben wurden, dessen Programm die USA einen zweistelligen Milliardenbetrag kostete! In seinem glänzenden Werk »Teller's War« zeichnet der amerikanische Erfolgsjournalist William J. Broad die ungewöhnlichen Wege dieser düsteren, auch zwiespältigen und historisch wohl immer noch unterschätzten Persönlichkeit nach sowie auch die Hintergründe seines späten geistigen Kindes, der Star-Wars (»Sternenkrieg«)-Initiative *Strategic Defense Initiative, SDI.* In ihr zeigt sich die ganze Macht, die Edward Teller innewohnte und mit der er die bedeutendsten Männer und Behörden der USA geschickt zu manipulieren verstand. »Welchen Maßstab man auch immer anlegte«, so schreibt Broad in seinen Vorbemerkungen, »er war der einflußreichste Wissenschaftler der nuklearen Ära – und vielleicht sogar des Jahrhunderts. Sein Name fand sich regelmäßig neben solchen Giganten der Wissenschaft wie Einstein, Bohr und Fermi. Darüber hinaus war sein politischer Einfluß nicht minder enorm. Präsidenten kamen und gingen, zusammen mit ihren mächtigen Helfern. Staatsmänner der Wissenschaft stiegen und fielen in der Gunst. Doch Teller stand über Jahrzehnte im Rampenlicht, er baute Bomben, legte vor dem Kongreß Zeugnis ab, beriet Generäle und Präsidenten, brachte sich so in eine Machtposition, die das Zeitalter dominierte … Er war rauh, streitsüchtig und charismatisch. Am wichtigsten aber, er war der Hauptarchitekt des Kalten Krieges.«

1988 hatte ihn sein kongenialer russischer Kollege Andreji Sacharov, Friedens-Nobelpreisträger, davor gewarnt, daß *SDI* durchaus gefährlich genug sei, um einen Nuklearkrieg entfachen zu können. Wenn überhaupt, so war Teller von dieser qualifizierten Aussage nur vorübergehend beeindruckt, sehr bald aber setzte er seine Anstrengungen mit doppelter Kraft fort.

Natürlich ging dieser meisterhaft-diabolische und diabolisch-meisterhafte Bombenbauer, der von gut informierten Wissenschaftlerkollegen schon als der gefährlichste Mann der Welt bezeichnet wurde, auf dem Testgelände von Nevada ein und aus. Und das über Jahrzehnte hinweg. Er muß dort geheime Anlagen und Projekte gesehen und geleitet haben, die bestimmt nicht jeder »x-beliebige« US-Präsident zu Gesichte bekam.

Die Spielwiese Satans

Was die Kernversuche anging, war vor allem in den fünfziger Jahren dort wahrhaft die Hölle los, damals fanden noch *oberirdische*

Sprengungen statt. Fieberhaft arbeitete man aber auch an viele Meilen langen unterirdischen Tunnelanlagen und Cavernen, um in der Tiefe der Erde weitere Versuche mit der nuklearen Faszination anzustellen. Während auf der berühmten Area 51 selbst nie Atomtests durchgeführt wurden – bereits aber Experimente mit Tellers Röntgenlaser –, gibt es zahlreiche »Areas« auf den Nachbarterritorien, die dazu mißbraucht wurden.

Mir wurde übrigens schon oft die Frage gestellt, woher der Name Area 51 kommt, besser gesagt, was die »51« bedeutet. Ich kann das nicht mit Sicherheit beantworten. Meinem Gefühl nach könnte sie mit dem Gründungsjahr des mit ihr eng verknüpften *Air Force Flight Test Centers* auf der nicht zu weit entfernten, schon erwähnten *Edwards Air Force Base* in Zusammenhang stehen – wobei dieses »Edwards« nicht etwa schon wieder auf Edward Teller hinweist, sondern an USAF-Captain Glen W. Edwards erinnert, der am 5. Juni 1948 bei einem Testflug des zweiten spektakulären Nurflügel-Flugzeugs vom Typ YB-49 ums Leben kam. Edwards wurde nur 30 Jahre alt. Die damals noch als *Muroc Air Force Base* bekannte Anlage wurde dann am 8. Dezember des darauffolgenden Jahres entsprechend umgetauft. Von »Edwards«, der Basis, wird später noch die Rede sein, hier will ich jetzt aber nicht zu sehr abschweifen.

Jedenfalls ist nicht mit Sicherheit klar, welchen Hintergrund der Name Area 51 wirklich hat, besonders, weil in der Nähe beispielsweise keine Area 50 und auch keine Area 52 bekannt ist – oder sind sie vielleicht einfach noch viel geheimer? Aber, wo liegen sie? Auf dem gigantischen Testgelände finden sich lediglich Area 1 bis Area 30, die 20 Areale dazwischen fehlen gewissermaßen ohne jede Spur.

Allein das geheime Netzwerk der *Nevada Test Site (kurz: NTS)* ist kompliziert gebaut und nur in wenigen Bereichen leicht transparent. Werfen wir nun doch einmal einen Blick auf wesentliche Einrichtungen, über die einige Informationen durchgesickert sind, die meistens mit den alten Atomprogrammen zusammenhängen. Denn sie geben uns ein gewisses erstes Verständnis vom Aufwand, der schon immer massiv hinter verschlossenen Türen betrieben wurde. Auch wenn wir uns damit über vierzig Jahre zurückbegeben, der

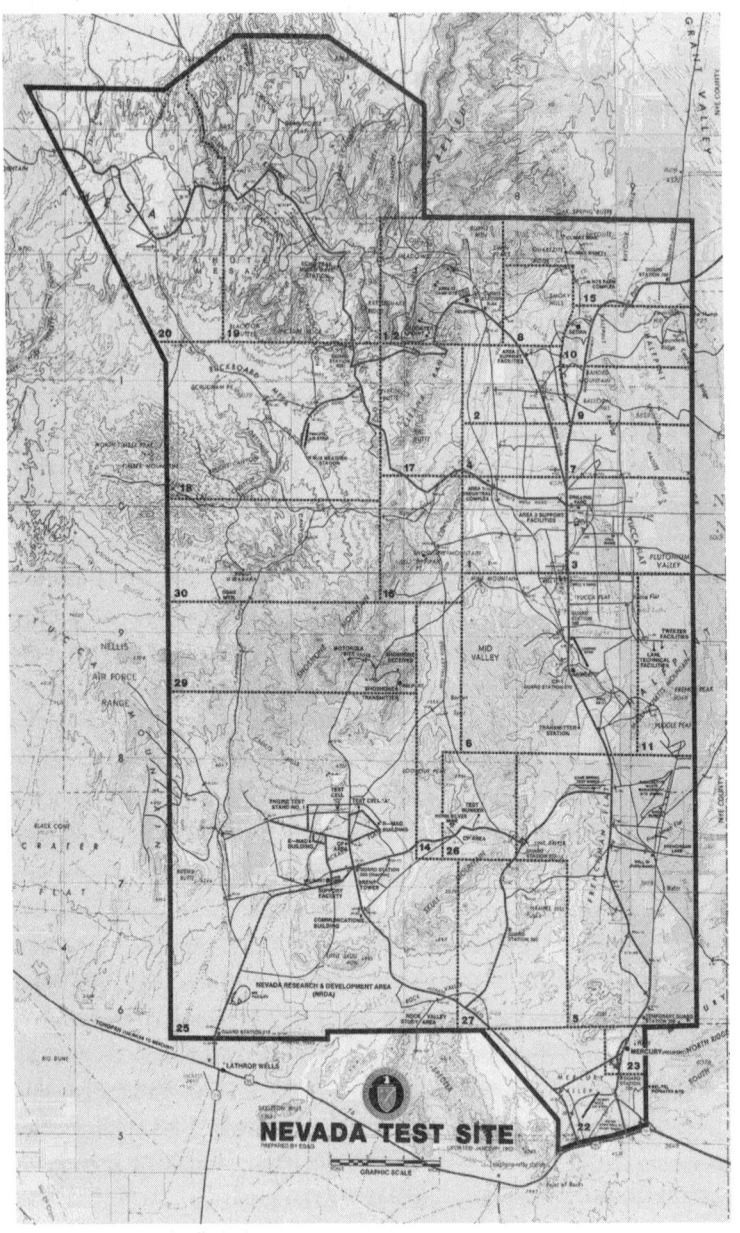

Überblickskarte der Nevada Test Side.
(Archiv Verfasser)

Umfang und die Art der Projekte sind hoch beeindruckend, sie zeigen die enorme, unerbittliche Konsequenz, mit der an atomarer Vernichtungstechnologie geforscht wurde, und lassen zum Teil auch ahnen, was heute möglich ist. Ein Blick in die Geschichte kann überraschende Einsichten vermitteln, darunter manchmal auch in gewaltige Irrtümer, Fehlentscheidungen und sogar verbrecherische, skrupellose Aktionen.

Das Gelände von Area 1 wurde bis 1990 für nukleare Tests verwendet. Aber schon 1955 errichtete das Militär dort verschiedenste Gebäude, die typischen Strukturen einer Stadt entsprachen, seien es nun Privathäuser, Verwaltungsgebäude oder andere, und sprach von der *Survival Town* – der *Überlebensstadt*. Man setzte die Anlagen den enormen nuklearen Druckwellen aus, um die Effekte zu studieren. Auf Area 1 existierte auch ein Wartungs- und Lagergelände für gewaltige Tunnelbohr-Einrichtungen. Diese faszinierenden Geräte sollen uns später noch beschäftigen, ihre fortgeschrittenen Varianten sind die Voraussetzung für die Konstruktion mächtiger Untergrundbasen. Eine weitere kleine Besonderheit der Area 1 ist eine Testeinrichtung für Röntgen- und Gamma-Strahlenquellen, die nicht-biologisches Material schonen, Lebewesen jedoch töten können. Vor allem aber ist der immer noch aktive verminte Untergrundkomplex »*U1 a*« interessant, der in einer Tiefe von immerhin 305 Metern liegt. Dort und vermutlich auch an anderen Orten der NTS finden hydrodynamische Tests an unterkritischem Kernmaterial statt. Man versucht also unter anderem herauszufinden, welche Wirkung die Zündung konventioneller, hochexplosiver Sprengstoffanteile einer Atombombe auf die Hauptkomponenten des nuklearen Sprengkörpers hat. Das Verteidigungsministerium DOE plant für die Dekade zwischen 1996 und 2005 über 1.000 Versuche dieser Art.

Area 2 – nicht zu verwechseln mit dem gleichnamigen, an die Nellis-Basis bei Las Vegas angegliederten Atomwaffenlager, in das Kevin Vogt eindrang – war 1962 Schauplatz der ersten *unterirdischen* Nuklear-Detonation. Vorher jagten die Kalten Krieger zwischen 1952 und 1957 dort immerhin sieben heiße Bomben in der Atmosphäre hoch, es war die Hochzeit militärischen Atomverbrechertums, das die Lufthülle unseres Planeten mit den radioaktiven Produkten von insgesamt 119 A-Bomben schwängerte. Damals konnte man von den höheren Casino-Gebäuden in Las Vegas die glühenden Atompilze beobachten, die über der Test-Site aufstiegen.

Bei der nicht unmittelbar benachbarten Area 3 im Gebiet des berühmt-berüchtigten Yucca-Flat-Basins leuchteten etwa in derselben Zeit gleich 16 Sonnen des Teufels auf; ab 1958, als das Verbot oberirdischer Kernwaffentests wirksam wurde, begaben sich die unentwegten Bombenbauer dann konsequenterweise unter den Wüstenboden. Von den insgesamt 795 Atomtests fällt mit 351 unterirdischen Nuklearexplosionen beinahe die Hälfte auf Area 3, wobei allerdings die Zahlenangaben unterschiedlich sind.

Daß sich die radioaktive Strahlung durch solche Tiefenversuche nicht von der Erdoberfläche abschirmen ließ, war bald klar.

Area 3 sieht heute aus wie eine Mondlandschaft, voller Narben der unterirdischen Explosionen. Die mächtigen Mulden entstanden, als die heißen Gase im Explosionskanal abkühlten und der Druck wieder nachließ. Bis heute werden einige diese Krater als Lagerstätte für radioaktiven Müll (*Radioactive Waste Managment Site, RWMS*) anderer Areale benutzt. Eine der gewaltigsten Bomben, die in der Yucca-Region gezündet wurden, explodierte im Herbst 1963 in einer Tiefe von 732 Metern. Dieses »Bilby-Ereignis« erzeugte an der Oberfläche einen Krater von über einem halben Kilometer Durchmesser. Weiter im Nordwesten ging es kaum weniger zimperlich zu, und 1962 entstand dort, auf Area 4, ein gewaltiger Turm, das höchste Gebäude, das je von beziehungsweise für eine Regierung errichtet wurde. Der 465 Meter hohe BREN-Tower diente dem makabren Zweck herauszufinden, welcher Strahlendosis die Opfer der US-Atombomben-Abwürfe auf die japanischen Städte Hiroshima und Nagasaki ausgesetzt gewesen waren, je nach Abstand von der Strahlenquelle. Dazu ließ man einen unabgeschirmten Reaktor wirken, der am Turm auf und ab fuhr, und maß die in das Innere typischer japanischer Häuser eindringende Dosis. Nach vier Jahren mußte der Turm auf Area 25 verpflanzt werden, da er durch die unterirdischen Sprengungen von Area 4 gefährdet war. Später nutzten alle möglichen Organisationen ihn zu den verschiedensten Zwecken, zuletzt auch für das von Edward Teller unter SDI – »Star Wars« eifrig betriebene *Brilliant-Pebbles*-Programm. »Brilliant Pebbles« – das war das utopisch anmutende Konzept von relativ kleinen, kugelförmigen Abfangkörpern, ausgestattet mit modernster Elektronik und Optik, die in Schwärmen zu Hunderttausenden in niedrigen Bahnen um die Erde gebracht werden sollten, um feindliche Missiles im Anflug zu entdecken und zu vernichten. Gegen eine solche Überzahl an computergesteuerten, mit Raketenantrieb und Lasern ausgestatteten Kämpfern hätte der Feind keine Chance. Während also der BREN-Tower auf Area 25 weitgehend anderen Zwecken zugeführt wurde, krachte es auf Area 4 heftig weiter, dort hatte man mittlerweile auch eine Experimental-Anlage für extrem explosive Sprengstoffe errichtet, stahlverstärkte Betonbunker, bedeckt mit Erdhaufen. Diese Anlage wird heute noch genutzt, unter Verwendung vertrauenerweckender Stoffe wie Beryllium, Tritium und diverser Schwermetalle. Auf Area 5 wiederum werden extrem giftige flüssige und gasförmige Treibstoffe getestet, chemische Verbindungen wie Flußsäure, Stickstofftetroxid, Monomethylhydrazin und asymmetrisches Dimethylhydrazin.

Allerorten finden sich ungewöhnliche Projekte und Bunkeranlagen, die meist in Zusammenhang mit nuklearen Explosionen stehen. Verteilt über die Ebene von *Frenchman Flat* beziehungsweise Area 5 liegen die kläglichen Überreste von nachgebauten Motels, von Brücken, Metallkonstruktionen, Betonkuppeln und sogar einem Bank-Tresorraum, die allesamt atomar bombardiert worden sind. In einem Test wurde eine zufällige Detonation hochexplosiven Materials in einer unterirdischen Anlage getestet. Bunker dieses Typs sind unter dem Spitznamen *Gravel Gertie* bekannt, als »Geröll-Gertie«. Sinn der Übung: Eindämmung von Explosionswirkung und radioaktivem Material. Ähnlichen Zwecken dient auch die *Device Assembly Facility (DAF)* auf Area 6, auf der fünf Gravel Gerties stehen, und die *Pantex*-Anlage in der Nähe von Amarillo im US-Bundesstaat Texas. Hier werden im übrigen ganze Atomwaffen-Arsenale unter der Ägide des Energie-Ministeriums, DOE, zusammengebaut oder auch zerlegt. Im ersten Kapitel dieses Buches habe ich schon erwähnt, daß der »Untergrund-Spezialist« Dr. Richard Sauder sich unter dem Gesetz zur Informationsfreiheit FOIA beim DOE zu verschiedenen Geheimanlagen erkundigt hat, wie zu den Untergrundanlagen von Los Alamos, New Mexico, den ebenso definitiv vorhandenen, weitläufigen Untergrund-Strukturen auf Kirtland, der Anlage von Rocky Flats sowie eben auch zum mächtigen Pantex-Komplex bei Amarillo, worauf ihm das DOE zunächst die klare Auskunft erteilte, keinerlei Unterlagen zu solchen Einrichtungen zu besitzen. Erst nach weiterer beharrlicher Arbeit lieferte das Energieministerium einige Informationen, aus denen hervorgeht, daß es diese Anlagen eben doch gibt. Immer wieder zeigt sich, daß wir den offiziellen Aussagen ganz und gar nicht trauen dürfen.

Andere Untergrundanlagen auf dem Testgelände erscheinen europäischen Beobachtern vertraut. Auf Area 8 wurden Untergrundbunker, die nach französischem und deutschem Vorbild errichtet wurden, auf ihre Stabilität und Bewohnbarkeit getestet …

So geht es munter weiter mit der Beschreibung des gigantischen Testgeländes von Nevada, die ohne weiteres ein ganzes Buch füllen würde, allein mit denjenigen Informationen, die nicht mehr geheim sind!

Unter-Gründe

Ohne nun von einer Area der enormen Test-Site zur nächsten zu springen, möchte ich zumindest noch einige Besonderheiten einblenden. Eine in mehrfacher Hinsicht hochinteressante Region ist Area 12, die wortwörtlich tief blicken läßt. Die beiden Berge Rainier Mesa und Pahute Mesa sind bienenwabenartig durchtunnelt und dienten verschiedenen düsteren Zwecken.

Am 19. September 1957 wurde hier die erste abgeschirmte Untergrund-Kernexplosion gezündet, das »Rainier-Ereignis«. Die Bombe wurde in einen 470 Meter langen horizontalen Schacht gefahren, 274 Meter unter der Spitze des Berges. In den 70er und 80er Jahren

Die Area 12.
(Aufnahme: U.S. Department of Energy)

wurde das Tunnelsystem von Area 12 stark ausgebaut, vor allem die sogenannten N-, P- und T-Tunnel-Systeme. Teile dieser Anlagen sind heute sogar zu besichtigen, wobei während der vom DOE durchgeführten Tour natürlich weder Kameras noch Aufzeichnungen erlaubt sind. Teilnehmer sind regelmäßig überwältigt von der enormen Größe der Anlagen. Eine rechtzeitige Voranmeldung zur Nevada Test Site Tour im Public-Affairs-Büro des DOE in Las Vegas ist erforderlich, hier werden dann auch einige wichtige Personalien notiert. Die Bustour findet einmal im Monat statt, ist kostenlos und nimmt einen ganzen Tag in Anspruch. Dieser Ausflug führt seine Teilnehmer auch ganz in die Nähe der geheimnisvollsten aller Areas, eben jener Nummer 51 am Groom Lake. Zu sehen davon bekommt man natürlich: *nichts*.

Als Jörg Arnu an einer solcher Tour teilnahm, fragte er unschuldig, ob denn etwas dran sei an den Gerüchten zur so geheimen Area 51. Der Tour-Leiter erklärte daraufhin: »Es gibt keine Area 51 auf der Nevada Test Site«. Das war nicht gelogen, denn Area 51 zählt nicht zur NTS. Die Route der öffentlichen NTS-Tour führt auch zum Sedan-Krater, der 1962 während der atomaren Detonationen des »Projekts Pflugschar« – *Plowshare* entstand. Bei diesem Experiment wurde ausgetestet, wie sich unter anderem sogar auch nukleare Rei-

hen-Explosionen zur Ausschachtung von gewaltigen Grabensyste-
men nutzen ließen. Atombomben als Baumaschinen! Dort, nahe des
Sedan-Kraters, befindet sich ein Wegweiser zu »Gate 700«. Dieses
Gate verbindet die Nevada Test Site mit Area 51! Natürlich war
darüber auch nichts Näheres zu erfahren. Als die Rundfahrt, die
immerhin eine Strecke von etwa 250 Meilen abdeckt, beendet war,
ging Jörg noch kurz zu dem Tour-Leiter, bedankte sich für die hochinteressante Führung und überreichte ihm seine Visitenkarte, auf der
ganz deutlich prangt: »Dreamland Resort – Die führende Area-51-
Forschungswebsite.« Der einzige Kommentar des NTS-Mannes: »Oh
Jesus!« …

Nach diesem kurzen Ausflug noch einmal zurück zur Area 12.
Auf ihr wurden unter enormem Aufwand bis zu neun Meter weite
Röhren im Bergmassiv konstruiert, die man mit speziellen Verschluß-
mechanismen versah. Diese Anlagen dienten bald als unterirdische
Forschungslabors. Im März 1983 zündete in 500 Meter Tiefe unter
der Rainier Mesa die mächtige Cabra-Atombombe, deren Energie
in einen Superlaser geleitet werden sollte – den Röntgen- beziehungsweise X-Ray-Laser von Edward Teller!

Während eine Area 13 auf der Test Site nicht existiert, ob nun aus
Aberglauben oder anderen Gründen sei dahingestellt, schließt sich
nach den hier nicht näher interessierenden Areas 14 bis 17 im Südwesten von Nummer 12 die Nummer 18 an, die zum Komplex der
Pahute Mesa zählt. Area 18 war einer der Orte des Project Plowshare. Noch heute strahlt der Fallout des *Schooner*-Experiments, das
gegen Ende 1968 im Rahmen von »Pflugschar« auf der großen Nach-
barregion von Area 19/20 Pahute Mesa durchgeführt wurde. Auch
hier finden sich weitläufige Tunnelanlagen. Es hat wirklich den
Anschein, daß ein großer Teil der Test Site unter dem Erdboden (ra-
dio-)aktiv ist.

Aber nicht nur nukleare Tests treiben das Militär sowie Geheimdienste und verdeckt operierende Konzerne in den Untergrund. Es
gibt viele andere »Unter-Gründe«, sich in die Erde hinabzubegeben
und dort zu agieren. Schaltzentralen und geheime Entwicklungsla-
bors im tiefsten Inneren von wuchtigen Bergmassiven zu verbergen,

bringt nicht nur Unbeobachtbarkeit für Außenstehende mit sich, sondern ein Gros an Sicherheit. Denken wir dabei einfach einmal an den Aufbau unseres Gehirns, das ohnehin schon rundum von einer festen Knochenschale umgeben und von Flüssigkeit gegen Erschütterungen gepuffert ist. Seine wesentlichste, lebensnotwendige Schaltzentrale, das Stammhirn, liegt im tiefsten Innern. Genauso versucht das Militär seine Schaltzentralen und die sensitivsten Experimente abzusichern, gegen nukleare Feindesattacken, aber auch gegen jede Art von Unfällen. Und die unerwünschte Überwachung?

Natürlich können Satelliten zu einem gewissen Grade auch Bodenschichten und hartes Gestein mit Infrarot und Radar durchdringen, doch wird es schon problematisch, Hunderte von Meter oder in einigen Fällen sogar etliche Kilometer Fels zu sondieren, abgesehen einmal von geheimen Basen unter dem Ozeanboden, Projekte, die heute technisch durchaus machbar sind. Und nicht zuletzt verfügt das Militär über die Möglichkeit, entsprechende Störimpulse auszusenden, die jede Originalsignatur eines Untergrundkomplexes verwischen.

Daß die Sicherheit nach außen schwer erkauft ist und eine merkliche Gefährdung von innen mit sich bringt, steht allerdings genauso fest. Untergrundanlagen und Tunnel, das wissen wir schon aus den Schlagzeilen über katastrophale Brände in zivilen Anlagen dieser Art, können zu gefährlichen Fallen werden.

Auch auf der Test Site ereigneten sich immer wieder Unfälle. Ein ehemaliger Mitarbeiter von Geheimprojekten berichtete vor einigen Jahren von seiner verborgenen Arbeit. Er wußte selbst nicht genau, wo sein Arbeitsplatz eigentlich lag, da er zunächst mit einem verdunkelten Bus an einen Übergabepunkt gebracht und von dort mit einer Bahn unter die Erde gefahren wurde. Soviel er wußte, lag das Einsatzgebiet irgendwo unter einem Trockensee. Ob es der Groom Lake war oder vielleicht sogar der Papoose Lake, vermochte der Zeuge nicht zu sagen, möglicherweise war es auch ein Gebiet im Bereich der Rainier Mesa, in dem kilometerweite unterirdische Strecken ebenfalls mit der Bahn zurückgelegt werden. Anfang der achtziger Jahre, als die Mannschaft damit beauftragt war, die unterirdischen Tunnel zu verkabeln, gab es einen ernsten Zwischenfall, bei dem das Personal einer nicht näher identifizierten, gefährlichen Chemikalie oder vielleicht auch Strahlung ausgesetzt war. Rund 70 Menschen kamen damit in Kontakt, wobei etliche starben und um die 20 Personen einfach »verschwanden« – wohin, wurde nie bekannt. Daß die Betreiber von extrem geheimen Projekten mit den Beteiligten nicht gerade zimperlich umgehen, wenn die Wahrung eines Geheimnisses auf dem Spiel steht, ist bekannt. Einige Menschenleben scheinen hierfür ein geringer Preis zu sein. Zu diesem Thema später noch ein wenig mehr.

Eine der vielen Areas von NTS darf nun aber keinesfalls unerwähnt bleiben, nämlich die größte von allen. Es ist Area 25, die den südwestlichen Teil der NTS beherrscht. In ihrer Mitte liegt die weite Ebene von Jackass Flats, auf der Kernreaktoren und auch Raketenantriebe getestet wurden.

»Area 25«

Hier, auf Area 25, läßt sich ein schönes, aber längst nicht einmaliges Beispiel dafür finden, daß die »zivile« US-Weltraumbehörde *NASA* (*National Aeronautics and Space Adminstration*) eng mit militärischen Aktivitäten verbunden ist. In den sechziger Jahren begann sie auf Area 25 zusammen mit dem Militär eine Entwicklungsstätte für Kernraketen aufzubauen und zu verwalten. Wie gerade erwähnt, ist das aber nur ein Beispiel von vielen. Ohnehin wissen wir, daß ein beachtlicher Teil der Raumfahrtprogramme militärischen Hintergrund besitzt. Außerdem begegnet uns die NASA oft als eine fast allen wesentlichen militärischen Institutionen und Testgeländen angeschlossene Behörde.

Auf Area 25 befindet sich außer der kombinierten DOE-NASA-Anlage und dem schon angesprochenen BREN-Tower ein Bergmassiv, das in näherer Zukunft möglicherweise zum größten nuklearen Endlager der Welt werden wird: Yucca-Mountain. Der 2.200 Meter hohe Berg scheint den DOE-Experten der sicherste Ort für die noch

10.000 Jahre strahlenden radioaktiven Müllmassen zu sein und steht seit 1982 im Blickpunkt des Interesses. Nach Meinung der Fachleute schirmt das Felsgestein das Nuklearmaterial für den erforderlichen, sehr langen Zeitraum ausreichend ab, so daß angeblich die Strahlengefahr nicht größer ist als bei natürlichen Lagerstätten von Uranerz. Yucca Mountain befindet sich offiziellen Ansichten nach auch genügend weit im Territorium der Test Site – rund 160 Kilometer von Las Vegas entfernt – liegt in günstig trockenem Klima und besitzt ein außerordentlich tiefes Grundwasser-Niveau, sogar bis zu 300 Meter niedriger als die geplante Endlagerstätte. Noch untersucht das DOE den Berg weiter – die Forschungen sollen bis zum Jahr 2010 andauern. Sollte dann die Entscheidung für Yucca-Mountain fallen, will der Bundesstaat Nevada die Angelegenheit allerdings vor das Oberste Bundesgericht bringen.

Ist Yucca Mountain wirklich so sicher, wie von offizieller Seite behauptet wird?

Die Anlage von Yucca Mountain ist aus der Luft deutlich zu erkennen.
(Aufnahme: U.S. Department of Energy)

Das Massiv entstand vor etlichen Millionen Jahren aus einem explodierenden Vulkan, dem Timber Mountain. Heute liegen sieben schlafende Vulkane in der Region, die offenbar noch über lange Zeit hinweg harmlos bleiben werden. Doch welcher Geologe wird das mit absoluter Sicherheit garantieren können? Immerhin haben Wissenschaftler Anfang der neunziger Jahre herausgefunden, daß Yucca-Mountain auch in unseren Tagen noch ein gewisses Eigenleben besitzt. Sein freilich schon lange erkaltetes Eruptivgestein ist von unzähligen Haar-Rissen durchzogen, die bis in die tiefsten Tiefen des Berges führen. Über sie nimmt das Massiv je nach herrschendem Außendruck Luft auf und gibt sie wieder ab. Luft aber enthält Feuchtigkeit, auch in dieser trockenen Gegend. Sollte irgendwann einmal die Sicherheits-Ummantelung der dann wie geplant im Berg gelagerten, strahlenden Abfälle undicht werden, könnte die feuchte Luft mit dem heißen Material in Kontakt geraten, sich ausdehnen und als radioaktiver Dampf aus dem Berg austreten.

Keine schönen Aussichten! Im übrigen ist es doch auch ziemlich abstrus, atomare Abfälle in einer Gegend zu endlagern, in der regelmäßig massive Bombentests stattfinden und Superjets über den Himmel ziehen, die teils noch unausgereift und durchaus anfällig für Abstürze sind. So einsam also ist die Region um »Yucca« doch nicht. Unter diesen Bedingungen müßte das Lager wirklich absolut bombensicher gebaut werden.

In der abgelegenen Chihuahua-Wüste im südöstlichen New Mexico, rund 40 Kilometer von Carlsbad mit seinen berühmten natürlichen Höhlensystemen entfernt, begann die Regierung bereits in den siebziger Jahren, einen gewaltigen Untergrundkomplex anzulegen. Diese und andere nukleare Endlagerstätten belegen außerdem genauso wie einige Waffen-Produktionsanlagen sehr deutlich, daß es technisch durchaus möglich ist, unvorstellbar ausgedehnte unterirdische Anlagen und Tunnelsysteme zu errichten, für welche Zwecke auch immer.

Die Anlage bei Carlsbad, schlicht WIPP genannt, wurde am 26. März 1999 in Betrieb genommen. WIPP, das ist einfach die Müll-Isolierungs-Pilot-Anlage – Waste Isolation Pilot Plant – so, als ginge es dort um nichts als gewöhnlichen Hausmüll. Das Wörtchen »nuklear« fällt einfach unter den Tisch. Der Spezial-Hausmüll be-

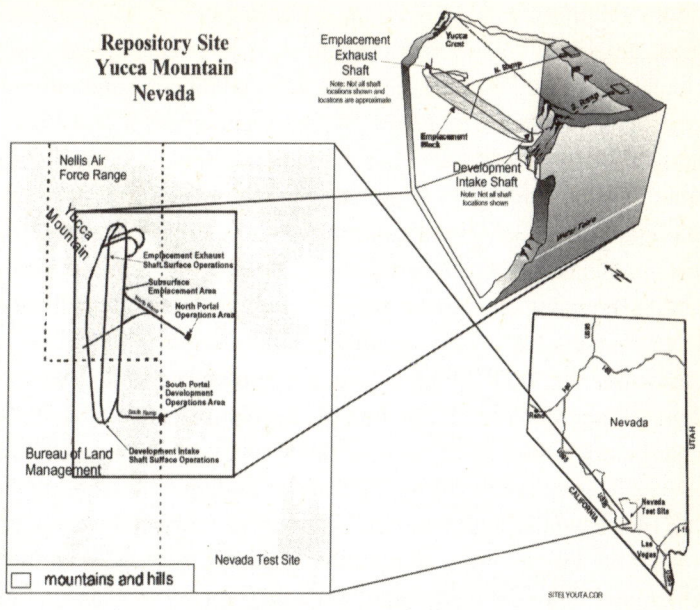

**Diese Karte zeigt unter anderem deutlich Teile des tiefen Unter-
grundsystems von Yucca Mountain.**
(U.S. Department of Energy)

ginnt nun langsam unter Hunderte von Metern dicken Salzformatio-
nen zu verschwinden und soll 10.000 Jahre und noch länger dort
eingeschlossen sein. Doch selbst hier bleiben Fragen offen. 1994
schon schrieb der deutsche Journalist Ulrich Schiller: »Was aber
würden Menschen im unvorstellbar fernen Jahr 11 994 von der De-
ponie noch wissen oder wissen wollen? Die Sandia-Labors in Albuquerque haben eine Studie erstellt: Sollte man einen Ort wie WIPP
für die Ewigkeit markieren? Wenn ja – mit Worten oder lieber mit
Symbolen? Oder würde ein solches Warnschild womöglich zum
Anreiz für Eindringlinge werden?«

Die Geschichte des Atomzeitalters lehrt uns viele Lektionen der
Skrupellosigkeit. Hier ist alles möglich, und was wichtig erscheint,
wird auch durchgeführt, Menschenleben sind makulatur, Lügen und
Vernebelung stehen auf der Tagesordnung.

Schiller erzählt die Geschichte des von der Landkarte verschwundenen amerikanischen Dorfes Hanford. Eine beängstigende Geschichte: »Hanford war einst ein Dorf im Staate Washington im großen Bogen des Columbia River. Nur verwitterte Spuren unter Wüstensand und ein paar Salbeibüsche künden heute von seiner Existenz. Das Dorf mußte 1942 geräumt werden – für das Manhattan-Projekt, den Bau der ersten Atombombe … Zuletzt produzierten im Hanford-Reservat neun Reaktoren und ausgedehnte Uranverarbeitungsanlagen sechzig Prozent des waffenfähigen Plutoniums für den Atomschirm der westlichen Allianz.

Erst als 1987 die Produktion gestoppt wurde, kamen die katastrophalen Folgen ans Licht. Mutige Mitarbeiter, die sich von ihrem Staat betrogen und mißbraucht fühlten, zerrissen Stück um Stück den Schleier der Geheimhaltung … Aus Quellen des Energieministeriums geht hervor, daß bis 1949, ohne daß die Menschen im Reservat und jenseits des Columbia River davon wußten, wiederholt Radioaktivität in die Atmosphäre entlassen worden ist. Tonnen von leicht verstrahltem Müll wurden einfach in flachen Mulden verscharrt. Flüssige Abfälle verseuchten das Grundwasser in einem Gebiet von 600 Quadratkilometern. Millionen von Hektolitern hochgradig radioaktiver Abfälle lagern in 177 unterirdischen Tanks. Die Hälfte davon leckt.«

Unerklärlich

Wer glaubt, daß die Situation heute anders ist, trägt eine rosarote Brille. Die Geheimhaltung ist vielerorts auch seit dem oft zitierten Ende des Kalten Krieges nicht einen Deut geringer geworden, nur hat sich die Technologie im vergangenen halben Jahrhundert enorm weiterentwickelt – und das sicherlich nicht zum Positiven. Auch die Skrupellosigkeit hat ganz sicher nicht abgenommen.

Nur leider wissen wir eben nicht, welche katastrophalen Vorgänge sich zur Zeit in den Zonen des Schweigens abspielen.

Wir haben uns nun bereits ein wenig in den Gegenden um Area

51 umgesehen und dabei vor allem den alten Atomprogrammen nach-
gespürt – in einem schnellen, schemenhaften Streifzug. Doch das
geheime Netzwerk der Schwarzen Welt, das sich letztlich natürlich
über die gesamten Staaten und mittlerweile sogar über unseren gesamten Planeten erstreckt, ist schon hier in Wirklichkeit viel ver-
schachtelter und komplizierter beschaffen. Über die geheimen Territorien sind heute die utopischsten Anlagen verteilt, die auf offiziellen Karten nicht verzeichnet sind, ebensowenig wie Area 51 am
Groom Lake auch nur einen Punkt darauf hinterlassen hat.

Vertrauenswürdige Zeugen, die ihre Aussagen in weiten Teilen
definitiv belegen konnten, haben solche Anlagen mit eigenen Augen gesehen. Natürlich ist es immer schwer, ungewöhnliche Erfahrungen anderer nachzuvollziehen und ihnen Glauben zu schenken.
Man will eben alles selbst sehen, möglichst sogar berühren können.
Sogar an sich banale Dinge wie recht gewöhnliche Flugzeughallen
und Radarschüsseln, bekannt von zig Militärbasen, Flughäfen oder
auch astronomischen Einrichtungen, werden zu mittleren Wundern,
wenn Behörden sie ableugnen, sie aber dennoch existieren – an geheimen Orten wie Area 51. So erschien mir damals dieser »schwarze« Abklatsch der Edwards-Luftwaffenbasis auch so unwirklich wie
eine Fata Morgana, als ich die Anlage zum ersten Mal in der flim-
mernden Wüstenhitze vor mir liegen sah. Geradezu mystisch wirkten auch die goldenen, vollmondhell leuchtenden Lichtbälle, die ich
nachts wiederholt über dem Gelände auftauchen sah. Nein, keine
UFOs. Aber extrem helle Leuchtkörper zur Ablenkung von infra-
rotempfindlichen Missiles beispielsweise. Und wie verhält es sich
dann erst mit ungewöhnlicheren Dingen?

Ich habe mit unzähligen Zeugen gesprochen, die mir unabhängig
voneinander und dennoch einhellig immer wieder von strahlenden
Objekten berichteten, Objekten, die mit unfaßbarem Tempo in spi-
ralförmiger Bewegung hinter den Bergen abtauchten, um kurz darauf wieder emporzuschnellen und in Sekundenbruchteilen den gesamten Himmel zu durchzucken oder aber in aufeinander folgenden
rechtwinkligen Kehren zu fliegen. Was ist mit diesen Berichten? Ich
kann sie nicht beiseite legen, nur weil ich ihren Hintergrund, ihr

Geheimnis nicht verstehe. In vielen Fällen gibt es bis auf die Unge-
wöhnlichkeit der Erscheinung an sich keinen Grund, die Aussagen
und die Aufrichtigkeit der Zeugen – darunter u.a. auch geübte Him-
mels-, Flugzeug- und Militärbeobachter sowie Militärpersonal –
anzuzweifeln. So halte ich es auch zunächst nicht für entscheidend,
ob diese merkwürdigen Erscheinungen nun modernste militärische
Entwicklungen oder gar außerirdischen Ursprungs sind oder gar
beides, was genauso schon vermutet wurde. Das wichtigste ist zunächst, daß diese merkwürdigen Erscheinungen beobachtet werden
und ganz und gar real sind!

Ähnlich verhält es sich mit all den ungewöhnlichen Einrichtungen am Erdboden. Ich kenne Leute, die immer noch bezweifeln, daß
es eine Area 51 gibt, selbst in Anbetracht von Fotos – eben aus dem
Grunde, weil sie diese Basis nie mit eigenen Augen gesehen haben.
Glücklicherweise konnte ich diesen Zweifel zumindest für mich
persönlich hundertprozentig ausräumen. Zeugen, die andere »nicht
vorhandene« Dinge mit eigenen Augen gesehen haben, konnten ähnliche Erfahrungen machen.

In einem extremen Fall aus dem Jahr 1997 gelang es dem leider
im März 2001 an Krebs verstorbenen Historiker, Geschäftsmann und
hartnäckigen Hobby-Archäologen Jerry Freeman aus Kalifornien,
nach umfangreichen Vorbereitungen unbemerkt in das streng über-
wachte Gelände der Nevada Test Site einzudringen. Am Militär war
er nicht interessiert, er suchte nach alten Inschriften in den Bergen!
Als er nach einem bereits anstrengenden »Marsch«, fast ausschließlich nachts und mehr oder minder auf dem Boden kriechend, von
einem Hochplateau aus das nächste Tal vor sich überblicken konnte,
sah er dort eine ausgedehnte Anlage mit ungewöhnlichen Gebäuden. Er erschrak in diesem Moment, denn auf seinen Karten war
nichts verzeichnet, so daß er zunächst glaubte, die falsche Route
genommen zu haben. Doch er hatte sich nicht geirrt. Nur war diese
»Stadt der Toten«, wie er sie nannte, auf keiner Karte eingezeichnet
gewesen. Nun, als sich Freeman auf dem Plateau des *Skull Mountain*, des Schädelbergs befand, sah er die weitläufige Anlage direkt
vor sich – nachts leuchtete mit einem Male das Tal in einem Meer

blutroter Lichtbaken auf. Später beobachtete Freeman dann sich bewegende Lichter am Nordufer des Papoose Lake, genau dort, im Bergmassiv, das in seinem Inneren laut Aussage des umstrittenen Bob Lazar ultrageheime Hangars verbirgt, in denen außerweltliche Flugtechnologie lagert.

Was Jerry Freeman auf seinem weiteren Marsch durch diese »Anderswelt« erlebte, gleicht einem apokalyptischen Computerspiel. Er kämpfte sich durch geheimnisvolle, nach dem Zufallsprinzip bewegte Lichtschranken, kam durch bombenzerstörte Wüsten und sah die merkwürdigsten Strukturen, darunter aus der Ferne ein von Ketten umgebenes Gebäude, das extrem bewacht war. Es besaß nur ein Fenster, aus dem ein grelles, pulsierendes Licht strahlte. Ich will hier nicht weiter auf das Abenteuer von Freeman eingehen, da ich bereits in meinem vorherigen Buch zur Area 51 über die Einzelheiten berichtet habe. Eine Beobachtung aber muß ich doch erwähnen. In der Nähe jener gefährlichen Lichtschranken entdeckte Freeman ein Schild, das eine Sperrzone innerhalb des ohnehin schon hochgeheimen Gebietes markierte. Der Text auf der Tafel besagte, daß nur gekennzeichnetes Personal Zutritt habe und Feuerwaffen, Kameras, Telefone und Ferngläser auf Befehl der L.A.N.L.L. Corporation verboten seien. Hinter diesem Kürzel verbergen sich die Los-Alamos-Laboratorien. Immer wieder zeigt sich, daß die geheimen Anlagen im Dienste mächtiger, traditioneller Konzerne, Militär- und Regierungseinrichtungen stehen, die allesamt auf undurchschaubare Weise miteinander verwoben sind. Gerade auch durch die Präsenz privater Vertragsnehmer, die im Auftrag der US-Regierung gigantische technologische Projekte verwirklichen, wird die Situation noch verwickelter und undurchsichtiger, denn Privatkonzerne unterstehen nicht dem FOIA.

Wer arbeitet bis zu welchem Grade mit wem zusammen? Warum kooperieren zwei Firmen oder auch zwei Geheimdienste oder Militärbasen in einer Angelegenheit, während sie in einer anderen geradezu in einer Art Konkurrenz zueinander stehen?

Undurchdringlich

Wieder einmal ist Area 51 ein Parade-Exempel für dieses Verwirr-spiel. Hier finden sich Nachrichtendienste wie der US-Auslandsge-heimdienst CIA als ursprünglicher Begründer dieser Einrichtung sowie der technische Geheimdienst NSA und letztlich auch der Ge-heimdienst NRO (*National Reconnaissance Office*), weiterhin die Luftwaffe, die Marine, Regierungsbehörden wie das DOE oder das Verteidigungsministerium DoD. Hinzu kommen vor allem zahlrei-che Flugzeug- und Elektronik-Konzerne, nicht zu vergessen schließ-lich auch Firmen, die hochqualifiziert in der Konstruktion von Spe-zialanlagen sind. Zur ersten Gruppe zählen als federführend die Konkurrenten Lockheed und Northrop sowie Raytheon und Hughes Aircraft, zur zweiten Gruppe beispielsweise E-Systems oder das auf Area 51 wohl immer noch sehr einflußreiche Unternehmen EG&G mit Hauptsitz in Gaithersburg bei Washington. EG&G wurde vor rund 50 Jahren von den Ingenieuren Edgerton, Germeshausen und Grier ins Leben gerufen und hat »die US-Regierung seit dem Zwei-ten Weltkrieg mit kritischen Ingenieursdiensten unterstützt« (Fir-menaussage). Im August 1999 ging EG&G vollständig in den Be-sitz der nicht minder geheimnisvollen Washingtoner »Carlyle Group« über und beschäftigt heute weltweit rund 4.200 Mitarbeiter. Raythe-on hat seine Finger in zahlreichen Entwicklungen zur Luftfahrt, dar-unter auch modernste Radartechnik, Missiles und Star-Wars-Tech-nologie. In ihrem Jahresbericht 1999 erwähnt die Rüstungsfirma die Konstruktion neuartiger Radarausrüstung für die F/A-18E/F Super-Hornet-Jets ebenso wie die Entwicklung eines digitalen Überwa-chungsradars für Flugplätze. Dieses DAS-Radar (*Digital Airport Sur-veillance Radar*) wurde auf der streng abgeriegelten und für Hoch-technologie-Experimente bekannten Eglin-Luftwaffenbasis in Flo-rida getestet, die dem DoD direkt untersteht. Raytheon arbeitet auch mit dem NRO bei sehr aufwendigen boden- und weltraumgestütz-ten Bildgewinnungssystemen zusammen. Das damit verbundene MIND-Programm wird sich bis in das Jahr 2013 erstrecken. Ray-theon baute im Rahmen des Sternenkrieg-Nachfolgeprogramms

BMDI (*Ballistic Missile Defense Initiative*) ein wieselflinkes Verteidigungsinstrument, das den prägnanten Namen »Außeratmosphärisches Tötungsgefährt« erhielt – auf Englisch klingt das freilich eleganter: *Exoatmospheric Kill Vehicle*, kurz: *EKV*. So ein EKV wurde in der Raytheon-Fabrik in Tucson, Arizona, zusammengesetzt. O-Ton Raytheon: »Am 2. Oktober [1999] bewies das von Raytheon gebaute EKV, daß es einem Geschoß möglich ist, ein anderes Geschoß zu treffen, als es bei einer Annäherungsgeschwindigkeit von 26.000 Stundenkilometern einen Dummy-Sprengkopf abfing und zerstörte, der von einer interkontinentalen ballistischen Missile getragen wurde.« An anderer Stelle verkündet Raytheon stolz, auf dem Gelände des *Naval Air Warfare Center*, China Lake in Kalifornien, erste erfolgreiche Tests seiner Kurzstrecken-Missile AIM-9X durchgeführt zu haben. US-Marine und -Luftwaffe bereiten zusammen ein Programm vor, bei dem über 10.000 solcher Lenkwaffen geordert werden sollen.

Wenn man das alles so liest, könnte einem der Gedanke kommen, daß es um die Abrüstung nicht sehr gut bestellt ist. Und das sind nur wenige Beispiele für die paar lächerlichen Informationen, wie sie über gegenwärtige Programme frei verfügbar sind! In den Jahresberichten von EG&G, Raytheon und Konsorten verliert sich nicht die kleinste Notiz über Projekte, die auf Area 51 entwickelt und getestet werden. Man ahnt Schlimmes!

Im Grunde ist es schier unmöglich, auch nur die wichtigsten geheimen Anlagen und Luftwaffen-Basen der USA anzusprechen. Das geheime »schwarze« Netzwerk, das mittlerweile den gesamten Planeten umspannt und sogar den Weltraum erreicht hat, ist einfach zu gewaltig und undurchdringlich geworden. Allein die bereits kurz erwähnten Militäranlagen von Edwards, China Lake, Tonopah oder auch Eglin wären es wert, ganz ausführlich beschrieben zu werden. Die dortigen Projekte waren und sind teilweise absolut exotisch. Vieles, was von hier offiziell bekannt ist, was aber auch Zeugen inoffiziell berichtet haben, steht an der vordersten Front der Technologie. Und manches, was dort beobachtet wird, scheint wirklich anderen Welten zu entstammen.

Der Astronaut Ed Mitchell jedenfalls ist der Meinung, daß das Militär wirklich bereits im Besitz einer nicht von Menschenhand geschaffenen Technik ist. Er sprach auch wiederholt von einer »heimlichen Gruppe«, die sich von der eigentlichen US-Regierung abgekoppelt hat. Manchem stockte wahrscheinlich der Atem, als der hochdekorierte Apollo-14-Astronaut im Herbst 1997 auf einer Konferenz für Neues Denken in Arizona von seinen Erfahrungen und Ansichten sprach. Mitchell, Inhaber von zwei Ehrendoktor-Titeln und sechster Mensch auf dem Mond, erklärte dem erstaunten Publikum freiweg, er sei überzeugt, daß die oftmals als reine Verschwörungstheorie abgetanen Berichte sowohl über fremde Raumschiffe in Händen der US-Militärs als auch über eine sehr geheim operierende, völlig selbständige Regierungsgruppe tatsächlich der Wahrheit entsprechen.

Wenn das nun aber wirklich so ist, wenn das geheime Netzwerk und eine verborgene Gruppe tatsächlich nichtirdische Technologie in ihrer Hand haben, warum rückt die Regierung nicht wenigstens mit ein paar Informationen heraus? Wir wissen, daß Militär und Geheimdienste bereits ganz andere Geheimnisse für sich bewahrten, um sich damit, ganz banal ausgedrückt, einen Vorsprung vor dem Gegner zu sichern. Demnach ginge es nicht lediglich darum, eine eventuelle öffentliche Panik zu verhindern. Ed Mitchell kennt noch einen anderen Grund. Nachdem er im Frühjahr 1997 zusammen mit einem Kollegen dem Treffen der nachrichtendienstlichen Gruppe der Vereinigten Stabschefs (*Joint Chiefs of Staff Intelligence Group*) beigewohnt hatte, meinte er: »Es wurde uns überaus klar, daß sie sehr naiv waren. Sie wußten über diese Sache nicht mehr als wir, wenn überhaupt. Das wohl darum, weil die meisten Personen in der [heutigen] Regierung zu jener Zeit, als ich vor 25 Jahren in den Ruhestand ging, eben noch nicht in der Regierung waren. Es sind alles jüngere Leute. Die Akten, die weiter als fünfzig Jahre zurückreichen, existieren nicht mehr. Sie wurden entweder beseitigt, kompromittiert oder was immer. Wenn wir also die Regierung dafür tadeln, daß sie nicht offen ist, dann haben sie wirklich nichts, mit dem sie offen sein könnten, zumindest nicht auf diesem Level.« Mitchell sprach aber auch mit anderen Personen – Personen, die zwar nicht direkt in der aktuellen Regierung zu finden sind, die aber außerordentlich viel über bestimmte Dinge wissen. Der Ex-Astronaut erklärt: »Innerhalb meiner eigenen Anstrengungen, mit diesen Leuten und mit der Regierung zu sprechen, tritt oft die Frage auf, wie sie diese Dinge so lange geheimhalten konnten. Freunde, das haben sie nicht getan. Es ist die ganze Zeit um uns, wurde aber abgestritten und verdunkelt.« Ed Mitchell ergänzt zu diesem Thema, es würden massive Anstrengungen unternommen, das Offensichtliche abzuleugnen. Wenn jemandem gesagt werde, daß die Dinge, die er zu sehen glaubt, einfach nicht wahr sind, setzt ein psychologischer Prozeß bei dieser Person ein, der letztlich zu ernsten Zweifeln am eigenen Verstand führt. So wurde weniger geheimgehalten als von Grund auf fehlinformiert. Tatsächlich geht Mitchell soweit und statuiert: »Wir blicken auf wahrscheinlich rückkonstruierte Technologie in den Händen von Menschen, die nicht unter Regierungskontrolle stehen oder jedwedem Typ von Kontrolle auf hoher Ebene. Ich finde das ziemlich alarmierend. Mit Blick auf die Technologie selbst, arbeite ich mit Leuten zusammen, die wissen, was in unserer technologischen Datenbank steckt und was dem modernen Militär zugänglich ist. Die sogenannte ET- [extraterrestrische] Technologie, die Fähigkeit, lautlose Motoren und Flugmaschinen zu bauen, deren Charakteristika die UFO-Sichtungen widerspiegeln, ist im Arsenal keiner einzigen Nation vorhanden – aber sie existiert. Wenn es also ›back-engineered technologies‹ gibt, so befinden sie sich wahrscheinlich in Händen einer Gruppe von Einzelpersonen – früher der Regierung angehörend, vielleicht auch dem Geheimdienst, früher unter Kontrolle eines Privatsektors mit einiger Aufsicht durch das Militär und die Regierung – aber diese Aufsicht besteht wohl nicht mehr länger. Ich nenne das eine ›heimliche Gruppe‹. Für mich ist das ziemlich irritierend.«

KAPITEL 5

Unterirdische Welten

Besuch am heiligen Berg

Während meiner Recherchen zu geheimen Anlagen und Untergrund-basen kam ich immer wieder auch in die Umgebung ganz besonders geheimnisumwitterter Stätten. Eine davon befindet sich in einer land-schaftlich reizvollen Gegend nicht allzu weit östlich von Farming-ton in New Mexico und unmittelbar vor der Grenze zu Colorado. Hier, in einer von Tafelbergen gekennzeichneten Gegend mit ab-wechslungsreicher Vegetation, liegt das Städtchen Dulce mit der Archuleta Mesa, ebenfalls ein Höhenzug mit weitem Gipfelplateau.

Um diesen an sich absolut unauffälligen Berg ranken sich schau-rige Geschichten, allesamt natürlich nicht mehr als Gerüchte. Im Inneren der Archuleta Mesa soll sich eine gigantische, mehrstöcki-ge Anlage befinden, betrieben von der US-Regierung, teils aber in Zusammenarbeit mit Außerirdischen. Durch einen mächtigen Lift-schacht gelangen Mitarbeiter den wunderlichen Schilderungen zu-folge in unterirdische Geheimlabors, darunter die »Alptraumhalle«, in der die wildesten Produkte radikaler genetischer Menschenexpe-rimente verborgen seien – in Labors moderner Dr. Mengeles. Spe-kulationen gehen dahin, daß an solchen Orten vielleicht sogar im Rahmen der *Operation Paperclip* menschenverachtende Versuche weitergeführt werden, die in Deutschland unter dem NS-Regime begonnen worden sind. Immerhin gelangten im Zuge dieser Opera-tion ganze Berge von Geheimdokumenten und Tausende von hoch-qualifizierten deutschen Wissenschaftlern nach Ende des Zweiten Weltkrieges unter anderem auch in US-amerikanische Forschungs-stätten. Eigentlich ein Ding der Unmöglichkeit, aber dennoch Fakt. So fanden Kriegsverbrecher durch Skrupellosigkeit und Forscherta-lent ihren Weg in höchste Positionen und konnten ihre Tätigkeit fortsetzen. Nachgewiesenermaßen fanden Projekte zur Mind-Control, also zur Gedankenkontrolle statt, die von ehemaligen Nazi-Wissenschaftlern durchgeführt wurden. Bekannt ist auch, daß beispielsweise der Auslandsgeheimdienst CIA mit Hitlers Topspion Reinhard Gehlen eng kooperierte. Später werden wir uns noch einigen unheimlichen Experimenten widmen, wie sie von geheimen Gruppen in völliger Abgeschiedenheit durchgeführt werden.

Natürlich heißt das nicht, daß die Alptraumhalle nun wirklich existiert oder je existiert hat oder daß unter der Archuleta Mesa Außerirdische mit dem US-Militär unter einer (Fels-)Decke stecken.

Dieser Dulce-Komplex, dessen Existenz bis heute ebenfalls noch nicht mit Sicherheit feststeht, soll von enormen Tunnelgängen durchzogen sein, die stellenweise in einem merkwürdigen Licht fluoreszieren – Ursache soll das Leuchtgas Phosphorpentoxid sein, dessen Spektrum für die nichtirdischen Wesen unverträglich sei, weshalb sie diese Abschnitte der Untergrundanlage nie aufsuchten.

Von Dulce erstrecken sich den Gerüchten zufolge einzelne Tunnel zu anderen Geheimanlagen der westlichen Vereinigten Staaten, darunter einer Untergrundbasis bei Page in Arizona, einem ebenfalls unterirdischen Labor unter dem Städtchen Taos, Anlagen in Datil und Carlsbad, New Mexico, Colorado Springs und Creed in Colorado sowie nicht zuletzt – selbstverständlich – Area 51 in Nevada. Bei aller Fantasie erscheint ein derartiges Mega-Projekt doch unrealistisch, trotzdem aber sickerten Pläne einer Gruppe von Luftwaffen-Offizieren durch, eine wie auch immer geartete physikalische Verbindung zwischen allen wesentlichen Luftwaffenanlagen des Landes herzustellen. Das Konzept nannte sich schlicht, aber doch sehr geheimnisvoll »Facility X«.

Vor einigen Jahren fuhren ein Freund und ich hinaus in die Gegend von Dulce, um uns dort nach den einen oder anderen Verdachtsmomenten für eine Untergrundbasis umzusehen. Bestimmt würden wir nicht gleich den Haupteingang finden, aber trotz eines leider recht knappen Zeitbudgets vielleicht wenigstens ein paar Hinweise, seien es im Nichts endende Straßenzüge, künstliche Marken im Fels, unmotiviert in der Gegend anzutreffende Betonstrukturen, vielleicht

Austrittsöffnungen der Ventilation, oder auch Sendeanlagen auf dem Berggipfel.

Wir fuhren geradewegs von Farmington über den Highway 64, vorbei am Navajo Lake und durch den Carson-Staatswald nach Dulce, das genau an der Hauptstraße liegt. In einem größeren Hotel, das in dieser bescheidenen Ansiedlung fast etwas deplaziert wirkte, erkundigte ich mich nach dem besten Weg, der direkt zur Archuleta Mesa und möglichst auch auf ihr Plateau hinauf führen würde. Die freundliche jüngere Dame an der Rezeption gab mir einige Auskünfte, fügte aber hinzu, dieser Berg sei ein heiliger Berg der Indianer, die es nicht so gerne sähen, wenn man seinen Gipfel aufsuchen wolle. In dieser Gegend leben die Jicarilla-Apache-Indianer und die Ute, wobei vor allem die letzteren durchaus problematisch werden können, wenn es um das Betreten ihres Landes geht.

Wir brachen also mit diesem neuen Wissen auf, um die nun noch ein wenig geheimnisvollere Mesa in Augenschein zu nehmen. Zunächst sahen wir uns noch etwas im Ort um, fuhren einige Straßen auf und ab, wobei uns ein metallicroter Mittelklassewagen aus Wisconsin auffiel, in dem ein Mann im Geschäftsanzug saß. Wir fuhren recht ziellos umher, doch immer wieder tauchte dieser rote Wagen auf. Der Herr aus Wisconsin schien sich wohl auch nicht so recht auszukennen. Trotzdem, etwas seltsam kam uns das schon vor. Oder waren wir nur zu sehr mit Verschwörungstheorien befaßt?

Wir entschlossen uns nun, direkt auf den Berg zuzusteuern. Zunächst wählten wir die Nordostroute, folgten einer schmalen Schotterstraße direkt am Fuß der Mesa. Immer wieder kamen uns mit Indianern besetzte Geländewagen entgegen, mit beachtlichem Tempo, so daß wir ständig in Staub eingehüllt waren.

Nachdem dann hinter der nächsten Biegung auch noch der Weg von verschiedenen Weidetieren versperrt war, entschlossen wir uns, die andere Richtung auszukundschaften. War das Ganze nur eine fantastisch getarnte Aktion von bestens geschulten Sicherheitskräften, die uns auf diese unverfängliche Weise die Sicht vernebelten und den Weg blockierten? Welch eine Verschwörung! Offiziell gilt das Land dort jedenfalls als Rinderfarm.

Nun, wir fuhren also gen Westen. Hier wand sich die Straße stellenweise als noch schmalerer Pfad um den Berg, der sich als gar nicht so klein erwies wie er zunächst auf mich gewirkt hatte. Wir gelangten nun an eine einigermaßen einladende Lichtung zu unserer Linken, die einige Meter tiefer als die Straße lag und auf der anderen Seite von einem Bach eingesäumt wurde. Hier entschlossen wir uns, eine kurze Pause einzulegen und etwas zu uns zu nehmen. Während wir mit der Mahlzeit beschäftigt waren, tauchte plötzlich wieder jener metallicrote Mittelklassewagen aus Wisconsin auf, an dessen Steuer der Mann im Geschäftsanzug saß, nach wie vor ohne irgendwelche Beifahrer.

Das Ganze begann uns nun wirklich stutzig zu machen. Natürlich konnte das Zufall sein, aber nachdem uns das Fahrzeug schon in der Stadt geradezu verfolgt hatte, und diese Straße hier nun wirklich abgelegen war sowie auch kaum von sonderlichem Interesse sein konnte, wenn man nicht ganz spezifisch zum Berg wollte, begannen wir uns schon, einige Gedanken zu machen. Aber woher sollte dieser Mann von unseren Absichten wissen? Uns war auch nicht aufgefallen, daß er uns vielleicht schon früher, auf der Hinfahrt gefolgt wäre. Aber was wollte er *hier*? Nun, vielleicht war Grund genug, daß wir uns eben *hier* aufhielten.

Der geheimnisvolle Fremde konnte sich in Dulce kaum verfahren haben, die Hauptstraße ist fast von überall deutlich sichtbar, während man schon ein bißchen gezielter lossteuern muß, um ausgerechnet die kleine Straße an der Mesa zu erwischen. Dann fiel mir die Dame an der Rezeption ein, die mir auch eher abgeraten hatte, den Berg genauer zu inspizieren. Ihr hatte ich mein sehr direktes Interesse bekundet. War am Ende auch sie es, die jemand anderen, wer auch immer das sein mochte, darüber informiert hatte? Welch blühende Verschwörung, fürwahr! Doch wäre es nicht der erste Hotelbetrieb, der im Kontext mit einer geheimen Untergrundanlage zu sehen ist.

Wir ließen unseren so anhänglichen Mann aus Wisconsin nichts anmerken und widmeten uns weiterhin voll und ganz der Nahrungsaufnahme. Nachdem wir unser Picknick ohnehin auf dem Wagen-

dach aufgebaut hatten und so standen, daß wir genau hin zur Schotterstraße blickten, konnten wir das rote Fahrzeug gar nicht aus den
Augen verlieren. Es bewegte sich sehr langsam auf der Straße weiter, an uns vorbei, um dann hinter der nächsten Biegung zu verschwinden. Das war auch besser so, wer duldet beim Essen schon
gerne Zuschauer! Doch die Ruhe dauerte nicht lange an. Bald tauchte
das rote Vehikel wieder an derselben Biegung auf, hinter der es sich
zuvor unserem Sichtkreis entzogen hatte. Diesmal aber stoppte der
Fahrer, wobei er die Kühlerhaube direkt in unsere Richtung orien-
tierte. Er verharrte dort mehrere Minuten, ohne seinen Wagen zu
verlassen; wir gaben uns unbeteiligt und vertilgten unsere Sandwiches, allerdings hatten wir besprochen, noch etwa eine Minute zu
warten und dann gleichzeitig sehr direkt zu unserem »Schatten« hin-
überzusehen, jenem potentiellen »Schwarzwelter«. Als wir dies dann
taten, hob der dunkel gekleidete Mann reflexartig eine große Landkarte hoch, so daß sie sein Gesicht verdeckte. Das schien fast schon
wieder zu auffällig, bald wie in einer Spionage-Komödie. Nach einigen Momenten setzte er dann das Fahrzeug in Bewegung und fuhr
etwas schneller an uns vorbei, verschwand hinter der östlichen Weg-
kuppe und ward nimmer gesehen.

Man hört ja immer wieder von anonymen, zivilen Sicherheitstrupps, die hochgeheimes, abgelegenes Territorium bewachen und
jeden Unbekannten, der sich nähert, argwöhnisch beobachten. Auf
Area 51 sind es die offiziell nicht existenten Zwei-Mann-Trupps,
die nunmehr in champagnerfarbenen Ford-F150-Geländewagen darauf acht geben, daß niemand in die Restricted Area eindringt. Ich
hatte auch direktere Begegnungen mit dieser Security-Einheit, die
sich meist in typischer Militärtracht präsentiert, wenn auch ohne
jede Identifizierungsmarke. Nun ist ja dort auch das Territorium ge-
kennzeichnet, als »militärische Einrichtung im Westen«, worunter
man freilich viel verstehen kann. Wenn aber eine Geheimbasis ausschließlich unterirdisch angelegt ist und sich kein weitläufiges Militärgelände um sie herum befindet, als Pufferzone, dann könnte es
sein, daß auch ihre Bewacher in weit zivilerer Kluft auftreten.

Wie auch immer, uns blieb nur, über die seltsame Begebenheit zu spekulieren und unseren Weg nunmehr fortzusetzen. Wir erreichten eine Stelle, von der aus das Plateau nicht von Bäumen im Vordergrund verdeckt war – von hier aus wollte ich einige Bilder schießen. Als ich durch das Teleobjektiv blickte, fiel mir zum ersten Mal auf, daß das gar keine kahlen Bäume waren, die sich entlang des Plateaus aufreihten, sondern eine ganze Reihe von Sendemasten. Nun, auch Dulce will nicht von der Welt abgeschnitten sein. Oder diente das ziemlich ausgedehnte Arrangement mit seinem kleinen Häuschen dort oben ganz anderen, sinistren Zwecken? Jedenfalls, ganz so heilig konnte der heilige Berg also doch nicht sein. Überhaupt gibt es dort an den bewaldeten Hängen und nahe dem Bergplateau Wachtürmchen und kleine unscheinbare Hütten unweit künstlicher Erhebungen im Boden. Hier könnten sich versteckte Eingänge befinden, möglicherweise mit Liftschächten in einen tiefreichenden, artifiziell erschlossenen Untergrund.

Unsere Beobachtungen sind reine Interpretationssache und beweisen leider überhaupt nichts. Aber wir verließen Dulce doch beide mit dem Eindruck, daß hier einiges merkwürdig war und die schaurigen Geschichten um eine Untergrundbasis vielleicht doch zumindest einen wahren Kern haben könnten. Ich erinnerte mich an all die anderen Schilderungen seltsamer Begebenheiten in Dulce und der Umgebung, an Zeugen, die Konvois von Autos gesehen hatten, zusammen mit einem Kleintransporter des McDonnell-Douglas-Flugzeugkonzerns, der auch die geheimnisvolle Llano-Facility im kalifornischen Antelope Valley betreibt, ich mußte an die Sichtungen absolut unkonventioneller Flugkörper denken, an Berichte über Zugangs- oder Belüftungsluken direkt auf dem Archuleta-Plateau, oder auch an die Erklärungen des mittlerweile verstorbenen, erfolgreichen Ingenieurs Paul F. Bennewitz, der mit dem Instrumentarium seiner Elektronikfirma bei der Kirtland-Basis in Albuquerque geheimnisvolle Signale aufgefangen haben will, als deren Ursprungsort er Dulce identifizierte, um bald darauf vom Geheimdienst in den Verfolgungswahn getrieben zu werden. Sollte an all diesen Dingen mehr sein? Andererseits konnte mich nichts, was ich bisher bei der Archuleta Mesa sah, wirklich davon überzeugen, daß in ihrem Inneren ein besonderes Geheimnis verborgen ist. Das soll wohl auch nicht anders sein. So ist es nun einmal mit dem Verborgenen …

»Das Werk«

Wer noch nie eine unterirdische Anlage betreten hat, kann sich kaum vorstellen, daß es möglich ist, eine komplette Infrastruktur beispielsweise in einem Bergmassiv zu errichten. Um sich zu vergewissern, daß genau das eben doch möglich ist und sogar schon vor Jahrzehnten möglich war, muß niemand erst nach Amerika fliegen. Ein Besuch der berühmten Maginot-Linie reicht für diesen ersten Eindruck schon völlig aus. Noch heute können einige der beeindruckenden Anlagen besichtigt werden, die bereits in der Zeit zwischen den beiden Weltkriegen errichtet worden sind. Werfen wir einmal einen kurzen Blick auf diese Geschichte und eines der mit ihr verbundenen technischen Meisterwerke, bevor wir uns wieder der »Schwarzen Welt« widmen.

Nachdem Frankreich während des Ersten Weltkrieges sehr hohe Verluste durch Angriffe der Deutschen in Kauf nehmen hatte müssen, schmiedeten die französischen Militärs bereits sehr bald Pläne für weitläufige Untergrundstützpunkte zur Abwehr künftiger Attakken. Schon am 29. Juni 1919, einen Tag nach Unterzeichnung des Versailler Vertrages, legten sie fest, daß entsprechende Maßnahmen in die Tat umgesetzt werden müßten. Zehn Jahre später begannen die ersten Bauarbeiten entlang der französisch-deutschen Grenze und vorwiegend in der Region des Bitcher Landes. In erstaunlich kurzer Zeit entstand eine der mächtigsten und ungewöhnlichsten Untergrundanlagen, von denen wir heute aus jener Zeit nähere Informationen besitzen.

Der Verteidigungsgürtel, der unter anderen die Bunker-Anlagen von Schießeck, Otterbiel, Grand-Hohekirkel, Fort Casso, Hackenberg, Haut-Poirier und Simserhof umfaßt, wurde nach dem damaligen französischen Verteidigungsminister André Maginot benannt – die berühmte Maginot-Linie. Das Grundkonzept der einzelnen Bunker ist beinahe immer identisch. Gut gesicherte Tore führen in die unterirdischen Bergstollen, jeweils ein Zugang für Munition und einer für das Personal. Die Kampfgeräte sind durch massive Betonbauten gesichert, im Umfeld finden sich schwere Kuppeln getarnter Geschützanlagen und ausfahrbare Beobachtungstürme.

Die Hauptanlage der Maginotlinie ist heute noch öffentlich zu besichtigen: das »Werk Simserhof«, wenige Kilometer westlich der Stadt Bitch mit ihrem gewaltigen Fort, ungefähr zwischen Saarbrücken und Straßburg.

Der in einer Schlucht gelegene Eingang von Simserhof führt in eine heute noch faszinierende unterirdische Anlage. Die hohen Gänge erreichen eine Gesamtlänge von rund fünf Kilometern im Berg, wobei der Munitionstransport mit einer kleinen Bahn bewerkstelligt wurde. Die ersten Bauarbeiten begannen im November 1929 mit der Rodung einiger Geländeabschnitte und Vorbereitung der Galerie. Unter der Erde setzte sich die Arbeit kontinuierlich über vier Jahre hinweg fort. Nachdem der Rohbau soweit fertiggestellt war, konnte die Ausstattung beginnen, unter anderem auch mit Drehtürmen, die mit Maschinengewehren und Kanonen bestückt waren. Dabei mußten teils Massen von 20 bis 25 Tonnen transportiert werden. 1934 schließlich baute man die Lastenaufzüge und sämtliche elektrische Versorgungseinrichtungen ein, Leitungen sowie die Elektrozentrale mit vier Sulzer-Dieselaggregaten. Das Projekt verschlang weitaus größere Summen als ursprünglich kalkuliert, weshalb von den zunächst geplanten 16 Blöcken sechs gestrichen werden mußten. Trotzdem war das Ergebnis eine mehr als beachtliche Untergrundanlage, deren Technik beziehungsweise Architektur es an nichts mangelte und die mit allen wesentlichen und auch einigen durchaus ungewöhnlicheren Systemen ausgestattet worden war. In einer Halle nahe dem Personeneingang versorgte ein Kraftwerk aus vier Sechszylinder-Dieselmotoren mit je 265 PS Leistung die gesamte Anlage mit Energie. Die Generatoren lieferten Strom für die Beleuchtung, für Pumpen, Entlüftung, Lastenaufzüge, Küche, Heizung, Operationsraum, Kanonentürme und alle anderen Verbraucher. Simserhof verfügte über große Munitionsdepots, eine komplette unterirdische

Kaserne mit Versorgungsstation – Großküche und Lebensmittellager –, Konferenzräume, Büros, Lagerräume, Schlaftrakte sowie einer Krankenstation mit Operationsraum, Apotheke und Krankenzimmern. In acht Kampfblocks des labyrinthischen Komplexes waren wiederum alle nötigen Einrichtungen vorhanden. Man arbeitete mit einem internen Telefonnetz sowie drahtloser Kommunikation nach außen. Abgesichert war die Untergrundanlage durch eine mehrschichtige Betonkonstruktion, die in der inneren Ummantelung verstärkt war, um bei schweren Angriffen mit Großkalibergeschützen das Abplatzen von Betonsplittern zu verhindern; sie hätten zu gefährlichen Querschlägern werden können.

Eine nicht zu unterschätzende Gefahr bestand auch in Gasangriffen auf das »Werk«. Die Be- und Entlüftungsanlage war dementsprechend ausgestattet. Das Bunkersystem von Simserhof stand fortwährend unter Überdruck, um unerwünschten Gaseintritt zu verhindern und verbrauchte Luft, das heißt, das Kohlendioxid zu entsorgen. Nun gab es zwei Betriebsarten für die Belüftung. War die Außenluft im Wortsinne rein, wurde sie ungefiltert in die unterirdischen Galerien und Räume geführt, zielorientiert geleitet über ein wohl durchdachtes Röhrensystem mit Filtern, Haarsieben und Druckmeßvorrichtungen an zahlreichen Stellen. Das gesamte Netz wurde andauernd von ausgebildeten Fachkräften überwacht, die dafür verantwortlich waren, jede Veränderung, jeden möglicherweise schädlichen Eintritt von Gasen rechtzeitig zu erkennen und entsprechenden Alarm zu geben. Im Falle einer gasverseuchten Außenluft wurde der Eintrittsweg entsprechend abgewandelt. Die Luft durchlief dann ein spezielles Filtersystem, um sie atembar und unschädlich zu machen.

Die Wasserversorgung wurde direkt aus dem Grundwasser gedeckt, das über Bohrungen von 120 und 140 Meter Tiefe unter Überdruck nach oben verfrachtet und zu sämtlichen Abschnitten der Anlage transportiert wurde. Man benötigte durchaus große Wassermengen, nicht nur zur Versorgung der rund 800 Personen, die in dem Untergrundkomplex arbeiteten, sondern auch, um die im Einsatz überhitzten Geschützrohre zu kühlen. Für ein Kaliber 75/33 waren pro Tag rund 500 Liter Kühlwasser erforderlich. Neben dem Wasser für Geschützkühlung, Motorkühlung und zum Brandschutz wurden große Mengen auch für die sanitären Einrichtungen benötigt. Die Innentemperatur mußte über ein jahreszeitlich unterschiedlich arbeitendes Regelsystem kontrolliert werden, um die Bildung von Kondenswasser zu verhindern.

Am 14. Juni 1940 drangen sechs deutsche Abteilungen über die Saar zu den Festungswerken der Maginot-Linie vor und umzingelten sie von allen Seiten her. Trotz der hervorragenden Ausstattung konnten die Besatzungen dem Angriff keine ausreichende Abwehr entgegensetzen. Am 25. Juni 1940 wurde ein Waffenstillstand ausgerufen – bis zu diesem Zeitpunkt hatte die aus 28 Offizieren und 792 Mann bestehende Garnison des Simserhofs beinahe 30.000 Schuß Munition abgefeuert. Erst fünf Tage später ergab sich dann die Mannschaft des Werkes endgültig und ging in die Kriegsgefangenschaft, nachdem ihr jedoch von einer deutschen Sonderabteilung noch alle militärischen Ehren erwiesen worden waren, ein unerwarteter und ungewöhnlicher Ausgang des erbitterten Kampfes an der Maginot-Linie. Die deutschen Truppen übernahmen das »Werk« nun, um es in ihre eigene Verteidigungslinie einzugliedern, die *Siegfried-Linie*. 1944 geriet dann der von den Deutschen besetzte Simserhof unter schweren Beschuß der Amerikaner. Nach äußersten Anstrengungen gelang es ihnen, die Anlage einzunehmen, allerdings nachdem die deutschen Verbände weite Bereiche der Bunker vermint hatten und durch einen geheimen Notausgang geflohen waren.

Der Simserhof wurde bei einem Gegenangriff der Deutschen schwer getroffen, später aber renoviert, und befindet sich heute als einzige Anlage der Maginot-Linie wieder in einem funktionsbereiten und der damaligen Zeit entsprechenden Zustand. Jeder, der dieser einmaligen Untergrundstation einen Besuch abstattet, wird überrascht sein von der gewaltigen Bauleistung, die vor bereits bald 70 Jahren bewerkstelligt wurde.

Keine Frage, in der Zwischenzeit stehen den Planern von Untergrundbasen schon völlig andere Techniken zur Verfügung, mit denen sie geradezu vollständige unterirdische Welten zu schaffen vermögen, Komplexe, gegen die Simserhof eher wie eine winzige Abstellkammer erscheint. Allein, wenn wir noch einmal daran denken, daß ebenfalls schon alte, öffentlich zugängliche Tunnelnetzwerke auf der Nevada-Test-Site sich über 80 Kilometer erstrecken, läßt sich erahnen, was heute alles möglich sein muß! Und auch diese Anlagen sind nichts als relativ bedeutungslose Relikte. Wenn sie dem Stand der heutigen Technik entsprächen und für das Militär oder irgendeine andere mächtige Organisation einen Wert besäßen, wüßten wir sicherlich nichts von ihrer Existenz und könnten sie schon gar nicht besichtigen. Doch ganz ohne Spuren oder Hinweise zu hinterlassen, sind die in der Zwischenzeit unter weitflächigen Sperrgebieten eingerichteten Superbunker und -tunnel nicht gebaut worden.

Signale aus dem Nichts

Gegen Ende des Jahres 2000 gab es einige Verwirrung in Baden-Württemberg. Etwa in der Region von Rastatt über Herrenberg nach Göppingen vernahmen Zeugen ungewöhnliche Geräusche, deren Herkunft sie nicht lokalisieren konnten. Sie berichteten einhellig von einem tiefen Brummton, der aus dem Untergrund zu kommen schien. Das Lokalradio berichtete über die Vorkommnisse, wobei niemand das Geheimnis zu lüften vermochte. Als auffallend stellte der Sender fest, daß das Geräusch ausgerechnet entlang der Linie auftrat, die auch den Weg des Mondschattens kennzeichnete, als die totale Sonnenfinsternis am 11. August 1999 über Deutschland hinwegzog. Doch sich hier einen Zusammenhang vorzustellen, erscheint recht weit hergeholt. Weder aus der älteren noch der jüngeren Geschichte sind Fälle bekannt, bei denen nach totalen Sonnenfinsternissen im Bereich der Zentrallinie ungewöhnliche Geräusche bemerkt wurden.

Öffentliche Stellen konnten sich ebenfalls keinen Reim auf das Phänomen machen oder gaben zumindest vor, nichts zu wissen. Vermutet wurde, daß wohl das US-amerikanische Militär seine Finger im Spiel hat. Bis heute bleibt das unidentifizierte Brummen mysteriös.

Ein Einzelfall allerdings ist es nicht. Aus einigen Gegenden der Welt wurden schon vor vielen Jahren merkwürdige akustische Wahrnehmungen beschrieben, und stets fehlten jegliche Hinweise auf die Herkunft dieser meist niederfrequenten Geräusche.

Anfang 1979 raubte »il ron ron« Tausenden von Bewohnern der italienischen Hauptstadt den Schlaf; Ursache war ein tiefes Brummen, das etliche Zeugen an das »Schnurren einer gigantischen Katze« erinnerte. Während einer Woche gingen bei der römischen Polizei genau wie bei diversen italienischen Tageszeitungen unzählige Anrufe von Bürgern ein, die sich über die nächtliche Ruhestörung beklagten und nach dem Auslöser erkundigten. Das Geräusch trat immer im Zeitraum zwischen 2 und 6 Uhr morgens auf, in Stadtgebieten, die teils nicht direkt benachbart waren. Immer wieder sprachen die Zeugen von einem Brummen, das sie an ein Motorrad erinnerte oder an irgendeine riesige Maschine, die unter der Erde zu arbeiten schien.

Aus England sind schon aus den Jahren 1953 und 1954 ungewöhnliche Untergrundgeräusche bekannt. Wieder machten sie sich im Bereich niedriger Frequenzen bemerkbar, als ein Brummen, das klang, als ob ein schwerer Laster einen Berg hochfahren würde – eine anhaltende tiefe, regelmäßig pulsende Vibration, die gelegentlich lauter wurde. Eine Zeugin aus Chalfort St. Giles, Buckinghamshire, verglich das, was sie nachts vernahm, mit »riesigen, sich drehenden Rädern«. Ihr Nachbar erklärte damals: »Das erinnert mich an eine sehr schwere Maschine, die in großer Ferne arbeitet … Man kann die Richtung des Geräusches nicht angeben. Es ist einfach da. Man kann es auch wieder verlieren, wenn man sich nur ein wenig von dem Punkt entfernt, an dem es hörbar ist. Wieder zurück an dieser Stelle, und das Geräusch ist immer noch da … Man kann sich davon entfernen, aber sich augenscheinlich nicht über ein gewisses Limit hin annähern. Entweder muß es ziemlich tief unter der Erdoberfläche liegen, oder andernfalls – eine wilde Vermutung – es muß in einer vierten Dimension zu Hause sein!« In den selben Jahren fiel das Geräusch auch andernorts in England auf, bevorzugt in Surrey und Leigh-on-Sea.

Vor allem in den Weiten der USA wurden immer wieder seltsame, nicht wirklich lokalisierbare Geräusche gehört, die aber aus dem Untergrund zu stammen schienen. Ohne nun weitere Vorfälle hier im einzelnen beschreiben zu wollen, gemeldet wurden solche stets als tiefes Brummen beschriebenen Geräusche unter anderem aus Colorado, Texas, New Jersey, Kalifornien, Pennsylvania, dem Staat Washington und auch aus Puerto Rico.

Eine aktuellere Geschichte möchte ich allerdings ein wenig ausführlicher darstellen. Sie führt uns interessanterweise zurück ins nördliche New Mexico, in die Region von Dulce mit seiner sagenumwobenen Archuleta Mesa und in das nicht allzuweit südlich davon gelegene Künstlerstädtchen Taos. 1992 berichtete das dort ansässige Ehepaar Saltzmann, von einem nächtlichen Summton unbekannter Herkunft geradezu in den Wahnsinn getrieben zu werden. Bald war auch von anderen Bürgern zu hören, die ebenfalls davon heimgesucht wurden. Für einige wurde das Geräusch sogar so penetrant, daß sie sich entschlossen, ganz aus Taos wegzuziehen. Fast jeder, der das »Taos-Brummen« (*Taos Hum*) vernahm, beschrieb den Eindruck gleichartig. Unter der Erde schienen mächtige Generatoren zu arbeiten, deren Schall offenbar verborgene Tunnelsysteme und Cavernen durchdrang. Und wieder fehlte jede wirklich greifbare Erklärung, obwohl sich sogar Techniker und Ingenieure der Sache angenommen hatten. Der Stadtrat von Taos schöpfte bald den Verdacht, daß das Militär hier eventuell ein hochklassifiziertes Projekt durchführen könnte. Doch das Pentagon stritt ab, die Ursache des Geräusches zu kennen beziehungsweise entsprechende Aktivitäten im Untergrund von Taos zu betreiben. Die nicht weit entfernten Atomwaffen-Labors von Los Alamos gerieten gleichfalls in Verdacht, sie zeigten sich zunächst auch nicht besonders kooperativ bei den Nachforschungen. Die US-Luftwaffe wies gleichfalls jede Verantwortung von sich.

Nun gab es für das Phänomen doch eine ganze Reihe an Zeugen, die sich bald zusammenschlossen und vor den Kongreß zogen, um eine genauere Untersuchung anzustrengen. Sie erklärten immer wieder, auch im späteren Verlauf der Untersuchung, daß dieses Geräusch nicht nur ein Ärgernis sei, sondern neben Schlafstörungen auch Schwindelanfälle, Ohrendruck, Kopfschmerzen und manchmal sogar Nasenbluten auslöse. Sicher wird nicht in jedem Fall ein Zusammenhang zum unerklärlichen »Brummton« bestanden haben oder nachweisbar gewesen sein. Tatsächlich aber machte die Angelegenheit bald doch mehr Furore; der Weg zum Kongreß fruchtete, und schließlich wurden wissenschaftliche Untersucher verschiedener Behörden und Institute rekrutiert. Darunter befand sich nun auch das Los Alamos National Laboratory, das Phillips Laboratory der Air Force, die Sandia-Laboratorien und die Universität von New Mexico. Allerdings hatten ja ohnehin einzelne Bürger als auch der Stadtrat von Taos die Vermutung geäußert, daß hinter allem ohnehin ein Projekt des Pentagon stecken könne. Demnach zeigte man sich nun mit Blick auf die Zusammenstellung des Forschungsteams doch recht skeptisch – denn fast alle dort beteiligten Institutionen stammen aus der Rüstungsindustrie und arbeiten eng mit der Regierung zusammen. Zwar wollte man einer Vertuschungsaktion vorbeugen, indem zahlreiche Personen mit den Nachforschungen betraut wurden und man auch Zivilisten mit einbezog, doch letztlich kann niemand sagen, wer wirklich »zivil« arbeitet und eben nicht selbst an geheimen Programmen beteiligt ist. Genauso ändert im Grunde auch die Anzahl der Beteiligten kaum sehr viel an einer Vorgabe, wenn diese nun »streng geheim« lautet und die Auswahl der Untersucher nur von der richtigen Stelle vorgenommen oder in die Wege geleitet wird. Die Taos-Analyse machte aber immerhin den Eindruck von Objektivität und ernster Nachforschung.

In den kommenden Monaten sollten zahlreiche Befragungen von Ohrenzeugen stattfinden, das Team versuchte damit vor allem, der Natur des Geräusches auf die Spur zu kommen: Wie läßt es sich am besten beschreiben, welches Frequenzband umfaßt es, wann und wie lange ist es zu hören? Welche Auswirkungen zeitigt es bei den Hörern? Im Verhältnis zur Einwohnerzahl war es nur ein relativ kleiner Prozentsatz an Personen, die vom »Taos-Brummen« gequält wurden, rund zwei Prozent. Immerhin aber nahmen die Untersucher das Phänomen ernst genug, um es nicht in das Reich der Phantasie zu verbannen, es ging ihnen nicht darum, die Erscheinung in Frage zu stellen, sondern herauszufinden, welchen Ursprung sie besitzt. Messungen belegten bald, daß dieses Geräusch tatsächlich existiert, es entstand also außerhalb der Köpfe der Zeugen. Zwischenzeitlich nämlich war vermutet worden, es könne sich vielleicht auch um eine Art Tinnitus handeln, jenen unerträglichen Summ- oder Pfeifton im Ohr, der die Betroffenen gleichfalls zur Verzweiflung treiben kann. Die gemessenen Frequenzen lagen in jedem Falle in einem sehr niedrigen Bereich, 30 bis 80 Hertz (Schwingungen pro Sekunde), der im besten Falle gerade einmal ein wenig über die unterste Schwelle noch hörbarer Frequenzen hinausreicht – Infraschall. Eine in Denver ansässige Forscherin kam zu ähnlichen Ergebnissen, die einen Bereich zwischen 17 und 70 Hertz indizierten.

Die weiteren Untersuchungen brachten aber ein interessantes Ergebnis: Das Geräusch war demnach überhaupt nicht auf Taos begrenzt. Tatsächlich stammten einige Berichte aus anderen Ansiedlungen des Umlandes im nördlichen New Mexico. Doch darüber hinaus soll das »Taos«-Brummen ein weltweites Phänomen sein. Tatsächlich gibt es, wie oben gerade geschildert, nicht zuletzt auch in Europa eine ganze Reihe von Schauplätzen, an denen sich Ähnliches zuträgt.

Am 23. August 1993 lag dann schließlich der erste Bericht vor: »Die ›Taos-Hum‹-Untersuchung: Informeller Bericht«. Die Forscher stellten darin auch fest, daß die meisten Zeugen von einem sehr abrupten Einsetzen und auch Stoppen des Geräusches sprachen, so, als ob irgendwo ein Schalter umgelegt würde, mit dem ein technisches System aktiviert und deaktiviert wird. Kaum einer von ihnen glaubte an eine natürliche Erklärung, beispielsweise an geologisch bedingte Bewegungen in der Erdkruste, bei denen Gestein aneinander reiben und so Geräusche erzeugen könnte. Mit dieser Theorie tektonischer Belastung (*Tectonic Strain Theory, TST*) hatten der Neurophysiologe Michael Preisinger und der Geologe John Derr bereits vor Jahren vergleichbare Phänomene zu erklären versucht.

118

Wahrscheinlich aber kann ihr Konzept nur einen Teil der beobachteten Fälle abdecken.

Die Zeugen glaubten jedenfalls nach wie vor eher an einen militärischen Hintergrund der ganzen Geschichte, nicht zuletzt auch, da in New Mexico eine große Zahl an Militäranlagen zu finden ist. Auch die speziellen Niederfrequenzanlagen (*Extreme Low Frequency*, *ELF*-Stations) der US-Marine im nördlichen Michigan gerieten in Verdacht.

Der etwas später zum Untersucher-Team hinzugestoßene James Kelly, der das menschliche Gehör im medizinwissenschaftlichen Zentrum der Universität von New Mexico erforscht, gelangte mit seinem Kollegen Joe H. Mullins schließlich zur Ansicht, daß die Opfer des »Taos-Brummens« eine Überempfindlichkeit beim Hören von Geräuschen im Bereich von 20 bis 80 Hertz entwickelt haben. Für sie steht nun im Mittelpunkt der Bemühungen, wie das Ohr diese niederfrequente Energie wahrnimmt. Wobei natürlich die eigentliche Ursachenforschung – die Frage nach dem Ursprung des Geräusches – nunmehr ins Hintertreffen zu geraten scheint.

Für dessen Quelle haben zwei Forscher eine faszinierende und sicher genauso beängstigende Erklärung geben, auch wenn sie vielleicht nicht die letzte und entscheidende Antwort sein dürfte. Da sie aber in mancherlei Hinsicht sehr bedeutungsvoll ist, vor allem im Zusammenhang mit unheimlichen Experimenten zur Gedankenkontrolle (*Mind Control*), möchte ich sie hier nicht unerwähnt lassen. Bei diesen Forschungen handelt es sich genausowenig um Sciencefiction-Fantasien wie bei den oft als reine Erfindung abgetanen, geheimen Mind-Control-Versuchen.

An einer Stelle kam Joe Mullins darauf zu sprechen, daß die USA langsam einen Hintergrund an »elektronischem Lärm« aufbauen und daß die unzähligen und immer häufigeren elektronischen Sendesysteme der Grund für das Brummen sein könnten, das manche Menschen hören.

An diese Bemerkung knüpfen Dr. Nick Begich und Dr. Gillis Patrick Flanagan an. Der aus Alaska stammende Arzt Dr. Begich ist vor allem bekannt für seine intensiven Nachforschungen und Enthüllungen zum bedrohlichen HAARP-Projekt, jener gewaltigen Antennenanlage nahe Gakona, Alaska, die mit hochfrequenter elektromagnetischer Strahlung die Hochatmosphäre aufheizt. Der mit ihm zusammenarbeitende Dr. Flanagan aus Arizona wiederum hat ein bewegtes Leben als Erfinder und Begründer eines neuen Denkens hinter sich. Schon als Teenager machte er seine wohl wichtigste Entdeckung. Er erfand einen Apparat, den er »Neurophon« nannte und der laut Patentschrift ermöglicht, Töne, Klänge, Sprache, jeden akustischen Reiz, der bis dahin nur über das Ohr aufgenommen werden konnte, direkt über die Haut als Sinnesorgan direkt in das Gehirn zu übermitteln. Unfaßbar, aber offensichtlich realisierbar!

Nach extremen Schwierigkeiten mit diversen Regierungsbehörden, die Flanagan sogar verboten, weiterzuforschen, wurde seine Erfindung schließlich am 16. Juli 1968 unter der Nummer 3,393,279 beim US-Patentamt (*United States Patent Office*) eingetragen. Diese fesselnde und gut dokumentierte Geschichte hat für einige Aufregung und Publicity gesorgt. Hier geht es vor allem aber um den Gedanken von Begich und Flanagan, jenes Taos-Brummen könne möglicherweise tatsächlich in einer direkten Übertragung des stark gewachsenen elektromagnetischen Strahlungshintergrundes in unser Gehirn bestehen.

Bleibt nur die Frage: Warum ausgerechnet in Taos? Was geschieht dort? Gibt es doch eine besondere Untergrundquelle? Oder vielleicht noch eine andere Erklärung?

Goliaths Bohrer

Während meiner kurzen Aufenthalte in Taos und Umgebung habe ich das mysteriöse Geräusch nie vernommen, auch wenn es heißt, daß vor allem Menschen, die nicht ständig in diesem Gebiet leben, eher darauf aufmerksam werden können, während manche Ortsansässige sich wohl schon so sehr an das ständige leise Brummen gewöhnt haben, daß sie es überhaupt nicht mehr wahrnehmen. Mich hat zugegebenermaßen interessiert, dem Mysterium einmal selbst nachzuspüren, oder besser gesagt »nachzuhören«, vor allem, da ich eigentlich als recht hellhörig bekannt bin, und das nicht im übertragenen Sinne. Nun, in Taos war es nichts mit meiner Hellhörigkeit. Möglicherweise war ja dazu der Ton zu dunkel … Oder es war rundum einfach zu laut, denn ich hatte das Pech, daß ich mich selbst nachts zu keinem Moment an einem wirklich ruhigen Ort befand. Wenn man dann in einer ungewohnten Umgebung nach mysteriösen Geräuschen lauscht, während auf nicht zu weit entfernten Straßen immer wieder Trucks vorbeipoltern, wird die Angelegenheit problematisch. Vielleicht suche ich aber jetzt auch nur nach einer mich beruhigenden Erklärung, warum ich nichts Ungewöhnliches hören konnte. Andererseits bin ich ganz zufrieden, mir bei allem Lauschen nichts eingebildet und nichts gehört zu haben, was gar nicht existiert. Doch das Geräusch an sich, dieses sonore Dauerbrummen, muß ganz unabhängig davon absolut real sein. Ansonsten wären nicht soviele Bürger in Taos von Schlaflosigkeit geplagt, und es hätte auch keine genauere Nachforschung stattgefunden, bei der jener seltsame Ton auch registriert wurde.

Die ernsthafte Beteiligung von Regierungsinstitutionen scheint auch den Verdacht unhaltbar werden zu lassen, daß hier geheime Projekte sinistrer Behörden im Gange sind, irgendwo unterhalb von Taos. Andererseits, hätten sich die Offiziellen von Anfang an aus der Sache herausgehalten oder das Phänomen als irreal bezeichnet, dann wären sie wohl immer heftiger unter Beschuß geraten. So aber fanden ausführliche Nachforschungen statt, ohne daß sich die Quelle lokalisieren ließ, und letztlich könnte es durchaus auch ein geschickter Schachzug gewesen sein, als die Analytiker darauf aufmerksam machten, daß dieser mysteriöse Ton nicht allein in Taos in Erscheinung trete, sondern im ganzen Land gehört werde und darüber hinaus nicht auf die USA beschränkt sei, sondern sogar überall auf der Welt bemerkt werden könne. Logische Folgerung: Nicht allein die USA sind dafür verantwortlich, vielmehr muß hinter allem ein Phänomen unserer Zeit stecken, beispielsweise das nun sogar schon von unseren Sinnesorganen aufgenommene Hintergrundrauschen der unzähligen Millionen elektromagnetischer Wellen, wie Begich und Flanagan vermuten.

Nun, das wäre der Schachzug.

Andererseits: Wer hat in seinem Wohnort oder in der Umgebung schon von solch einem Untergrundbrummen gehört? Ich kenne in meiner Nähe und auch innerhalb des teils im Ausland wohnenden Bekanntenkreises niemanden, der je etwas Ähnliches wie das Taos-Brummen vernommen und darüber beinahe das seelische Gleichgewicht verloren hätte. Natürlich gibt es etliche »Brumm-Orte« auf unserem Globus, im vorigen Abschnitt wurden kurz einige Beispiele dafür angesprochen. Doch bei der ziemlich gleichmäßigen Verteilung von Funknetzen und verschiedenster Sender müßte das Geräusch *überall* von zumindest einigen Bewohnern wahrgenommen werden.

Daher folge ich eher dem Deutungsvorschlag, den auch der »Untergrundforscher« Richard Sauder anspricht: »Das Aneinanderreiben von Gesteinsplatten im tiefen Untergrund führt zur Aussendung dieser langwelligen Geräusche, die einige Leute hören und entdekken können. Es ist auch wichtig anzumerken, daß ich in keinster Weise die Möglichkeit ablehne, daß die Leute in einigen Fällen vielleicht unterirdische Ausgrabungsaktivitäten hören. Schwere Maschinen, die unterirdisch in Tunnelanlagen arbeiten, können Schwingungen erzeugen, und die Menschen könnten das hören. Das verlangt einfach nach weiteren Untersuchungen.

Nun würde ich sagen, daß einer der Orte, der in auffallender Weise ins Gespräch kam, wenn es darum ging, daß Leute einen Brummton vernommen haben, Taos in New Mexico ist. Aus meinen Nachforschungen weiß ich, daß die *Defense Nuclear Agency* im Jahr 1975 speziell die Region von Taos, New Mexico, als eine geeignete Örtlichkeit für eine tief angelegte, tief plazierte militärische Untergrundeinrichtung erwähnte. Vielleicht haben sie dort etwas gebaut, und vielleicht hören die Leute in Taos Gerätschaften, die in bezug stehen zum Betrieb oder der Wartung solch einer Anlage. Ich weiß es nicht. Wir benötigen mehr Nachforschungen.«

Und das in mehrfacher Hinsicht. Einerseits sollten die möglicherweise durch natürlich erzeugte Verschiebungen in der Erdkruste entstehenden Geräusche nicht außer acht gelassen werden, andererseits zeigen die bisherigen Forschungen, daß von Menschen herrührende unterirdische Aktivitäten durchaus genausogut niederfrequente Töne hervorbringen können, ganz gleich ob durch gewaltige Tunnelbohrmaschinen in der Bauphase oder durch Generatoren, Transportsysteme und diverse experimentelle Einrichtungen in der Betriebsphase eines Untergrundkomplexes.

Wer sich einmal das Ausmaß der Grabungsmaßnahmen vor Augen führt, das mit dem Anlegen von größeren unterirdischen Komplexen verbunden ist – seien es nun relativ »profane« Auto- und Eisenbahntunnel, Netzwerke zur Kanalisation und Energieversorgung, etc. oder aber verborgene Anlagen für hochgeheime Militärprojekte –, wer sich hierüber im klaren ist, wird sich auch ohne weiteres vorstellen können, daß hinter allem ein extremer Technologieaufwand stehen muß. Spätestens beim Blick zum »Chunnel«, dem *Channel Tunnel* zwischen Großbritannien und Frankreich, zeigt sich aber auch, was machbar ist!

Schon lange schaffen Menschen künstliche Höhlungen im Untergrund und haben sich bis in die heutige Zeit vor allem der Methode des Anbohrens und Aussprengens (»drill and blast«) bedient.

Bei Großprojekten weitaus sicherer, kostengünstiger und wirkungsvoller sind allerdings die Tunnelbohrmaschinen (TBMs) – wahrhaft Dinosaurier unter den Bohrern. Als mit Abstand führend bei der Herstellung dieser technischen Wunderwerke gilt heute die in den US-Bundesstaaten Ohio, Washington und West Virginia ansässige *Robbins Company (Atlas Copco Robbins)*, die solche TBMs seit 1951 produziert und auch für den Eurotunnel die entsprechende Technik geliefert hat. Die teils gigantischen Geräte wurden nach Angaben von Robbins bei rund 700 Projekten weltweit eingesetzt und haben dabei Tunnel verschiedenster Durchmesser und mit einer Gesamtbohrstrecke von mehr als 3.500 Kilometern (halber Erdradius) ausgehöhlt.

Eine TBM besteht aus einem dem Tunneldurchmesser in etwa entsprechenden zylindrischen Bohrkopf, der mit zahlreichen Elementen aus gehärtetem Stahl besetzt ist. Der rotierende, von kräftigen Elektromotoren angetriebene Bohrkopf wird von hydraulischen

Tunnelbohrmaschine
(Aufnahme: U.S. Department of Energy)

Pressen, die an der Rückseite der TBM angebracht sind, mit enormer Kraft gegen die Felswand gedrückt, während der Grundkörper der TBM über Greifer im bereits bestehenden Tunnelsegment fixiert ist. Unter dem extremen Druck und der fortwährenden Drehung der Schneidewerkzeuge zersplittert der Fels in kleine Stücke (»chips«), die über Förderbänder zum Ende der TBM verfrachtet und von dort auf Schienen oder mit Lastfahrzeugen wegtransportiert werden. Wenn die hydraulischen Ausleger schließlich voll ausgefahren und damit der Bohrkopf seine vorderste Position erreicht hat, wird die gesamte TBM ausgeklinkt. Sie muß dann um die nun gerade neu geschaffene Tunnellänge nach vorne bewegt werden. Daraufhin wird sie wieder verankert, und die Arbeit kann weitergehen. Unter günstigeren Gesteinsbedingungen kann eine TBM durchaus ihre 50 Meter pro Tag in den Fels vordringen.

Der Forschungstunnel im Schweizerischen Kandertal wurde von einer 24 Meter langen TBM der Robbins Company ausgegraben. Die Daten des Geräts sind beeindruckend. Dieser Superbohrer bringt eine Eigenmasse von 300 Tonnen auf die Waage, bei einem Kopf-

124

durchmesser von leicht über fünf Metern. Der Bohrkopf erträgt eine Kontaktkraft von bis zu 1.230 Tonnen und dreht sich jede Minute immerhin rund zehnmal um seine Achse. Unter den Bedingungen des Gesteinsmaterials im Kandertal-Tunnel lag der tägliche Vortrieb trotz der monströsen Technologie bei »nur« 18 Metern. Und trotz seiner beachtlichen Dimensionen ist das Robbins-Monster vom Kandertal ein System mittlerer Größe. Der Konzern baut Maschinen mit einem Durchmesser bis zu zwölf Metern!

All diese Geräte werden schon länger als die »konventionellen TBMs« bezeichnet. Denn es gibt noch verrücktere Bohrer.

Bereits vor über einem Vierteljahrhundert hat der auch auf Area 51 hochaktive *Bechtel*-Konzern in seinem Report Nummer NSF-RA-T74-087/Federal No. PB 242 777 hochexotische Methoden

Tunnelbohrer in Aktion.
(Aufnahme: U.S. Department of Energy)

zur effizienten Untertunnelung vorgestellt, die durchaus einem fantasievollen Science-fiction-Film entstammen könnten. Da geht es um »Terra-Jetter«, Elektronenstrahl-, Plasma- und Mikrowellenbohrer! Anfang der siebziger Jahre sprachen Fachleute auch von einer Hochgeschwindigkeits-Wasserkanone, deren erste Tests bereits auf 1972 angesetzt waren. Für dasselbe Jahr kündigten die *United Aircraft Research Laboratories* (*United Technologies Corporation*) in Hartford, Connecticut) erste Tests eines gepulsten Hochenergie-Lasers an, der die Gesteinsstruktur vor dem rotierenden Bohrkopf schwächen sollte.

Das vielleicht ungewöhnlichste Konzept für einen Super-Tunnelbohrer ist ein kompakt gebauter Kernreaktor, der von den Los Alamos Laboratories entwickelt wurde und ultraheißes, flüssiges Lithium an das Gestein heranführt, um es aufzuschmelzen. Das Lithium bewegt sich in einem internen Kreislauf, der es nach seiner Abkühlung am Gestein wieder zum Reaktor führt, wo es erneut auf sehr hohe Temperaturen gebracht wird. Für hochgeheime Projekte bringt diese nukleare unterirdische TBM (*Nuclear Subterrene Tunnelling Machine, NSTM*) einen ganz entscheidenden Vorteil mit sich: Das geschmolzene Felsgestein wird sofort zusammengepreßt und bildet im Tunnel eine glatte glasartige Auskleidung, die zusätzlich eine Versiegelungs- und Stützfunktion besitzt. Durch diese Einarbeitung des bei anderen Methoden zum Abtransport anfallenden Baumaterials machen sich die Arbeiten nach außen hin überhaupt nicht bemerkbar. Niemand würde vermuten, daß ein Berg gerade massiv durchtunnelt wird, wenn sich doch außerhalb keine Schuttmassen anhäufen, die mit Fahrzeugen abtransportiert werden müßten.

Anfang der siebziger Jahre gab es eine ganze Reihe an Patenten, die nukleare TBMs betrafen, darunter auch eine zehnseitige Schrift über ein solches System, das ein wenig wie eine Rakete aussieht und in größeren Tiefen ferngesteuert operieren kann. Auch diese NSTM verflüssigt natürlich das Gestein, um es anschließend sofort in eine glasartige Innenschicht überzuführen. Nach einigen Jahren aber war nicht mehr viel über die nukleargetriebenen Bohrer zu hören. Allerdings ist kaum zu glauben, daß niemand diese für verdeckte Operationen ideal geeigneten Maschinen entwickelte und einsetzte. Möglicherweise versanken also sämtliche Projekte dieser Art nicht nur in tiefen Erdschichten, sondern auch in tiefer Geheimhaltung!

In diesem Kontext erinnert Dr. Sauder an Gerüchte aus der UFO- und Entführungsliteratur, in der immer wieder Zeugen aufgetreten sind, die von ungewöhnlichen Hallen und Tunnelanlagen berichtet haben, deren Wände glasartig glänzten. Auch von der unheimlichen Archuleta Mesa bei Dulce waren ähnliche Geschichten zu vernehmen. Könnte das bedeuten, daß die Zeugenberichte einen wahren Kern besitzen? Nachprüfen und endgültig beweisen wird sich das wohl nie lassen. Nicht wenige Zeugen erscheinen als absolut glaubwürdige, normale und ernste Menschen, deren teils sehr ausführliche Berichte in sich schlüssig und detailreich sind. Die konsistenten

Schilderungen sehr ungewöhnlicher Erfahrungen und Experimente deuten tatsächlich auf wirklich real Erlebtes hin. Doch davon soll hier nicht weiter die Rede sein.

Die bisher beschriebenen TBMs, vor allem die auf nuklearer Basis, sind mehr als erstaunliche Systeme. Allerdings stellen sie längst nicht den Gipfelpunkt der Entwicklungen dar. Die Patente stammen nämlich oft noch aus den siebziger Jahren oder der Zeit davor.

Während der Durchforstung von US-Patenten stieß ich auf eine umfangreiche und extrem ungewöhnliche Schrift, die alles andere in den Schatten zu stellen scheint. Geradezu purste Utopie! Doch ganz offensichtlich funktionieren die beschriebenen Konzepte im Prinzip, denn andernfalls hätten die Vereinigten Staaten die Erfindung niemals patentiert. Es handelt sich um das am 3. Januar 1989 erteilte US-Patent Nr. 4,795,113 mit dem Titel »*Electromagnetic transportation system for manned space travel*« – »*Elektromagnetisches Transport-System für den bemannten Raumflug*«. Das klingt nun zunächst nach allem anderen, nur nicht nach Untergrundanlagen und Tunnelbohrmaschinen. Doch die Verbindung zwischen Raumflug und TBMs wird ziemlich schnell klar. Der Verfasser, Michael A. Minovitch aus Los Angeles, beschreibt ein ausgefeiltes Konzept, um wiederverwendbare bemannte Raumflugkörper mit Hilfe eines elektromagnetischen Linearbeschleunigers ins All zu schießen, wobei diese Technik sogar Bahnen bis hin zum Jupiter zulassen und trotzdem ohne die bei einer Nutzung herkömmlicher Methoden erforderlichen, gewaltigen Treibstoffmengen auskommen würde. Als Startrampe müßte der erwähnte Beschleuniger dienen, und der wäre alles andere als klein. Damit kommen wir auch fast wieder zum Thema: Diese Rampe soll nämlich sage und schreibe 1.530 Kilometer lang werden und dabei ungeheuer weit hinab in den Untergrund reichen. Ihr tiefster Punkt soll sich 46 Kilometer – wohlgemerkt *Kilometer*! – unter dem Erdboden befinden, während der angepeilte Geschoßaustrittspunkt in der Gipfelregion eines hohen Berges zu liegen hätte, um einen möglichst geringen Luftwiderstand zu erreichen. Minovitch nennt den 4.348 Meter hohen Quandary Peak im US-Bundessstaat Colorado als geeigneten Berg, auch wegen dessen idealer Gestalt und der sehr einsamen Lage. Der Schacht würde sich dann fast parallel zum Äquator in westliche Richtung erstrecken, bis hin zur Pazifikküste und ziemlich genau beim Ort Eureka in Kalifornien seinen Anfang nehmen. Damit würde sich die gesamte Anlage innerhalb einer kontinentalen Platte befinden, könnte also nicht durch tektonische Aktivitäten zerstört werden. Versuchen wir einmal kurz, Minovitch und seinen Ausführungen weiter zu folgen: »Dieser bevorzugte Tunnelverlauf wird sich durch eine Region in den westlichen Vereinigten Staaten erstrecken, die geologisch als ›Becken-und-Bergketten‹-Region bekannt ist. Diese Region ist eines der an geothermischer Energie reichsten Gebiete der Vereinigten Staaten. Der Ort, an dem der Tunnel seine maximale Tiefe erreicht, wird unter einem Punkt liegen, der sich ungefähr 160 Kilometer nördlich von Ely, Nevada, befindet. An diesem Punkt ist die ›Moho-Diskontinuität‹ (welche die Erdkruste vom Erdmantel trennt) ungefähr 30 Kilometer tief. Folglich wird der vorgeschlagene Beschleuniger-Tunnel komplett durch die Erdkruste stoßen und sich in den oberen Mantel erstrecken, bis zu einer Tiefe von 46 Kilometern. Die erwartete maximale Gesteinstemperatur wird in dieser Tiefe bei ungefähr 800 bis 1.200 Grad Celsius liegen. Dennoch wird der vollständige Tunnelweg auf die Lithosphäre der Erde begrenzt sein, die bis in eine Tiefe von 100 bis 200 Kilometern fest ist. Somit wird der vorgeschlagene Beschleunigertunnel über Hunderte von Kilometern hinweg extrem heiße Felswände besitzen, mit Temperaturen über 700 Grad Celsius. Sie repräsentieren ein gewaltiges Reservoir natürlicher geothermischer Energie, die genutzt werden wird, um enorme Mengen von freier elektrischer Kraft zu erzeugen, in einem wahrhaft gigantischen Ausmaß.« – Hier hätten wir also eine Art »Freie-Energie-Maschine« vor uns. Da sie äquatorial orientiert ist und das Geschoß in Richtung der Erdrotation austritt, nutzt sie auch den natürlichen Drehimpuls unseres Planeten. Minovitch erläutert in seiner Patentschrift noch unzählige für die Verwirklichung eines solchen Mega-Projektes entscheidende Einzelheiten, die aber hier unmöglich wiedergegeben werden können und auch nicht direkt für unser Thema von Bedeutung sind. Dieses utopische Patent aber zeigt, welche Möglichkeiten heute bestehen. Wenn es prinzipiell möglich ist, unterirdische Tunnelschächte bis zu 46 Kilometer tief in die Erdkruste zu treiben, dann ist hinsichtlich gewaltiger Untergrund-Komplexe wohl alles möglich. Und um genau diese Schlußfolgerung geht es mir hier, genau das scheint doch das Patent von Minovitch hervorragend zu demonstrieren. Nicht zu vergessen, sein Vorhaben unterliegt keinen Geheimhaltungs-Auflagen!

Der gigantische Schacht stellt das Endergebnis dar. Doch dieses Ziel kann nur mit Hilfe von sehr speziellen TBMs erreicht werden. Gibt es sie bereits? Darauf kenne ich keine endgültige Antwort. Minovitch jedenfalls wußte von keiner TBM, die seinen Tunnel bohren würde können. Um also sein Projekt realisierbar zu gestalten, mußte er im Prinzip eine weitere Supertechnologie entwerfen, eine TBM, die alles bisher Dagewesene weit überbietet. Deshalb besteht seine in vielerlei Hinsicht revolutionäre Erfindung genaugenommen aus zwei Patenten in einem. Und jetzt sind wir wirklich wieder beim Thema. Der amerikanische Erfinder beschreibt in seiner Arbeit den wohl kaum mehr zu schlagenden Superlativ: eine TBM, die mindestens einen halben Kilometer lang und deren durchschnittliche Bohrleistung rund 2.000mal höher sein soll als diejenige der zur Zeit kräftigsten bekannten Systeme, die in hartem Gestein eingesetzt werden. Minovitch versteht es, diese scheinbar unmögliche Anforderung plausibel zu machen. Er beschreibt eine hydraulische, schwerkraftgetriebene TBM für einen Einsatz in größten Tiefen und möchte dabei einerseits die mit der Tiefe zunehmende Erdanziehung nutzen, andererseits auch die Temperatur-Unterschiede: »Da der erforderliche Tunnel eine Maximaltiefe von 46 Kilometern besitzt, wird die Konstruktions-Strategie für meine Tunnelbohrmaschine auf der Betrachtungsweise beruhen, diese enorme Tiefe mehr als einen Vorzug denn als eine Belastung anzusehen. Dies kann erreicht werden, wenn man die schwerkraftbedingte Potentialdifferenz zwischen der Erdoberfläche und der Tunnelbohrmaschine im tiefen Untergrund nutzbar macht, um sämtliche Energie zu erhalten, die nötig ist, um die tatsächliche Felsdurchdringung und Aushöhlung durchzuführen. Je tiefer nun der Tunnel wird, desto höher die verfügbare Energie.

Der superschnelle Höhenaufklärer Blackbird SR 71 – eine auf Area 51 getestete Entwicklung der »Schwarzen Welt«. Dieses Exemplar befindet sich im sogenannten Blackbird Airpark direkt bei der Produktionsanlage »Plant 42«. *(Aufnahme: Verfasser)*

Die von der Sonne gebleichte und verwitterte Kanzel des Superfliegers Blackbird. Bis heute ist kein Nachfolger dieser bei Skunk Works gebauten Maschine bekannt, die 3,5mal schneller als der Schall ist. Gibt die Air Force so ein Flugzeug auf, ohne was Besseres in ihrem Repertoire zu haben? *(Aufnahme: Verfasser)*

Ein F-117-Stealth rollt auf den gewaltigen Haupthangar der kalifornischen Edwards-Basis zu. Die eigenwillige geometrische Form sowie die zackige Gestaltung von Oberflächendetails dient der Streuung von Radarwellen. Dieses utopisch wirkende Flugzeug besitzt einen extrem geringen Radar-Wirkungsquerschnitt. Fast scheint es aus einer anderen Welt zu kommen – allemal aber stammt die F-117 aus der »Schwarzen Welt«. *(Aufnahme: Verfasser)*

Stealth-Flugzeuge wie die F-117 zum Fliegen zu bringen, war keine Kleinigkeit. Nur aufwendige Computerunterstützung konnte hier weiterhelfen und die aerodynamischen Nachteile der Form ausgleichen. *(Aufnahme: Verfasser)*

Blick in die Pilotenkanzel des in »alter Tradition« von Skunk Works gebauten und auf Area 5 – Groom Lake getesteten Fighters. *(Aufnahme: Verfasser)*

Links: Vier Stealth-Fighter im Formationsflug anläßlich des 20jährigen Erstflug-Jubiläums der F-117 auf der Edwards-Luftwaffenbasis.
Rechts: Eine B-2 »Spirit«, der berühmte Stealth-Bomber, wird in den Hangar geschleppt. (Aufnahmen: Verfasser)

Die ersten vier Testpiloten der F-117 während einer Podiumsdiskussion auf der internen Stealth-Jubiläumsfeier. Zweiter von rechts ist der damalige Chef der Teststaffel auf Area 51, Colonel Skip Anderson. (Aufnahme: Verfasser)

Der zentrale Bereich von Area 51, aufgenommen mit einer leistungsstarken Teleoptik vom 42 Kilometer entfernten und 2.400 Meter hohen Gipfel des Tikaboo Peak, Nevada. Area 51 ist die »Schwarz-Welt-Ausgabe« der Edwards-Basis. Der Haupthangar rechts nimmt einen kompletten Hektar Fläche in Anspruch. Die dunklen Hangars links bergen die CIA-Staffel von A-12-Maschinen. (Aufnahme: Verfasser)

Nachtaufnahme des gigantischen und ultrageheimen Komplexes Area 51.
(Aufnahme: Verfasser)

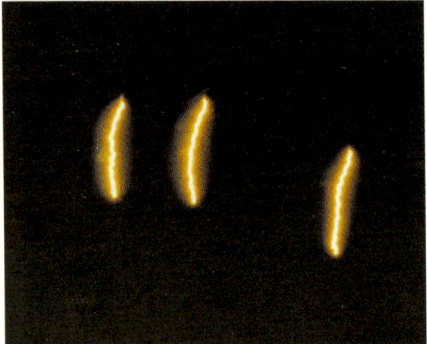

Diese Lichterscheinungen wurden schon als UFOs über Dreamland interpretiert. Es sind aber Flares, eingesetzt bei Militäroperationen. Während der Belichtung der Aufnahme sanken die runden Objekte herab und erzeugten auf diese Weise längere Striche.
(Aufnahme: Verfasser)

Im Bergland von Area 51 gibt es immer wieder Flugzeugabstürze. Was »top secret« ist, wird sofort beseitigt, Überreste konventioneller Maschinen bleiben weitgehend im Gelände. Hier Reste des Leitwerks einer Phantom F-4. *(Aufnahme: Verfasser)*

**Oben: Überwachungskamera innerhalb von Area 51.
Rechts: Chuck Clark öffnet die Sendeeinheit eines Bewegungsmelders.** *(Aufnahmen: Verfasser)*

Die vier Fotos zeigen Bewegungsmelder, die im Gelände nahe den Schotterstraßen von Area 51 versteckt sind. Oben sind zwei Sensoren zu sehen, unten die dazugehörende Sendeeinheit aus der Nähe (geschlossen und offen). *(Aufnahmen: Verfasser)*

Drei nur mit einem roten Streifen »verzierte« Boeing 737 am Geheimterminal des McCarran Airport in Las Vegas. Die auffallend unauffälligen Maschinen gehören zur geheimen Flotte, die Mitarbeiter zur Area 51 bringt. *(Aufnahme: Verfasser)*

Eines der früheren Sicherheitsfahrzeuge der Wachmannschaft von Area 51. Der weiße Jeep Cherokee steht innerhalb der Sperrzone auf der Groom Lake Road. Die Schilder warnen deutlich mit Anwendung tödlicher Gewalt. *(Aufnahme: Verfasser)*

Area-51-Pionier Glenn Campbell während einer gemeinsamen Tour in Richtung des Höhenzuges Freedom Ridge, von dem Area 51 zwar zu sehen ist, der aber 1995 vom Militär vereinnahmt wurde. *(Aufnahme: Verfasser)*

Links: Area-51-Forscher Jörg Arnu, Webmaster des Dreamlandresort, an der Nordzufahrt zu Groom Lake. Oben: Denkmal von Fox-Film in Rachel anläßlich der Präsentation von Roland Emmerichs »Independence Day«.
(Aufnahmen: Verfasser)

Die Nordzufahrt zur Area 51 stößt auf das »Back Gate« unweit von Rachel. Dieser Checkpoint wurde im September 2000 doppelt gesichert. Vor dem Wachhaus: eines der neuen champagnerfarbenen Security-Fahrzeuge.
(Aufnahme: Verfasser)

Enge Begegnung mit einem Security-Fahrzeug im Hinterland nahe der Area 51. Die enge, unbefestigte Schotterstraße, die dort zum Groom Lake führt, wird ausgebaut.
(Aufnahme: Verfasser)

Oben: Warntafeln am Back Gate von Area 51 aus unmittelbarer Nähe.
Unten: Wachhaus am Back Gate. *(Aufnahmen: Verfasser)*

Badger Mountain und dahinter der »Spionageberg« Tikaboo Peak, gesehen von einem benachbarten Gipfel.
(Aufnahme: Verfasser)

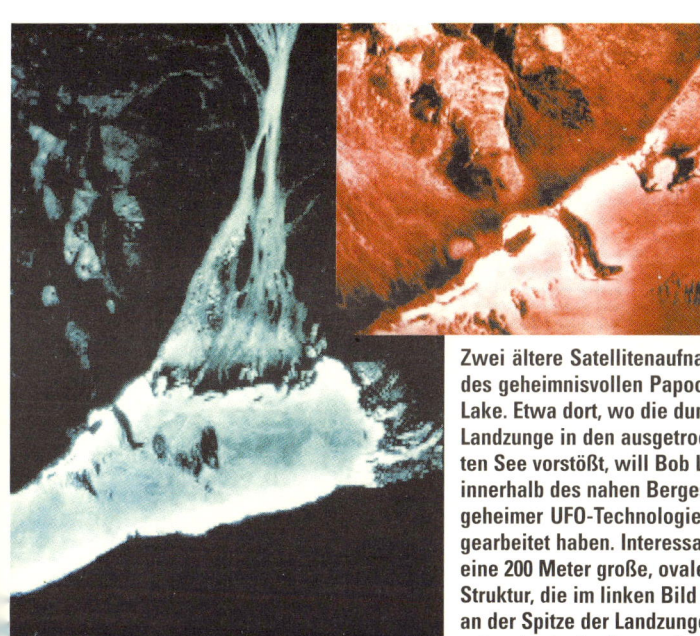

Zwei ältere Satellitenaufnahmen des geheimnisvollen Papoose Lake. Etwa dort, wo die dunkle Landzunge in den ausgetrockneten See vorstößt, will Bob Lazar innerhalb des nahen Berges an geheimer UFO-Technologie gearbeitet haben. Interessant ist eine 200 Meter große, ovale Struktur, die im linken Bild direkt an der Spitze der Landzunge zu sehen ist, in der Fotografie rechts aber nicht. *(Aufnahmen: Verfasser)*

Laut zuverlässiger Quellen existieren in geheimen Militäranlagen des US-amerikanischen Westens ungeheuer große unterirdische Tunnelanlagen. Was schon zwischen den Weltkriegen unter der Erde möglich war, zeigt »Das Werk« von Simserhof. *(Aufnahme: Verfasser)*

Base Camp – eine Außenstation der Area 51. *(Aufnahme: Verfasser)*

Die Einfahrt zum Tonopah Test Range, Nevada. *(Aufnahme: Verfasser)*

Heimathafen von Stealth: Testgelände und Basis von Tonopah, nördlich von »Dreamland«. *(Aufnahme: Verfasser)*

Der Kontrollturm der Edwards-Luftwaffenbasis. Sie ist die Heimat des »Air Force Flight Test Center«, dessen Abteilung 3 nichts anderes ist als Area 51.
(Aufnahme: Verfasser)

Links: Ein Stealth-Bomber kreist über Edwards.
(Aufnahme: Nicole Voscort)
Unten links: Die supergeheimen Lockheed »Skunk Works«. In diesem Hangar entstehen die modernsten Geheimflugzeuge.
(Aufnahme: Verfasser)
Unten rechts: Berühmte Straßennamen.
(Aufnahme: Verfasser)

Blick von der Broken Arrow Road auf die Tehachapi-Berge im Hintergrund, wo auch die geheimnisvolle Tejon-Ranch verborgen liegt. *(Aufnahme: Verfasser)*

Radaranlagen am Südende der von Lockheed betriebenen Helendale-Facility. *(Aufnahme: Verfasser)*

Das gut gesicherte Gate der »Helendale Avionics Facility« in Kalifornien. *(Aufnahme: Verfasser)*

**Das Capitol in
Washington.**
(Aufnahme: Verfasser)

Oben links: Das Pentagon in Washington, Zentrale des US-amerikanischen Verteidigungsministeriums. Oben rechts: Display im Weltraummuseum – Aufklärungssatelliten als Symbol der »Schwarzen Welt«: Classified – unter Geheimhaltung gestellt. *(Aufnahmen: Verfasser)*

**Modernes Zentralgebäude
des NSA-Hauptquartiers
auf Fort George Meade,
Maryland.**
(Aufnahme: Verfasser)

Ständig sind Polizeifahrzeuge auf Streife um den zentralen Komplex des technischen Supergeheimdienstes NSA unterwegs.
(Aufnahme: Verfasser)

Innerhalb eines dreifach umzäunten geheimen Sperrgebietes auf einer der größten Militäranlagen der Staaten.
(Aufnahme: Verfasser)

Ein gigantisches Atomlager. Bunkeranlagen und Tunnel durchziehen die Landschaft.
(Aufnahme: Verfasser)

Gebäudekomplexe auf dem weitläufigen Versuchsgelände von Dugway, auf dem menschenverachtende Tests stattgefunden haben. Zeugen haben hier ungewöhnliche Flugkörper gesehen, hier soll sich auch die »neue Area 51« befinden.
(Aufnahme: Verfasser)

Ein unmarkierter Blackhawk-Helikopter über dem Dugway Proving Ground. Der gleiche Hubschraubertyp zeigt sich bei Area 51, um potentielle Eindringlinge zu »sandstrahlen«.
(Aufnahme: Verfasser)

Am Ende dieser abgelegenen Schotterstraße direkt am Dugway Proving Ground befindet sich der Campground von Simpson Springs. Hier soll ein gewisser George Pekorics unter mysteriösen Umständen verschwunden sein. Ein Opfer der Schwarzen Welt?
(Aufnahme: Verfasser)

Die unscheinbar wirkende Archuleta Mesa bei Dulce, New Mexico. Unter ihr soll sich eine geheime Untergrundbasis der Schwarzen Welt befinden.
Insert: Nahaufnahme des mit Antennen bestückten Gipfels. *(Aufnahmen: Verfasser)*

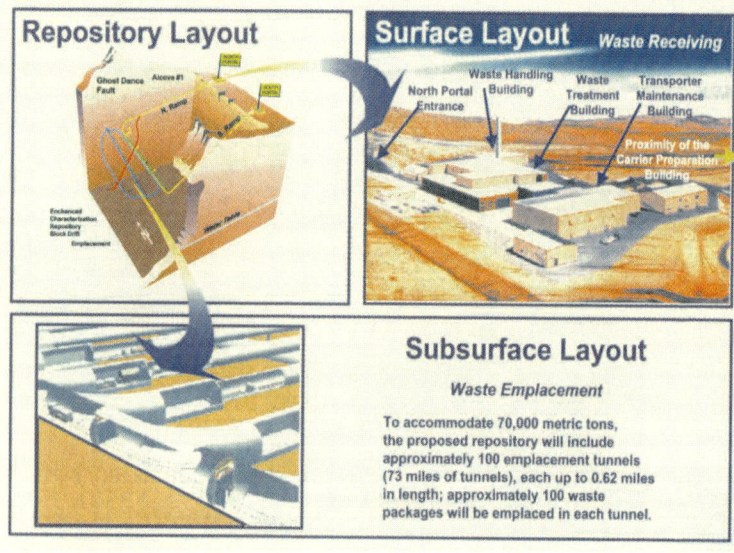

Das komplexe System von Tunnelschächten im Yucca-Projekt – 120 Kilometer unterirdische Tunnel. *(U.S. Department of Energy)*

Mehr noch, mit zunehmender Tunneltiefe wachsen automatisch auch die Umgebungstemperatur des Gesteines und die inneren Druckkräfte. Wenn Wasser mit einer Temperatur von 30 Grad Celsius (selbst vorsichtig) auf eine 500 Grad heiße Gesteinswand gebracht wird, so wird der daraus resultierende thermische Schock den Fels sofort aufsprengen. Dieses Zerbersten wird noch vielfach verstärkt, wenn der Fels unter einer hohen Drucklast steht. Somit sind die kombinierten Auswirkungen extrem, wenn das Wasser in Form eines Hochdruck-Schneidestrahls eingesetzt wird. Und somit wird auch meine Tief-Erde-Tunnelbohrmaschine in der Lage dazu sein, sich durch das härteste Gestein zu bohren und es zu pulverisieren, ungeachtet dessen, wie tief es nun liegen mag.«

Die Maulwürfe

Keine Frage, daß sich vor allem wieder auch das Militär für derartige Patente interessieren muß, allein schon, weil mit solchen Tunnelbohrern ohne weiteres jede Tiefe erreicht werden kann. Selbst, wenn wir lediglich an die »kleineren« Varianten von TBMs denken, wird klar, was mit solchen Goliath-Bohrern alles bewerkstelligt werden kann. Gerade unter Einsatz der Oberflächenverglasung fällt auch keinerlei Abraum an. Die Techniken sind nun derart entwickelt, daß heute weitläufigste Tunnelnetzwerke geheime Basen über Hunderte von Meilen hinweg miteinander verbinden könnten. Das erinnert wieder an die oft belächelten Gerüchte über jenes gewaltiges Tunnelnetz im Westen der Staaten genauso wie an das schon erwähnte Untergrund-Pendant in der ehemaligen Sowjetunion, worin angeblich sogar Flugzeuge zum Einsatz kommen.

Belächelt werden diese Schilderungen deshalb, weil zum einen manche Kritiker ein so riesige Flächen umspannendes System für technisch unmöglich halten, zum anderen aber auch wegen der mit diesem Gerücht meist verbundenen Behauptung, daß sich in den unterirdischen Anlagen nicht nur das US-Militär, sondern auch eine außerirdische Intelligenz aufhalte. Den ersten Kritikpunkt werden wir mit ziemlich hoher Sicherheit als nicht länger haltbar abhaken können. Zum zweiten Punkt wird sich wohl nur schwer etwas Definitives sagen lassen können. Rein vom gesunden Menschenverstand her argumentiert, dürfte die Behauptung in der Tat eher lächerlich wirken. Doch wenn es um eine Beweisführung geht, sollte man die Unterscheidung zwischen Fakt und Fiktion auf eine andere Grundlage stellen als auf ein persönliches Gefühl zu einem Sachverhalt, dessen Wahrscheinlichkeit wir aufgrund mangelnder Vergleichsmaßstäbe nicht beurteilen können. Also, anders ausgedrückt, es ist eher unsinnig, eine Angelegenheit von vornherein auszuklammern, nur weil sie uns »lächerlich« erscheint. Wir sollten eher ganz ehrlich eingestehen, daß wir nicht wissen, was sich dort abspielt. Diese Aussage macht jedenfalls die Außerirdischen noch keinen Deut realer. Wir können ihre Existenz aber nicht einfach ausschließen, nur weil sie uns wie eine Fiktion erscheinen. Und wir sollten auch Zeugen nicht ohne weiteres »über einen Kamm scheren« und für unzurechnungsfähig erklären, nur weil sie uns von Begegnungen mit UFOs und »Außerirdischen« erzählen und wir nicht nachvollziehen können, was nun hinter all dem steckt. Ein weiser Mann hat einmal gesagt: »Es schweige der, der nicht dasselbe erlebt hat wie ich.« Und für alles gibt es Gründe, die es ab einer gewissen Zahl identischer Berichte auch zu *ergründen* gelten sollte. Man kann zwar den Verfechtern der außerirdischen UFO-These so manches vorhalten und sogar vorwerfen, muß aber doch zu einem gewissen Grade eingestehen, daß vieles, was man in diesem Bereich hört, zu real vorhandenen Rätseln führt. Es ist ohnehin klar: Eine brisante Wahrheit verpackt man am besten zwischen zwei faustdicken Lügen. Mit einem solchen Info-Sandwich wird die Öffentlichkeit häufig genährt, wenn unliebsame Fakten ins Reich von Fiktion und Illusionen verbannt werden sollen. Schnell wird dann auch der skeptische Zeitgenosse, dem hier und da eben doch ein paar Ungereimtheiten auffallen, in die Rolle des »Verschwörungstheoretikers« gedrängt, während sich derjenige, der alles, was er offiziell gesagt bekommt und dann gleich – aus welch kühlen Gründen auch immer – sofort in sein Weltbild übernimmt, ohne weitere Anstrengungen rasant zum gemäßigten Vernunftsdenker aufschwingt. So können sich die tatsächlichen Verhältnisse im Nu ins Gegenteil verkehren, und einige düstere Kinder des Menschengeschlechts reiben sich bei all dem wieder einmal munter die Fäustchen. Auf zu frischen Taten!

Ich will nun auch ganz bewußt gar nicht in die bald genauso end- wie sinnlose Diskussion zum Thema Außerirdische abdriften, Gott behüte, sondern nur noch einmal auf den Desinformations-Aspekt eingehen. Egal jedenfalls, wie wir das Pferd aufzäumen und von welcher Seite wir das Problem betrachten, egal auch, ob es *SIE* nun wirklich gibt oder nicht, ganz jenseits dieser Frage zeigt sich, daß sich das Thema kraft seiner Diffusität ausnehmend gut dafür eignet, harte Fakten – gezielt verwässert – semmelweich werden zu lassen. Man muß zum Beispiel nur immer davon sprechen, daß Außerirdische bei einer Sache mit im Spiel sind, und jeder vernünftige Mensch winkt sofort ab beziehungsweise hört von da an weg. Das »Saure-Zitrone-Syndrom« geht wieder einmal durch die Reihen. Nicht anders bei den weitläufigen unterirdischen Tunnelsystemen. Obwohl nach allem, was sich aus bekannten Plänen und Patenten ableiten läßt, die Technologie zur Konstruktion dieser Anlagen bereits seit längerem existiert, werden die Berichte darüber eher ins Reich der »wilden und unbewiesenen« Gerüchte und Spekulationen abgedrängt. Wobei man sich oft auch gar nicht die bescheidene, aber eben doch allzu folgenreiche Mühe bereitet, einen Unterschied zwischen »unbewiesen« und »widerlegt« anerkennen zu wollen. Und dieser Unterschied ist dabei so fein gar nicht.

Damit jetzt auch genug der Häme! Ich möchte mich nicht weiter darüber auslassen, allerdings nur noch einmal vorsichtig an das Taos-Summen und verwandte, offenbar aus dem Untergrund stammende Geräusche erinnern, die einen durchaus ernstzunehmenden Hinweis auf aktuelle Aktivitäten tief unter der Erde darstellen könnten.

Um noch einen zweiten militärisch bedeutenden Wesenszug des Minovitch-Patents ins Feld zu führen: Mit einem solch ellenlangen Beschleuniger-Tunnel kann man natürlich auch etwas völlig anderes anstellen als lediglich eine bemannte Raumkapsel ins All schießen. »Star Wars« läßt wieder einmal grüßen!

Tatsächlich existierten unabhängig von jenem Patent, das wie weiter oben erwähnt auf 1989 datiert, bereits einige Jahre zuvor ähnliche militärische Pläne zum Start von Missiles. In einem US-Regierungs-Vertrag mit der Firma Bell Aerospace Textron aus dem Jahr 1986 ist die Rede von Kernwaffen, die aus einem tief in den Untergrund reichenden Tunnel auf ihre Bahn gebracht werden. Das Projekt sollte laut Vorgabe im Sommer 1988 in die Tat umgesetzt werden.

Im Grunde genommen gibt es ohnehin kaum etwas, was das Militär außer acht läßt und nicht für seine persönlichen Zwecke nutzt. So erscheint mir letztlich auch das Adjektiv »zivil« recht fragwürdig. Es ist wohl eher oft eine Verharmlosung, ein Deckmantel. Diesen Eindruck mußte ich beispielsweise immer wieder bei der NASA (»*National Aeronautics and Space Administration*«) gewinnen, der zivilen US-Raumfahrtbehörde, die aber gar nicht umhin kann, an zahlreichen militärischen Projekten und Anlagen in der einen oder anderen Form mitbeteiligt zu sein. Eine »zivile« Bundesbehörde wiederum ist die FEMA, die *Federal Emergency Managment Agency*. Bei ihr handelt es sich um den US-Katastrophenschutz, mit dem jeder zunächst sehr positive Aufgabenstellungen im Dienste der Bevölkerung verbindet. Hilfe bei Vulkankatastrophen, Waldbränden, Erdbeben, Überschwemmungen, Naturkatastrophen allgemein mit all ihren Folgen, Krisenzeiten, es gibt vieles, mit dem sich die FEMA auseinanderzusetzen hat. Doch jedes Ding hat zwei Seiten, und während die eine Seite durchaus blütenweiß sein kann, mag doch die andere einen pechschwarzen Kontrast dazu bilden oder zumindest düstere Anklänge aufweisen. Nicht viel anders verhält es sich eben auch mit der FEMA. Ins Leben gerufen wurde sie durch die Ausnahmebestimmung 12148 von Jimmy Carter, wobei der Präsident nahezu uneingeschränkte Gewalt bei jeder Notfall-Situation erhielt. Die FEMA übernahm bald eine Reihe anderer Katastrophenschutzbehörden und wuchs sich zu einem mächtigen, unüberschaubaren Mechanismus aus. Auch die Sicherung des Staates gegen terroristische Akte fällt natürlich in das Ressoir der FEMA. Das ist verständlich, führt aber zwangsläufig auch zu einem gewissen Kippen der Situation, zumindest zu einer Unkontrollierbarkeit, bis zu welchem Grade nun die Bürger überwacht werden. Denn zur Sicherung wird das Sammeln von Daten nötig, je mehr, desto besser. Da nimmt es auch nicht wunder, wenn die FEMA ihren zentralen Sitz ausgerechnet in Maryland hat, und zwar genau dort, wo auch die National Security Agency domiziliert, jener ultrageheime technische Nachrichtendienst der USA – auf Fort George Meade. Wie sich schon vor längerer Zeit erwiesen hat, arbeitet auch das Pentagon eng mit der FEMA zusammen. Beide verwalten mindestens 50 unterirdische Kommandozentralen in den USA, von denen jede gewissermaßen eine Untergrund-Version des Weißen Hauses darstellt. Im »Krisenfall«, das heißt in deutlicheren Worten: im Falle eines Atomkriegs, würden diese Anlagen dem Präsidenten sowie ausgewähltem zivilen und Militär-Personal als Zufluchtsstätte dienen. Damit wäre dann der Katastrophenschutz von der US-Bevölkerung abgewandt, er würde in erster Linie dem Erhalt der Regierung dienen. Das dahinterstehende Programm firmiert unter der Bezeichnung »*Continuity of Government*« oder kurz *COG*, das Überlebensprogramm der offiziellen U.S.-Regierung.

Wenn es um Untergrund-Basen geht, dann taucht immer wieder das *U.S. Army Corps of Engineers* auf. Die amerikanischen Militär-Ingenieure, deren Zentrale sich in Fort Belvoir, Virginia befindet, haben bereits vor Jahrzehnten genaueste Pläne für umfangreiche unterirdische Projekte vorgelegt. Und so manches muß tatsächlich verwirklicht worden sein. So existieren mehr als gute Hinweise dafür, daß sich im amerikanischen Südwesten oder auch in der Apalachenregion einige hochgeheime Untergrund-Stützpunkte befinden.

Bei all diesen Großunternehmungen stellt sich natürlich auch die Frage, woher denn überhaupt die Gelder dafür kommen, wer sie bewilligt und wo diese Projekte dann in offiziellen Dokumenten erscheinen. Und hier tut sich wieder jene Licht-und-Schatten-Welt auf, hier zeigen sich wieder die beiden ungleichen Seiten der Medaille – ein Dr.-Jekyll-und-Mister-Hyde-Spiel. Wer finanziert Area 51? Wer die Projekte dort? Offiziell ausgewiesen wird davon nichts. Sobald bestimmte Vorhaben mächtiger Behörden und Institutionen verfassungswidrig und illegal sind, sobald die Öffentlichkeit nichts erfahren darf, schiebt die Schwarze Welt ihren bekanntlich sehr massiven Riegel vor. »Schwarz« ist die Lösung fast aller Probleme, und so gibt es eben auch das sehr praktische »Schwarze Budget«, in dem sich sämtliche verborgenen Programme wie bei einem großen Familientreffen die Hand reichen. In diese nebulöse Finanzierungszone des Pentagon fließen jährlich viele Milliarden Dollar, ohne daß einzelne Projekte genau ausgewiesen werden. Codes und Kürzel, mehr gibt dieses »Black Budget« nicht her. Und zunehmend scheint sich ein weiteres, düsteres Phänomen herauszukristallisieren: Die Kontrolle über die »Schwarze Welt« und »Schwarze Projekte« scheint von mächtigen Gruppierungen übernommen worden zu sein, die sich unabhängig von der offiziellen Regierung gemacht haben. Wenn wir von der »Schwarzen Welt« sprechen, dann sprechen wir eigentlich von einem anderen Amerika, einer Regierung, die unter Insidern schon lange als »Invisible Government«, also die »unsichtbare Regierung« bezeichnet wird. Sicher steht sie nicht im kompletten Gegensatz zur uns bekannten Regierung. Aber sie ist weitaus unkontrollierbarer, da unzugänglicher, und regiert die Regierenden. Dieser Kontext läßt unter anderem auch wieder an die Schilderungen des Astronauten Ed Mitchell denken, der keineswegs unbekümmert von einer »heimlichen Gruppe« sprach; dies läßt auch an die Hintergründe des »Marionetten-Spielers« Edward Teller denken.

Was hier geschieht, erfahren Außenstehende nicht. Die Personen, die hier eine führende Rolle spielen, sind der Öffentlichkeit oft überhaupt nicht bekannt und wenn, dann in ganz anderen Zusammenhängen. Auch die Methoden, mit denen diese Schattenregierung operiert, bleiben obskur.

Das Reservat der Finsternis bietet durchgreifendere Möglichkeiten. Diese Regierung ist wirkungsvoller, da sie rücksichtsloser agieren kann. Ihre Handlanger haben ebenfalls einen schlichten und doch eindringlichen Namen erhalten. Der Autor L. Fletcher Prouty spricht vom »Secret Team« – dem geheimen Team, eine Bezeichnung, die Ed Mitchells heimlicher Gruppe doch sehr nahe kommt. Prouty war Oberst der U.S.-Luftwaffe und als Bindeglied zwischen CIA und

Verteidigungsministerium tätig, wenn es um militärische Unterstützung von »Special Operations« ging. Er beschreibt das Secret Team als höchst machtvoll, brutal und heimtückisch, als einen gewaltigen Kraken, der seine Tentakel weltweit ausstreckt und alle möglichen Bereiche der Gesellschaft infiltriert, um zu kontrollieren und zu manipulieren. Nirgends ist man vor dieser Kreatur sicher. Angehörige dieses gefährlichen Teams finden sich in den Reihen der Geheimdienste genauso wie an akademischen Institutionen, im Geschäftsleben wie im Medienbereich. Laut Prouty manifestiert sich im Secret Team die wirkliche Machtstruktur der Welt, der es gelungen ist, die Verfassung der USA zu unterwandern.

Wer jenem »Octopus« zu nahe kommt, jenem unheimlichen Riesenkraken, um ihn aus den finstren Untiefen ans Licht zu bringen, läßt sich auf ein lebensgefährliches Spiel ein.

1991 wurde der freie Journalist Danny Casolaro in der Badewanne eines Hotels in West Virginia tot aufgefunden. Der Gerichtsmediziner Dr. Henry Lee, weiteren Kreisen als Experte der Verteidigung von O. J. Simpson bekannt, wurde zur Untersuchung des Todes von Casolaro herangezogen und stellte einen Suizid fest, während die Familie ganz deutlich von Mord ausgeht. Denn Casolaros Leichnam wies an der Hand zahlreiche Schnittverletzungen auf, außerdem fehlten im Hotelzimmer alle Unterlagen des amerikanischen Reporters. Er hatte allem Anschein nach bristante Informationen zum »Invisible Government« und dem »Secret Team« gefunden – allzu brisante Informationen.

Seine Arbeit versuchten die Autoren Jim Keith und Kenn Thomas fortzusetzen. Keith war bekannt für seine, wenn auch umstrittenen Arbeiten über undurchsichtige Behörden, die Schattenregierung und die Verschwörungsthematik einer »Neuen Weltordnung«. Das Buch von Keith und Thomas war betitelt: »The Octopus. Secret Government and the Death of Danny Casolaro« (»Der Octopus. Geheimregierung und der Tod von Danny Casolaro«). Am 7. September 1999 verstarb Jim Keith dann während einer Bein-Operation im Washoe County Medical Center in Reno, Nevada. Keith war auf einem recht exzentrischen Kunstfestival in der Black-Rock-Wüste,

Nevada, von der Bühne gestürzt und hatte sich dabei einen Knochenbruch zugezogen. Bei der Operation soll sich nach offizieller Aussage ein Blutgerinnsel gebildet haben, das zum Tode führte. Die Freunde des Autors allerdings glauben nicht an diese Erklärung, sie vermuten, daß Keith wegen seiner Enthüllungen zur Geheimregierung sterben mußte. Sein Co-Autor Kenn Thomas versucht seit einiger Zeit, die Wahrheit über das Ableben seines Freundes herauszufinden. Keith, der nur 49 Jahre alt wurde, sprach öfter von »Keith's Gesetz«, wenn er postulierte: »Alle Verschwörungs-Autoren müssen unter mysteriösen Umständen sterben.« Das Gesetz hatte wieder einmal zugeschlagen!

Reservate der Macht

Niemand ahnte Schlimmes, als der zehnmotorige B-36-Bomber sich am späten Vormittag des 22. Mai 1957 der Kirtland-Luftwaffenbasis in New Mexico näherte. Alles verlief planmäßig. Die Maschine war von der Biggs Air Force Base in Texas gestartet, der Flug ohne besondere Vorkommnisse verlaufen. An Bord der B-36 befand sich eine besondere, um nicht zu sagen ausgefallene Fracht: eine Mark-17-Wasserstoffbombe, nach offizieller Darstellung die größte je in den USA gebaute Atombombe.

Eine solche Mark-17-Atombombe wurde 1957 versehentlich über der Kirtland-Basis abgeworfen.
(Aufnahme: U.S. Department of Energy)

In einer Höhe von wenig mehr als 500 Metern geriet das Flugzeug in eine atmosphärische Störung, während der Navigator, 1st Lieutenant Robert S. Karp, nahe der Bombe herumkletterte, um einige routinemäßige Landevorbereitungen zu treffen. Die Turbulenz erschütterte das Flugzeug und Karp verlor das Gleichgewicht. Reflexartig hielt er sich am nächsten Hebel fest, den er erreichen konnte, nur erwischte er dabei ausgerechnet den Auslösemechanismus für die Bombenhalterung. Der 21 Tonnen schwere nukleare Sprengkörper klinkte aus der Verankerung und krachte durch das geschlossene Bombendeck hindurch Richtung Erde. Ein Besatzungsmitglied schrie: »Bombe von Bord!«, und die mit einem Male deutlich leichtere Maschine gewann in einem radikalen Steigflug ungefähr 300 Höhenmeter, bis der Pilot wieder die Kontrolle über die neue Situation hatte. Als der Navigator wieder in die Kanzel kam, stand er unter Schock. Der Funker George Houston erzählte Jahre später, Karp war »weißer als jedes weiße Blatt Papier, das Sie jemals gesehen haben.« Während er seinen Platz im Cockpit einnahm, stammelte Karp nur wiederholt: »Ich habe nichts angerührt.« Nun, das konnte so ganz nicht stimmen. Die Besatzung meldete als nächstes der Bodenstation pflichtgemäß, gerade eine Atombombe über Kirtland abgeworfen zu haben.

Eine makabere Groteske – lediglich die aberwitzige Szene eines nicht ganz ernst gemeinten amerikanischen Katastrophenfilms? Nein, weit gefehlt. Der Atombomben-Abwurf über der Kirtland-Basis hat tatsächlich genau in dieser Form stattgefunden. Es handelte sich um einen Atomunfall der Kategorie »Broken Arrow«. Auch diese Bezeichnung gibt es nicht nur im Film. Das US-amerikanische Verteidigungsministerium, Luftwaffe und Marine unterteilen nukleare Zwischenfälle in einer fünfstufigen Skala:

- *Faded Giant* umschreibt Strahlenunfälle und Reaktorversagen,
- *Dull Sword* jede Form eines Zwischenfalls mit nuklearen Waffen ohne besondere Auswirkungen,
- *Bent Spear* nukleare Zwischenfälle jeder Art, außer Kernwaffen-Unfälle oder Detonationen, die ein Kriegsrisiko mit sich bringen,
- *Broken Arrow* umfaßt mehrere Unterkategorien:
    - a) die zufällige oder unautorisierte Detonation oder mögliche Detonation einer Kernwaffe – jedoch ohne damit verbundenem Kriegsrisiko,
    - b) nicht-nukleare Detonation oder Brand einer Kernwaffe,

c) radioaktive Kontamination,

d) Besitzergreifung, Diebstahl oder Verlust einer Nuklearwaffe oder Komponente (einschließlich Abwurf),

e) Schädigungen in der Öffentlichkeit, tatsächlich vorhanden oder anzunehmen,

- *Nucflash* entspricht der alarmierendsten Stufe. Sie beschreibt jeden zufälligen oder unautorisierten Zwischenfall mit möglicher Detonation einer Kernwaffe durch U.S.-Streitkräfte, wodurch das Risiko eines Atomkrieges entstehen könnte.

Der »Broken Arrow« von Kirtland erzeugte am Erdboden einen über acht Meter großen und drei Meter tiefen Einschlagkrater, doch kam nach bisherigem Wissen kein Mensch dabei zu Schaden. Eine atomare Explosion fand nicht statt, der Plutoniumkern war routinegemäß abgekoppelt gewesen. Auch müssen die konventionellen Sprengkörper der Bombe in einer absolut aufeinander abgestimmten Reihenfolge detonieren, um die nukleare Kettenreaktion auszulösen. Beim Aufprall, der von dem an der Bombe angebrachten Fallschirm infolge der niedrigen Flughöhe nicht mehr ausreichend gebremst werden konnte, explodierten nur nicht-atomare Sprengsätze. In jenem unbesiedelten Land unweit des Kontrollturms von Kirtland hatte der Absturz keine fatalen Folgen; das einzige Lebewesen, das von dieser Atombombe getötet wurde, war eine grasende Kuh. Durch die Zerstörung des Bombenkörpers wurde allerdings auch ein wenig Radioaktivität frei, die laut offizieller radiologischer Untersuchung jedoch unkritisch war. Nun, eine solche offizielle Aussage sagt allerdings in der Regel leider nicht viel aus …

Wäre die Bombe selbst explodiert, was wie erwähnt definitiv nicht möglich war, hätte sie eine Sprengkraft von zehn Megatonnen des Äquivalents TNT erreicht, was dem rund 600fachen einer Atombombe entspricht, wie sie über Hiroshima abgeworfen wurde – eine unvorstellbare Vernichtungskraft.

Obwohl der Zwischenfall glimpflich verlief, hielt das Militär die meisten Informationen zurück. 1986 machte sich dann David Morrissey, auf Militär und Verteidigung spezialisierter Berichterstatter des *Albuquerque Journal* daran, der Angelegenheit auf den Grund zu gehen. Er formulierte zahlreiche »Freedom of Information Act«-Anfragen an offizielle Stellen und konnte schließlich wesentliches Material erhalten, auch wenn die Air Force einige Details nach wie vor zurückhält.

Ein zweiter nuklearer Zwischenfall, wiederum mit einer B-36 und wiederum auf Kirtland, ereignete sich übrigens knapp anderthalb Jahre früher, am 9. Januar 1956. Und auch diese B-36 trug mindestens eine Nuklearwaffe mit an Bord. Allerdings erfuhr die Öffentlichkeit erst im Februar 1991 davon, als die US-Umweltschutzbehörde *EPA* (*Environmental Protection Agency*) darüber berichtete und die Zeitschrift *San José Mercury News* eine mögliche radioaktive Verstrahlung der Unglücksstelle diskutierte.

Der amerikanische Historiker Peter Merlin, der sich ausführlich mit Zwischenfällen dieser Art befaßt hat, erklärte, es habe bisher bereits über hundert »Broken Arrows« gegeben. Doch sicherlich der grotesteste von ihnen ist jener versehentliche Bombenabwurf über Kirtland. Unter der Überschrift »Homer Simpson gibt es wirklich« stellten die beiden Autoren Jim und Allen Richardson die »Dümmsten Nuklear-Unfälle der Welt« zusammen. So wissen sie von dem Wissenschaftler Louis Slotin in Los Alamos zu berichten, der eine etwas lässige Umgangsweise mit Plutonium hatte, was ihm sein Leben kostete. Er arbeitete am Kern einer Plutoniumbombe, improvisierte mit ungeschützten Händen und verursachte dabei beinahe eine thermonukleare Explosion, als ihm die ganze Anordnung verrutschte, wobei ein blaues Leuchten von dem Material auszugehen schien. Der Forscher erlebte also wahrhaft ein blaues Wunder, und die Richardsons merken folgerichtig an: »Das blaue Glühen erwies sich neun Tage später als tödlich für Slotin, aber nicht ohne daß seine Arme zuvor noch wie die von Popeye anschwollen. Die Moral: ›Improvisiere‹ nie mit Plutonium.«

Auch für den Kirtland-Vorfall haben sie eine Moral parat: »Schnapp' dir nie den H-Bomben-Auslöser, um deine Balance wiederzufinden!«

Nun, so sind sie, die Amerikaner, sie gewinnen selbst dem Schrekken der Menschheit noch eine kuriose Seite ab. Nur, warum erzähle ich das alles? Fälle dieser Art zeigen zum einen, daß jedes System, sei es technischer oder biologischer Natur, fehleranfällig ist. So müssen letztlich die kalten und heißen Krieger auch Fehler in den eigenen Reihen ins Kalkül ziehen, Fehler aus Unwissenheit, Ungeschicklichkeit, Ungeduld, Unsicherheit, Un… weiß Gott was. Allesamt jedenfalls Gefahrenquellen, die manchmal die Dimension eines terroristischen Aktes oder gar des Angriffs durch eine feindliche Nation erreichen können. Auch diese Aspekte führen letztlich dazu, daß alle sensiblen Projekte und alle Errungenschaften der aktuellen militärischen Spitzentechnologie zum größtmöglichen Schutz in den »Untergrund« wandern, das heißt, in bestens gesicherte Bunkeranlagen – Technologien genauso wie natürlich auch die Führungselite des Landes. Vom Projekt *COG – Continuity of Government* – war bereits die Rede.

Der Auf- und Ausbau eines solchen Unternehmens fand laut Aussagen des so legendären wie ominösen Lieutenant Colonel Oliver North überraschend spät statt. Laut North verfügte die Sowjetunion über ein ausgedehntes System geheimer Tunnel unter Moskau, in das sich die Führung während eines Nuklearkrieges zurückziehen hätte können, ohne daß die Amerikaner etwas Vergleichbares besaßen. So entstand »The Project«, ein hochgeheimes Programm, das über anderthalb Jahre von North geleitet wurde. In seinem ersten Buch »Underground Bases and Tunnels« erwähnt Dr. Richard Sauder das Projekt und schreibt: »Tatsächlich scheint es, daß ›The Project‹ ein extensives Untergrund-Bauprogramm mit einschloß. Im April 1994 verlautbarte eine Titelstory der *New York Times* die Existenz eines zuvor nicht enthüllten Programmes, das als ›The Doomsday Project‹ bekannt ist. Der Geschichte zufolge war das Projekt ein ›Amalgam von mehr als 20 Schwarzen Programmen während der Reagan-Regierung, und wurde von George Bush überwacht, wobei auch Oliver North zu einem gewissen Grade involviert war. Wie es heißt, mußten rund acht Milliarden Dollar und elf Jahre Arbeitszeit investiert werden, um es zu vollenden. Das Doomsday-Projekt war betraut mit dem Überleben der Bundesregierung im Fall eines Atomkrieges. Einbezogen in das Projekt waren viele Leute, darunter Vertreter des Weißen Hauses, Armee-Generäle, CIA-Beamte sowie private Firmen‹.« – Sauder beruft sich in seinem Zitat auf einen Beitrag der *New York Times*, zu der vielleicht noch angemerkt werden sollte, daß ihre Berichterstattung vor allem mit Blick auf geheime Regierungsprojekte sicher auch in eher engeren Grenzen gesehen werden muß, insbesondere, wenn es um Schwarze Programme und Projekte geht, die auch für die Schattenregierung eine wesentliche Rolle spielen. Denn die *New York Times* steht in deutlicher Abhängigkeit vom Rockefeller-Clan, der als Kopf der Unsichtbaren Regierung gelten kann.

1912, in dem Jahr, in welchem die Titanic ihre Schicksalsfahrt in den Tod unternahm und in Europa der Erste Balkankrieg ausbrach, kämpfte in Amerika der Jurist und Publizist Woodrow Wilson um die US-Präsidentschaft. In einer öffentlichen Rede erklärte er damals: »Die Herscher der Vereinigten Staaten sind die kombinierten Kapitalisten und Fabrikanten der Vereinigten Staaten … Die Regierung der Vereinigten Staaten ist gegenwärtig Pflegekind von Sonderinteressen.« – Nicht nur gegenwärtig. Wilson sprach damals schon die mächtige, eigentliche Regierung an, wie sie im Hintergrund steht und die Geschicke steuert, ohne daß die Öffentlichkeit dies erfährt. Der kritisch vorgehende Enthüllungs-Autor Hans Ruesch kommentiert diese Sätze deutlich: »Woodrow Wilsons Worte sind heute noch so wahr wie zur Zeit seines Wahlkampfes, als er sie aussprach. Die amerikanischen Präsidenten regieren ihr Land ebensowenig wie die offiziellen Regierungen anderer sogenannter Demokratien das ihre, wenn sie nicht so enden wollen wie John F. Kennedy; denn schon lange haben die großen Bosse der Industrie und Finanz diese Aufgabe übernommen.« Ruesch erwähnt auch eine Liste, die der ehemalige amerikanische Botschafter James W. Gerard im Jahr 1930 aufgestellt hatte. Sie nennt die 64 Mächtigen, die als die eigentlichen Herren der Vereinigten Staaten anzusehen sind. An erster Stelle steht hier John D. Rockefeller I., dann gleich als nächste die Bankiers Andrew W. Mellon und J. P. Morgan. Diese drei Männer bildeten die treibende Kraft, um Präsident Wilson, der sich offen gegen die

Schattenregierung gewandt hatte, zu beugen und zum Eintritt in den Ersten Weltkrieg zu bewegen. Gerards Liste enthält einen Namen nicht: den des seinerzeitigen Präsidenten Herbert C. Hoover, der nach dem Geologie-Studium als Bergbauingenieur tätig und dann steil in die Managerelite der USA aufgestiegen war. Der US-Präsident findet sich nicht unter den Herrschern des Landes!

Am Donnerstag, dem 29. August 1991, berichteten zwei Journalisten der *Washington Post*, Jack Anderson und Dale Van Atta, vom merkwürdigen Fall des Army-Majors und Gegenspionage-Offiziers Fred Westerman. 1986 wurde er vom Army Corps of Engineers angeheuert, um im Rahmen des COG-Projektes Überprüfungen im Sicherheitsbereich durchzuführen. Dabei fand Westerman entscheidende Kritikpunkte. Die beiden Journalisten berufen sich auf Quellen und Dokumente, die ihr Kollege Dean Boyd zu der Angelegenheit vorweisen konnte. Demnach machte Westerman seine Arbeit wohl zu gut und fand eine ganze Reihe fataler Schwachstellen, die unter dem Deckmantel von TOP SECRET verborgen wurden und von denen offenbar auch die Regierung nichts wissen wollte. Der gründliche Untersucher entdeckte Motorenteile, die sich von Bereitschaftsfahrzeugen lösten, Wassereinbruch an Hochspannung führenden Leitungen, das Eindringen von giftigen Chemikalien in Bunkersysteme. Doch die Army wollte davon nichts hören. »Westerman hatte sich den Reihen der »persona-non-grata«-Mitarbeiter angeschlossen, die versucht hatten, auf Verschwendung und Mißbrauch im COG-Programm aufmerksam zu machen, und deren Karrieren als Resultat daraus vernichtet worden sind«, so Anderson und Van Atta. In den folgenden Monaten statteten ihm das Army Corps wie auch Leute der FEMA einen Besuch ab und verlangten seine Aufzeichnungen. Später brach jemand laut Westermanns Aussage in sein Büro ein, sein Telefon wurde abgehört, er selbst von Regierungs-Agenten mit dem Auto verfolgt. Westerman konnte sich in einem Fall das Kennzeichen merken und verfolgte es zurück zu einem älteren Ehepaar aus Delaware, das allerdings schon lange nicht mehr Auto fuhr und auch nichts von dem Wagen wußte, der dem Major so beharrlich gefolgt war …

Als Westermans Arbeitsvertrag vorzeitig gekündigt wurde, machte er Restforderungen geltend, doch die Regierung verweigerte die Zahlung. Er klagte gegen den Staat und versuchte nun auch, darauf hinzuwirken, daß US-Bundespolizei FBI sowie der FEMA-Inspekteur das COG-Programm genau untersuchten. Ohne jeden Erfolg. Schließlich wandte sich die Regierung oder wer immer noch dahinterstand, mit größerem Druck gegen Westerman. Nun sollte er mit juristischen Mitteln endgültig mundtot gemacht werden. Im Namen der »nationalen Sicherheit« wurden seine Klagen eingefroren, er durfte seinen Fall mit niemandem mehr diskutieren.

Ist das nicht alles höchst merkwürdig?

Was zeichnet sich hier schemenhaft ab, wenn wir einmal versuchen, eins und eins zusammenzuzählen? Sind Pannen im Rahmen eines Projekts, das eine Regierung über den Atomkrieg retten soll, derart bedeutungslos? Doch die Regierung, wer oder was ist das?

Schon in den dreißiger Jahren des 20. Jahrhunderts war der US-Präsident so unwichtig, daß er in einer umfassenden Liste der Herrscher der USA nicht einmal auftritt. Wie notwendig dürfte es nach Maßgabe der tatsächlichen Machthaber dann sein, eine Marionetten-Regierung überleben zu lassen? Zur nachlässigen Behandlung dieses Themenkomplexes rechnet sicher auch der überraschend späte Start des »Projekts«, während die Sowjets ihre Schäfchen schon längst im Bunker hatten. Und dann berichtet ausgerechnet die dem Mächtigsten der Machtvollen absolut hörige *New York Times* 1994 freizügig über das COG-Programm, das von Oliver North als ein extrem geheimes Projekt bezeichnet wurde und erst Anfang der 1980er Jahre unter ihm wirklich ins Rollen kam. Derartige Unternehmungen stehen aber weit länger unter dem Siegel weitestreichender Verschwiegenheit als nur 14 Jahre. John D. Rockefeller, bekannt als alter Geheimniskrämer, hätte sich in dieser Sache nicht in die Karten blicken lassen.

Eine mögliche, wenn auch nicht zwingende Schlußfolgerung aus dem Gesagten ist, daß man in bestimmten Bereichen der Regierung nicht an einer weiteren Publikmachung von Westermans Erkenntnissen interessiert war, vielleicht bestand hier sogar bereits ein gewisser Druck von Seiten der Schattenregierung, der es im Grunde nicht an dem COG-Programm lag, das ohnehin nur eine »Attrappe« hätte schützen müssen, sondern lediglich daran, nicht weitere offizielle Regierungskreise auf die gesamte Farce von COG aufmerksam zu machen, das selbst vielleicht nichts anders als die Sparausführung eines Schutzsystems darstellte.

Was COG, »The Project«, für die offizielle Regierung war oder ist, das ist möglicherweise ein bis heute absolut geheimes Pendant davon, ein verborgenes Bunkersystem für die Schattenregierung. Es ist sicherlich auch ein gutes Prinzip, Fakten zu einem eigentlich eher irrelevanten, doch glaubwürdig umfangreichen Geheim-Programm durchsickern zu lassen, so daß Fragen zu einem in der Sache vergleichbaren, aber wirklich top-geheimen Programm überhaupt gar nicht erst aufkommen.

Demnach halte ich es für durchaus vorstellbar, daß die derzeit bekannten Anlagen, wie sie als geheime Installationen über die USA verteilt sind, gerade einmal einen schwachen Eindruck von dem geben, was noch alles im Geheimen unter dem Erdboden existiert. Doch das, was mittlerweile bekannt ist, erweist sich schon als beeindruckend genug. Einige der nachgewiesenermaßen existenten Einrichtungen dürften ohnehin mit der Schattenregierung untrennbar verflochten sein – allgemein gesprochen lassen sich auch kaum wirklich klare Grenzen zwischen Aktivitäten der Regierung und der Schattenregierung ziehen. Denn beide leben in einer gefährlichen Symbiose.

Ein Beispiel für eine Behörde im Netzwerk der Schwarzen Welt ist die *National Security Agency* (*NSA*), der schon erwähnte technische Geheimdienst der USA mit zentralem Sitz auf Fort George Meade in Maryland. Sie dient den Vereinigten Staaten als Behörde zur Codierung und Dekodierung von Information. Computerwissenschaftler, Mathematiker, Abhörexperten, Sprachgenies sind hier, neben Experten zahlreicher anderer Disziplinen, mit höchstem intellektuellen Aufwand und modernster Technik damit befaßt, weltweit Informationen im Geheimen zu erfassen und auszuwerten. Zu den Aufgaben zählt unter anderem, eigene Geheimnisse so zu ver-

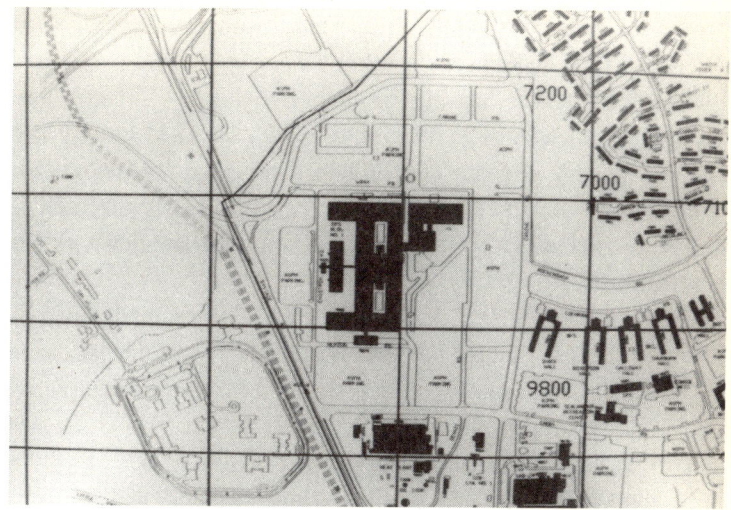

**Geländekarte der NSA-Zentrale – deutlich sind die
massiven Hauptgebäude zu erkennen.**
(National Security Agency/Aufnahme: Verfasser)

schlüsseln und weiterzuleiten, daß kein Außenstehender sie dechiffrieren und nutzen kann; genauso bemüht sich die NSA darum, auch die kompliziertesten fremden Codes zu knacken und die Informationen auszuwerten. Jedes Auslandsgespräch, das wir von Deutschland aus führen, jede E-Mail, die unser Land verläßt, gerät automatisch ins Netz der NSA und deren Computer. Wer einen NSA-Horchposten zumindest einmal von außen betrachten will, muß gar nicht weit reisen. Im südbayrischen Bad Aibling befindet sich die gleichnamige Station der NSA, die mit ihren weißen Kuppeln schon von weitem in der Landschaft auffällt. Aus der Ferne sieht das Arrangement wie eine Pilzkolonie aus. Die Dome bergen Antennen, gewissermaßen die spitz aufgestellten Ohren der NSA. Vergleichbare Anlagen finden sich verteilt über die gesamte Erde. Eine große Station liegt bei Menwith Hill im englischen North Yorkshire, und ziemlich exakt auf der anderen Seite der Welt, in Australien, schießen die NSA-Pilze des Komplexes von Pine Gap aus dem Boden.

Lange Zeit war nicht einmal bekannt, was das Kürzel NSA zu bedeuten hatte, so sehr bedeckt hielt sich dieser Nachrichtendienst –

konnte das vielleicht die »Gibt-es-gar-nicht-Behörde« sein, »No Such Agency«? Eine andere scherzhafte Lösung für die drei magischen Buchstaben war die »Sag-nie-irgendetwas-Behörde« – »Never Say Anything«. Noch heute ist der größte Teil des Tuns und Lassens der National Security Agency absolut unbekannt. Und ähnlich wie am Groom Lake verhält es sich auch hier: Selbst, wer »zum Verein« gehört, hat keinen Überblick, über das, was dort so alles wirklich geschieht.

Über die Heimlichkeit der NSA berichtet Siegesmund von Ilsemann im Spiegel 17/2001 und erklärt, mit Blick auf die bestgehüteten amerikanischen Staatsgeheimnisse: »Von denen werden nirgendwo auf der Welt mehr verwahrt als in jener Satellitenkommune vor den Toren der Bundeshauptstadt, die den Benutzern der Autobahn zwischen Washington und Baltimore hinter Hügeln und Wäldern verborgen bleibt. Nur eine Sonderausfahrt bei dem Weiler Annapolis Junction weist Eingeweihten den Weg. Weit kommen sie nicht, bis ihnen kamerabewehrte Stacheldrahtzäune, massive Steinblöcke, hydraulische LKW-Sperren und dicke Betonbarrieren den Weg versperren. Ungebetene Gäste erhalten ihrerseits Besuch – von den ›men in black‹, schwer bewaffneten Kommandosoldaten, die den Zugang zu Crypto City, der gigantischen Zentrale der NSA abschirmen.«

Nun, natürlich ist die NSA-Zentrale auf Fort George Meade schwer bewacht, das sind ja teils schon weniger sensitive Einrichtungen in den USA. Die Hauptgebäude im NSA-Komplex sind von hohen Zäunen umgeben und auf den Dächern mit Kameras bestückt, Gates sichern die Zufahrt. Doch eigentlich kann man sich allem sogar überraschend gut nähern. Natürlich kommt es in der Regel eher schlecht an, wenn man zu offen mit der Kamera herumhantiert oder mit dem Wagen auffallend oft ein und dieselbe Straße entlangfährt. Doch sind es mehrere gesonderte Gebäude und Bereiche, die zu »Crypto City« zählen, zwischen denen man aber auf Fort Meade durchaus hindurch fahren kann. Und das ruft keineswegs »Men in Black« auf den Plan. Als ich die Anlagen der NSA-Zentrale fotografiert habe, war ich ohne Frage sehr vorsichtig. Aber: Es geht, und zwar extrem viel leichter als im Fall von Area 51.

Drei Beispiele für NSA-Anlagen:
Ganz oben Fort Meade, das Hauptquartier. In der Mitte
die Anlagen von Menwith Hill in England und unten die
Bad Aibling Station in Deutschland.
(Aufnahmen: Verfasser)

James Bamford, der unlängst sein zweites NSA-Buch vorgelegt hat – »Body of Secrets« –, berichtet schon in seinem ersten Bestseller zum Thema (»The Puzzle Palace« 1982: »Wo die meisten Regierungsbüros oder große Gesellschaften den von ihren Computern eingenommenen Platz in Quadratfuß messen, mißt die NSA ihn in Acre [1 Acre = 0,4 Hektar, AvR.]. ›Ich hatte fünfeinhalb Acres Computer, als ich dort tätig war‹, sagte General Carter …« Und seitdem hat sich in der Computerentwicklung eine Menge getan, vor allem bei der NSA. Was Computertechnik angeht, so verhält es sich hier bei der NSA wie mit den Flugzeugen auf Area 51. Wenn wir eine SR-71 »Blackbird« sehen oder eine F-117-Stealth-Maschine, erscheinen uns diese Flieger heute noch geradezu utopisch. Doch sie sind vielmehr Geisteskinder der sechziger und siebziger Jahre. Am Groom Lake werden in diesen Tagen komplett andere Vögel geflogen. Und einige Rechner im 1996 auf Fort Meade gegründeten NSA-Museum, unweit des Beltway, erscheinen ebenfalls noch recht modern. In solchen Momenten mag dem Betrachter dämmern, daß unsere Gegenwart eigentlich die Vergangenheit ist, während unsere Zukunft an anderen Orten bereits zur Gegenwart geworden ist.

Das »Stammhirn« der NSA befindet sich ebenfalls in geschützteren Zonen, in unterirdischen Räumen direkt unterhalb des Hauptkomplexes: »Heute ist in den kavernenartigen, subterranen Erweiterungen unterhalb des *Headquarters-Operations*-Gebäudes der National Security Agency wohl die größte Ansammlung von Computern untergebracht, welche die Welt je kannte«, erklärt Bamford in seinem Buch.

Alles, was Rang und Namen hat, geht unter die Erde, könnte man fast sagen.

Eine im Rahmen des COG-Programmes wesentliche Anlage ist die – wie auch in anderen Fällen so oft – vom US-Katastrophenschutz FEMA betriebene *High Point Special Facility* nahe Berryville in West Virginia. Die Anlage befindet sich auf beziehungsweise *im* Mount Weather und bedeckt eine Fläche von rund zwei Hektar. Die US-Wetterbehörde hatte schon 1954 mit der Ausschachtung von Tunnel-Bereichen begonnen, eine Arbeit, die dann unter dem Code

»Operation High Point« vom Ingenieurscorps der Armee (*US Army Corps of Engineers*) fortgesetzt worden ist.

Umgerechnet auf den heutigen Kurs, hat Mount Weather mehr als eine Milliarde US-Dollar verschlungen. Die Finanzierung wurde wie bei Area 51 und anderen supergeheimen Unternehmungen wieder einmal über das »Schwarze Budget« geregelt, gewissermaßen die Haushaltskasse der Schwarzen Welt. Das Tunnelsystem und die unterirdischen Bunker von Mount Weather sind bestens geschützt. 21.000 schwere Eisenbolzen sichern die Decken, ein 1,5 Meter dikkes, 34 Tonnen schweres Tor soll im Extremfall einer atomaren Detonation Paroli bieten. Als »High Point« 1958 fertiggestellt war, war sie mit allen nötigen Systemen ausgestattet, von Freizeiteinrichtungen über Schlafräume, Hospital und Fernsehstudio bis hin zum hauseigenen Krematorium. Angelegt hatten die Konstrukteure diesen Untergrund-Stützpunkt zur Versorgung von etlichen tausend Personen.

COG sah vor, die wesentlichen Regierungsvertreter in drei Gruppen zu unterteilen, Alpha, Bravo und Charlie, wobei ein Teil in Untergrundbunkern unter dem Weißen Haus und Washington bleiben sollte, einer in Mount Weather und der dritte schließlich in anderen gesicherten Einrichtungen.

Am 24. Oktober 1985 gab das US-Verteidigungsministerium die Direktive Nummer 3020.26 heraus, die interessante Einzelheiten zu den COG-Plänen und -Vorgehensweisen enthält. Hier werden auch die Aufgaben von Mount Weather als »Special Facility« (SF) diskutiert, im Sinne einer geschützten Notfalleinrichtung unter dem Management der FEMA. Eine wichtige Rolle spielt immer wieder auch »Site R« oder »Raven Rock«, die in den Bergen von Süd-Pennsylvania versteckt ist und als »unterirdisches Pentagon« gilt. Allein rund 350 Menschen sind dort ständig als Stab präsent gewesen, allerdings hat sich ihre Zahl mit dem Ende des Kalten Krieges verringert. Site R soll mit Camp David, dem Refugium des US-Präsidenten in der Nähe des Ortes Thurmont, durch einen meilenlangen unterirdischen Tunnel verbunden sein.

Geheimanlagen können auch unter Rinderfarmen, Bauernhäusern

und Hotels verborgen sein, um dort jahrzehntelang unentdeckt zu bleiben. Richard Sauder nennt einige interessante Beispiele dieser Art. Er erwähnt eine Fabrik in Zentral-Schweden, die immerhin 3.000 Mitarbeiter beschäftigt, jedoch unter die Erde verlegt ist. An der Oberfläche deutet nichts auf ein solches Unternehmen hin. Das einzige, was der Besucher zu sehen bekommt, ist ein schlichtes, unauffälliges schwedisches Farmhaus. Die Sopley-Anlagen der britischen Armee in Hampshire sind auch nur an einem einzigen Wachhäuschen zu erkennen. Unter dem piekfeinen Greenbriar Hotel in White Sulphur Springs im US-Bundesstaat Washington befindet sich eine komplette Untergrundanlage, die seit Ende der fünfziger Jahre des 20ten Jahrhunderts errichtet wurde, von der aber bis Mai 1992 nur sechs Mitglieder des US-Kongresses etwas wußten. Wir werden im engeren Zusammenhang mit Area 51 noch auf eine andere, äußerlich zunächst völlig harmlos wirkende Anlage zurückkommen, die ebenfalls weit ausgedehnte unterirdische Systeme birgt – die riesige Tejon-Ranch in den kalifornischen Tehachapi-Bergen.

Unterirdische Sicherheit ist eben durch nichts zu ersetzen. Was könnte besser sein als eine Schutzmauer, bestehend aus Hunderten von Metern natürlichen Felses? Wie wichtig es ist, sich tief einzugraben, belegen die Entwicklungen von Penetrator-Geschossen, die darauf ausgelegt sind, möglichst tief in den Erdboden einzudringen. Erste Erprobungen solcher Waffen fanden 1968 auf dem Sandiaeigenen Edgewood-Testgelände rund 30 Kilometer von Albuquerque statt. In dem schon erwähnten Bericht Nummer SAND96-0375 schreibt der Sandia-Historiker Leland Johnson: »Eine Waffe, die tief in den Untergrund dringen konnte, bevor sie detoniert, wäre auch in der Lage, feindliche Tunnelkomplexe oder unterirdische Bunker zu zerstören.«

Bereits 1960 begründeten zwei Forscher von Sandia, Alan Pope und Bill Caudle, die »Terradynamik« als Gegenstück zur Aerodynamik. Diese Wissenschaft erforscht unter anderem das Bahnverhalten von Geschossen, die sich durch festes Material bohren. Eine dieser Waffen ist die riesige, rückstoßfreie »Davis Gun«, die ein Projektil mit einer Geschwindigkeit von einem Sekundenkilometer in den Boden rammt. Getestet wurde sie auf Edgewood und später auf dem ausgedehnten Tonopah-Testgelände TTR, das sich im Norden von Dreamland befindet. Sehen wir uns einmal kurz an, was Leland Johnson zum TTR berichtet:

»Im November 1988 erhielt der Tonopah Test Range zum ersten Mal die Aufmerksamkeit, die er verdiente. Als Reporter von Berichten über Sichtungen seltsam aussehender Flugzeuge hörten, begannen sie herumzuschnüffeln, um herauszufinden, was sich auf dem Gelände zusätzlich zu den Tests noch so alles abspielte. Einige verschafften sich aus der Luft einen fernen Einblick und waren überrascht zu sehen, daß die Landepiste des Range aufs Doppelte ihrer ursprünglichen Länge ausgedehnt worden war; darüber hinaus schien es einen neu errichteten Komplex bergaufwärts vom Test-Kontrollzentrum zu geben. Gerüchte gingen fortan um. Sie endeten im ausklingenden Jahr 1988, als die Luftwaffe die Tore der Hangars öffnete, die sie auf dem Range gebaut hatte, und die Stealth F-117-Kampfflugzeuge herausrollte, die sich der Radar-Entdeckung zu entziehen vermochten. An jenem Tag wurde der abgelegene, isolierte, unbekannte Tonopah Test Range berühmt. Ironischerweise also nicht für seine dreißig Jahre während Tests geheimer Waffen im Dienste des Atomenergie-Ministeriums, sondern für sein Jahrzehnt der Air-Force-Nutzung als Entwicklungs- und Testgelände für die Stealth-Fighter.«

Allein schon hieraus zeichnet sich der enge Zusammenhang zwischen dem Tonopah-Gelände und der Area 51 ab, wobei das Gelände von Dreamland allerdings stets für die weit sensitiveren Phasen solcher Forschungen zuständig ist.

Zu den Waffentests auf Tonopah zählten auch die Versuche mit GBU-28/B, einer lasergelenkten Penetrations-Bombe zum Einsatz gegen Untergrundanlagen im Irak. Um 1991 herum, zur Zeit der Desert-Storm-Initiative im Golfkrieg, wurde dieser »Bunker Buster« (»Bunker-Sprenger« oder alternativ auch »Bunker-Meister«) verstärkt auf Tonopah getestet. Die klimatischen Bedingungen dort eigneten sich im übrigen hervorragend zur Simulation der Wüsten-Konditionen des Mittleren Ostens.

Fazit: Das Militär weiß am besten, wie tief in die Erde es hinab muß, um seine Anlagen dort effizient schützen zu können. Dabei sind die Techniken so ausgefeilt und fortgeschritten, daß heute Untergrundbasen wirklich tief in und unter Bergen angelegt werden können. Ausgereifte Pläne, subterrane Komplexe sogar kilometertief unter dem Erdboden zu konstruieren, existieren bereits seit vielen Jahren. Einige von ihnen dürften schon verwirklicht sein, teils auch unter den Böden der Ozeane.

Heute bestehen die Technologien, unter der Erde hermetisch abgesicherte Hangars zu errichten, um dort supergeheime Flugzeuge der neuesten Generation unterzubringen. Wenn man den Berichten von UFO-Beobachtungen Glauben schenken darf, bei denen unkonventionelle Fluggeräte aus dem Meerwasser aufgetaucht oder in den Ozean gestürzt sind, könnten sie durchaus darauf hinweisen, daß erstens bereits hybride Flugtechnologien realisiert worden sind, die sowohl zum Fliegen als auch zum Taucheinsatz im Wasser geeignet sind – gewissermaßen Amphibien-Flugobjekte. Des weiteren bedeuten diese Sichtungen vielleicht, daß in der Tiefe großer Seen oder Ozeane, möglicherweise sogar erst mehrere Kilometer unterhalb des Meeresgrundes die Phantasien des Jules Verne auf ein Neues in die Tat umgesetzt worden sind. Daß dort nämlich die geheimsten Städte dieses Planeten errichtet wurden, um in der denkbar größten Abgeschiedenheit mit Technologien zu operieren, die für uns »Normalweltler« noch Zukunftsmusik sind.

KAPITEL 6

Lichter in der Finsternis

Grüße aus »Utopia«

Während eines Frühstücks im Little A ›Le‹ Inn unterhielt ich mich etwas ausführlicher mit Chuck Clark, dem Mann, dem die bisher besten Aufnahmen der Basis gelangen, als die beiden Berggipfel von Freedom Ridge und White Sides noch zugänglich waren. Wir sprachen über ungewöhnliche Sichtungen der vergangenen Jahre, und Chuck erwähnte eine merkwürdige Begebenheit, die seine mittlerweile verstorbene Frau erlebt hatte. Mrs. Clark wohnte auf einer Ranch nördlich von Rachel. Dort wurde sie Zeugin einer klassischen UFO-Landung, so versicherte mir Chuck. Wie er mir berichtete, setzte eines Tages ein glühendes diskusförmiges Objekt auf einem benachbarten Höhenzug auf, und aus dem Flugkörper stiegen kleine, fremdartige Wesen. Sie beschäftigten sich offenbar mit dem Untergrund, auf dem das UFO gelandet war. Die beunruhigte Rancherin griff zur Waffe und feuerte einige Warnschüsse ab. Doch die mysteriösen Besucher scherten sich überhaupt nicht darum und setzten ihre ominöse Tätigkeit fort.

Berichte dieser Art gibt es sehr viele, nur: Wie sollen Zeugen sie beweisen? Selbst dann, wenn die Beobachtungen und Erlebnisse mit der Kamera oder auf Band dokumentiert sind, ändert das kaum etwas an der Sachlage, denn fälschen läßt sich heute bekanntermaßen fast alles ohne besonders großen Aufwand. Leider kursieren ohnehin genügend unechte »UFO-Beweise«, die Thematik ist daher schon längst verschrien. Und die aufrichtigen Zeugen, die wirklich etwas gesehen haben, ohne deswegen gleich zu behaupten, Außerirdischen begegnet zu sein, werden natürlich von der Lächerlichmachung nicht verschont. Schon lange trauen sich viele nicht mehr, über ihre Erlebnisse zu sprechen. Offenbar aber gibt es hier einen wie auch immer gearteten wahren Kern, denn die Kontinuität gleichlautender

Beschreibungen unabhängiger Zeugen ist doch beeindruckend. Wer nicht selbst schon eingehende Gespräche mit Menschen geführt hat, die einerseits nach einer Erklärung für das von ihnen Gesehene suchen, andererseits aber nur selten damit an die Öffentlichkeit drängen, hat es natürlich leicht, genügend Gegenargumente zu finden, um die Redlichkeit der Aussagen komplett in Frage zu stellen.

Während unserer Unterhaltungen kamen wir wiederholt auch auf einen bedrohlichen Vorfall zu sprechen, der fragmentarisch auf Videoband festgehalten worden ist. Dieses Filmdokument ist öffentlich nicht verfügbar und wird auch auf absehbare Zeit nicht verfügbar gemacht werden. Auf einer abendlichen Fahrt entlang des berühmten »Extraterrestrial« Highway 375 hatten drei Personen, ein Vater mit seinem Sohn und einem Bekannten, allem Anschein nach eine wirklich enge Begegnung mit einem unidentifizierbaren Flugobjekt. Als sich die Zeugen in der Nähe des einsam an einer Weggabelung stehenden Briefkastens des Ranchers Steve Medlin befanden, tauchte es sehr plötzlich auf und schwebte direkt über dem Wagen, der von dem glühenden Diskus in ein grell-orangenes Licht gehüllt wurde. Die bis ins Mark erschrockenen Auto-Insassen fühlten sich dem unheimlichen fremden Phänomen natürlich völlig ausgeliefert. Sie brachten es in den nächsten Momenten gerade noch fertig, die Video-Kamera in Gang zu setzen. Allerdings waren sie von den Vorgängen bald so überwältigt, daß gezielte Aufnahmen ins Hintertreffen gerieten. Die Kamera lag auf der Mittelarmlehne des Wagens und nahm die Begegnung mit eingeschränktem Blickfeld auf.

Am schnellsten überwindet der Sohn den Schock. Er verfolgt das dramatische Geschehen vom Beifahrersitz aus und will das stehende Fahrzeug verlassen, um mehr von dem UFO sehen zu können, doch sein Vater hält ihn aufgeregt zurück. Auf der Videosequenz ist der Briefkasten von Steve Medlin, die Landschaft und das gleißend helle, direkt von oben in den Wagen fallende Licht deutlich zu erkennen. Plötzlich verändert sich der Lichteinfall. Das mysteriöse Objekt verschwindet mit enormem Tempo aus dem Sichtbereich, und der Spuk ist so schnell vorüber, wie er begonnen hat.

Als ich von dieser Begegnung am Highway erfuhr, erinnerte ich mich daran, wie 1998 plötzlich Musik aus dem ausgeschalteten Radio meines Mietwagens ertönte – während einer abendlichen Fahrt vorbei an der Groom Lake Road. Der Empfang in dieser Gegend ist ohnehin mehr als kläglich, vor allem wenn die Antenne abgeschraubt im Kofferraum liegt und das Radio wie gesagt überhaupt nicht an ist. In jenen Augenblicken mußte ich unweigerlich an die Spielfilme des Genres denken, an die typischen Szenen: Die ahnungslosen Reisenden fahren des Nachts durch die Einsamkeit des amerikanischen Westens, plötzlich spielt die Technik verrückt, das Radio geht an und aus, die Uhr läuft rückwärts, dann stoppt der Motor und im nächsten Moment taucht eine gewaltige leuchtende Flugscheibe aus der eben noch pechschwarzen Nacht auf. Doch hier sollte es bei der »Phantommusik« aus dem Radio bleiben, die vielleicht eine Minute währte, nicht länger. Sie mußte durch einen sehr starken Sender induziert worden sein. Meine damalige Freundin, eine an der Thematik sehr interessierte junge Naturwissenschaftlerin, und ich schauten uns beide nur verblüfft an. Waren wir im falschen Film? Der Fall jener vom glühenden Diskus überraschten Familie aber scheint doch zu zeigen, daß vermeintliche Science-fiction-Phantasien gelegentlich realer sind, als wir vielleicht glauben würden.

Was einige Menschen in Nevada am Himmel sehen, läßt sich kaum mehr in ein gängiges Schema einordnen. Keine bekannte Flugtechnologie erklärt die Aktivitäten dort. Was immer am Groom Lake getestet wird, es ist allem, worüber die US-Luftwaffe offiziell verfügt, weit voraus.

In meinem früheren Report zur Area 51 habe ich von Dale berichtet, einem sehr guten Freund, der bei der Air Force arbeitet und außerdem als Leiter einer Sternwarte tätig war, somit also auch beste astronomische Beobachtungserfahrung besitzt. Von einer geologischen Forschungsstation im Nordwesten von Area 51 aus hatte er weiten Blick über die Testgelände und den Luftraum der Geheimbasis, als er seine ungewöhnlichen Beobachtungen machte. Am Nachthimmel, in östlicher Richtung, tauchte ein kirschrotes Licht auf. Es war offenbar sehr weit entfernt, strahlte in hellem Schein und bewegte sich entlang von Kreislinien, um dann schlagartig extrem schnell davonzuschießen. Am nächsten Morgen konnte mein Freund das Objekt wieder sehen, und am folgenden Abend schließlich zeigte sich ein venushelles weißes Licht, wiederum im Osten. Diese Erscheinung tauchte hinter Bergrücken auf, die rund hundert Kilometer vom Beobachtungspunkt entfernt sind. Ich möchte wenigstens die wesentlichste Passage von Dales Bericht an dieser Stelle kurz einblenden: »Das Objekt vollzog eine Reihe von Bewegungen von links nach rechts, beschrieb mit hoher Geschwindigkeit eine Reihe aneinander anschließender Kreise den Berg hinunter, stieg rasch wieder bis auf seine vorherige Höhe auf, vollzog dann eine Reihe sinusartiger Wellenbewegungen in Richtung Süden und schoß dann mit einer Geschwindigkeit von zwanzig Grad pro Sekunde nach oben in eine Wolke. Es war immer noch so hell, daß es die Wolke von hinten erleuchtete.« Aus Entfernung und Winkelgeschwindigkeit folgt, daß dieses Objekt sich 120mal so schnell wie der Schall bewegt haben muß!

Bill Whiffen, von dem gleich im Auftakt zu diesem Buch die Rede war, ein ausgezeichneter Flugzeugfotograf und Freund des »Dreamland-Resort«-Webmasters Jörg Arnu, berichtete mir von etlichen ähnlich exotischen Sichtungen. Viele davon betrafen scheibenförmige Objekte, die an der Unterseite ein pulsierendes Licht aufwiesen. Er schilderte seine Beobachtungen so lebendig, als ob er sie gerade eben erst gemacht habe. Vor allem ein Ereignis muß enorm beeindruckend gewesen sein – und für mich war es nicht sonderlich schwer, die Atmosphäre jener Momente nachzuvollziehen, standen wir doch eben auch draußen in der nächtlichen Wüste, als Bill mir erklärte, was er zusammen mit anderen Zeugen sah. Er streckte seine Hand aus und deutete zum nordwestlichen Horizont: »Dort, in dieser Richtung tauchte es auf: ein Licht, das auf und ab sprang und geometrische Muster an den Himmel zeichnete – gleichseitige Dreiecke, Rechtecke, und so weiter. Dann war mit einem Male nichts mehr zu sehen. Und im nächsten Moment tauchte es auf der gegenüberliegenden Seite des Horizontes auf. Stell' Dir das vor! Dort führte es den selben Tanz auf. Es muß innerhalb eines winzigen Augenblicks die hundert Meilen von einer Seite zur anderen überbrückt haben!«

Die neue Area 51

Um Area 51 geschehen wahrhaft seltsame Dinge. Immer wieder und immer noch. Der schon erwähnte Journalist Jim Wilson griff mit seinem Bericht über »The New Area 51« (»Die neue Area 51«) gewaltig daneben, als er vermutete, alle geheimen Projekte seien vom Groom Lake hinübergezogen nach Utah, in den »Green River Komplex«.

Nein, ganz bestimmt nicht. Was auch immer sich auf Area 51 abspielt, es spielt sich dort weiterhin noch ab. Ich war selbst überrascht, was sich in der jüngeren Zeit so alles an interessanten Neuerungen um die rätselhafte Area getan hatte.

Das bei Rachel liegende »Back Gate«, die nördliche Einfahrt in die Sperrzone, war stark ausgebaut worden. Das Wachhaus ist seit September 2000 doppelt von Abschrankungen geschützt und dadurch den Blicken neugieriger Beobachter etwas entrückter. Neben einigen anderen Veränderungen sind dort auch Radaranlagen hinzugekommen. Gleichfalls zieren neue Videokameras das Gelände. Einen Monat nach den Veränderung am Back Gate entstand dann die zweite Überwachungsanlage auf dem Bald Mountain, außerdem werden Straßen im Hinterland ausgebaut und erweitert.

Als wir eines Nachmittags zusammen mit Chuck in der Bar saßen und Aufnahmen betrachteten, die er wenige Tage zuvor

Die Überwachungsstation auf dem Bald Mountain, aufgenommen durch Jörgs Teleoptik.
(Aufnahme: Verfasser)

vom Tikaboo aus gemacht hatte, schaute mich Jörg auf einmal mit ganz großen, begeisterten Augen und einem leicht irritiert wirkenden Gesichtsausdruck an. »Habe ich Dir überhaupt schon gesagt, daß sie im Norden, am Cedar Gate, eine neue Piste bauen?«, meinte er geradezu freudig aufgeregt. In seinem Tonfall lag eine gewisse Verblüfftheit darüber, etwas so Wichtiges bisher möglicherweise noch gar nicht zur Sprache gebracht zu haben.

Nein, tatsächlich hatten wir uns darüber noch nicht unterhalten, doch schien mir das nicht verwunderlich, in Anbetracht all der anderen ohnehin schon faszinierenden Neuigkeiten und der ständigen Bereitschaft Jörgs, uns alles am besten gleich auch vor Ort zu zeigen und sogleich gemeinsam neue Sachverhalte auszukundschaften. Mich begeisterte diese Unternehmungslust vom ersten Moment an, und irgendwie war ich sehr beruhigt. Denn nachdem sich Glenn Campbell, jener bis dahin unermüdliche Area-51-Pionier, seit 1997 mehr und mehr aus der aktiven Erkundung zurückgezogen hatte, fehlte dort draußen ein bißchen die »Bewegung«; ich befürchtete schon, Rachel würde in eine Art »Dornröschenschlaf« verfallen, was »Dreamland« andererseits eigentlich nur recht sein konnte. Doch nun begann hier wieder ein frischer, kräftiger Wind zu wehen – wehe den Geheimniskrämern!

Über die neue Piste hatten wir also noch nicht gesprochen. Nun blickte ich Jörg meinerseits mit großen Augen und einem überraschten, fragenden Gesichtsausdruck an – »Die sind hier draußen ja fast so eifrig am bauen wie in Las Vegas«, schoß es mir durch den Kopf.

Was tat sich hier nun wieder?

Das Cedar Gate liegt im Nordwesten von Rachel, in einem unbewohnten Tal namens Railroad Valley, und führt in den Nellis Range hinein. Diese abgelegene Zufahrt ins Sperrgebiet bietet sich geradezu für unbemerkte Transaktionen an. Jörg erklärte mir, daß die Zufahrtstraße gegen Ende Juni geteert und verbreitert wurde, so daß nun zwei schwere Lastzüge nebeneinander genügend Raum finden, ungehindert zu passieren. Er beobachtete auch eine deutlich stärkere Frequentierung dieses Weges – denn nun zeigten sich häufig »weiße, unmarkierte Trucks mit unbekannter Fracht … An einem gewöhnlichen Wochentag haben wir vier Trucks innerhalb von nur wenigen Stunden beobachtet«, so resümiert Jörg auf seiner Homepage und berichtet von neuen Radaranlagen in den Bergen südlich und westlich der »Cedar Gate Road«, also eben genau jener Zufahrtsstraße, sowie von mobilen Radaranlagen direkt am Gate selbst. Solche Anlagen finden sich wie schon kurz erwähnt auch beim »Back Gate« nahe Rachel. Im Sommer 2000 war dann zu vernehmen, daß jene neue Piste nordöstlich des Zedernpasses (»Cedar Pass«) innerhalb des Sperrgebietes errichtet werden sollte, und nur wenige Monate später, im November 2000 wurde die ursprünglich vorgeschlagene Dimension des Rollfeldes beinahe verdreifacht. Jörg erinnert daran, daß diese neue Piste damit breiter wird als diejenigen, die auf dem McCarran International Airport in Las Vegas genutzt werden!

Die Cedar-Rollbahn liegt in der direkten Verlängerung der Pisten am Groom Lake, genau wie die Landezone einer kleinen, etwas obskuren Außenstation von Area 51 – Air Force Flight Test Center, die als »Base Camp« bekannt ist. Diese Anlage und die Radarstation auf der benachbarten Halligan Mesa befinden sich im Norden des Nellis Air Force Range auf dem Highway 6. Früher diente das Camp als Basislager während der atomaren Tests im Rahmen des Projekts »Faultless«. Offenbar soll eine gut geschützte Flugschneise mit Notfallpisten die Tests eines neuen superschnellen Flugzeugtyps möglichst sicher gestalten.

Beim Betrachten von Chucks aktuellen Area-Aufnahmen gab es plötzlich eine weitere Überraschung. Ich weiß gar nicht mehr, wem die Veränderung auf den Bildern zuerst auffiel, jedenfalls war fast die komplette Treibstoff-Tankfarm von Area 51 verschwunden! Von den ursprünglich elf großen Tankzylindern mit einem Volumen von insgesamt ziemlich genau fünf Millionen Litern JP-7-Sprit sind nur noch zwei übriggeblieben. Nur eines scheint klar: Diese Beobachtung unterstützt keinesfalls die Idee, daß die Basis stillgelegt ist oder wird, das dürfte mittlerweile jedem einleuchten. Viel wahrscheinlicher ist, daß diese Tanks aus Sicherheitsgründen ein »Stockwerk« tiefer gelegt wurden. Fast verwunderlich, daß nicht schon früher dafür gesorgt wurde, die mächtigen Behälter mit dem entzündlichen In-

Auf dieser Aufnahme von 1995 ist die Tankfarm von Groom Lake noch deutlich zu sehen. Im Sommer 2001 sind die meisten Tanks entfernt worden. Wahrscheinlich wurden sie unter die Erde verlegt.
(Aufnahme: Verfasser)

halt aus der unmittelbaren Nähe der Pisten zu entfernen und die Unfallgefahr zu reduzieren.

Ob ein Zwischenfall im August 1999 die Entscheidung vorangetrieben hat oder überhaupt in irgendeinem Zusammenhang mit der auffallenden Veränderung am Groom Lake steht, bleibt offen, Tatsache aber ist, daß am 4. jenes Monats ein mächtiger Brand in den Groom-Bergen wütete. Jörg sah die ersten Flammen in den Abendstunden, und noch am nächsten Morgen loderten mehrere Brandherde. Ein Blitzschlag soll das Feuer ausgelöst haben, doch wie so oft will sich diese offizielle Darstellung nicht recht mit den viel wahrscheinlicheren Erklärungen decken, die Jörg bald aus sehr zuverlässigen Quellen erreichten. Demnach verlor einer der beiden an jenem Abend startenden B-52-Bomber zusätzlich angebrachte Außentanks. Sie fielen auf den nördlich von Area 51 beginnenden Abhang und gerieten in Brand. Die extrem hellen Flammen, wie sie Jörg von mehreren Blickpunkten gut beobachten konnte, erregten schon seinen Verdacht, daß hier nicht einfach das ohnehin spärlich gesäte Buschwerk zu brennen begonnen hatte, sondern vielmehr Chemikalien mit im Spiel waren.

Wie auch immer, alles, was sich in den vergangenen Jahren und Monaten bei Area 51 zugetragen hat, weist auf eine extrem rege Tätigkeit dort hin. Nicht zuletzt blieb auch die Zahl der Fahrzeuge auf dem JANET-Terminal in Las Vegas unverändert. JANET, das ist die geheime Fluglinie, die Personal mit Boeing-737-Maschinen von Las Vegas zum Groom Lake sowie auch in geringerem Umfang an andere Orte der Schwarzen Welt transferiert. Was JANET bedeutet, ist bis heute nicht klar – in möglicher Anlehnung an den auch von COG genutzten JATS, den *Joint Air Transportation Service*, vielleicht *Joint Army Navy Employee Transport*, also in etwa »Kombinierter Transfer von Angehörigen der Armee und Marine«.

Vom Internationalen Terminal des McCarran-Airport in Las Vegas ist der rege Betrieb der weitestgehend unmarkierten Maschinen wunderbar zu verfolgen – und sie können nach wie vor vom Tikaboo Peak aus im Landeanflug auf den Groom Lake sowie beim Rückstart nach Las Vegas beobachtet werden. Auch hier hat sich nichts geändert, und auf dem Landweg wird zwischen Alamo und Area 51 seit 1997 sogar ein größerer Bus eingesetzt als bisher …

Nachdem ich eine Weile aus der »Sache« heraus gewesen war, machte mich Jörg dankenswerterweise sehr schnell und mit nicht zu überbietender Ortskenntnis mit der »neuen Area 51« bekannt – die aber entgegen Jim Wilsons Darstellung in nichts anderem besteht als einer noch stärker gesicherten »alten« Area 51.

Die neue Phase der Abschottung ist definitiv Fakt. Man geht dort in mehrfacher Hinsicht auf Tauchstation, dies nicht nur mit Blick auf die ebenfalls vorangetriebene Errichtung von Untergrundanlagen. Und ganz gewiß liegen wir bei einer Antwort auf die Frage, warum das alles so ist, nicht ganz falsch, wenn wir neue Geheimflugzeuge vermuten. Tatsächlich sogar haben die immer wieder von Augenzeugen berichteten Sichtungen schon erste direkte Bestätigungen geliefert.

»BS«

Drei Tage vor unserer Ankunft in Las Vegas spielte sich in den Bergen nahe Dreamland wahrhaft Sensationelles ab: Jörg wurde zusammen mit einem Filmteam des amerikanischen Bildungskanals »Learning Channel« Augenzeuge eines neuen Tarnkappen-Flugzeuges! Am 12. Juni 2001 erlebte er damit gewissermaßen, wie die »Schwarze Welt« kurz in die normale, »weiße« Welt einbrach. Am Vortag hatte Jörg mit den Kameraleuten jenen anstrengenden Marsch hinauf auf den Gipfel des Tikaboo Peak unternommen, um ihnen die »Basis aller Basen« zu zeigen, die so geheim ist, daß ihre Existenz immer noch in weiten Teilen offiziell geleugnet wird. Während die Nacht ohne besondere Vorkommnisse verlief, nahm die Gruppe dann am folgenden Morgen kurz vor acht Uhr erste Aktivitäten im Luftraum wahr. In der Ferne zeichneten sich die Silhouetten mehrerer Flugzeuge ab, die sich aber für eine Identifikation noch in zu großer Distanz befanden. Vorläufig.

Kurz darauf näherte sich eine KC-10-Maschine, wie sie für Auftankmanöver in der Luft eingesetzt wird. Direkt daneben rückte ein weiteres Flugzeug ins Bild, offenbar ein Lockheed-F-117-Stealth-Fighter, außerdem ein McDonnell-Douglas-F-15-Jäger. Alle bewegten sich entlang eines Nord-Süd-Kurses, in einer Höhe von geschätzt rund 5.000 Metern. Schon in den ersten Momenten, während derer Jörg die drei Flugzeuge genauer verfolgen konnte, stutzte er. Denn hier stimmte etwas ganz gewaltig nicht. Jörg erklärte mir später: »Uns fiel sofort auf, daß etwas mit den relativen Dimensionen nicht paßte, mit dem Größenverhältnis zwischen der F-117 und der F-15. Der Stealth-Fighter war einfach viel zu groß.« Beide Flugzeuge besitzen normalerweise die gleichen Ausmaße, sogar ziemlich genau. Sie sind bei einer Spannweite von 13 Metern rund 20 Meter lang. Aber hier, hier sah die Sache ganz anders aus.

Diese »Sonderausgabe« der F-117 war mindestens anderthalb bis doppelt so lang wie die F-15, so schätzt Jörg. In seinem Bericht, den er zwischenzeitlich auf den detaillierten Seiten des »Dreamland Resort« ins Netz gestellt hat, fährt er fort: »Als wir beobachteten, wie die Flugzeuge in der Ferne verschwanden, wußten wir, daß dies keine F-117 gewesen war, sondern daß wir in der Tat Zeugen eines Schwarzen Projekts in Aktion geworden sind.

Ungefähr 20 Minuten später hörten wir, daß sich die Flugzeuge von Süden her wieder annäherten, und konnten sie zu unserer großen Überraschung im direkten Überflug über Tikaboo Peak beobachten, sehr langsam und in niedriger Höhe. Sie flogen über das Tikaboo-Tal westlich unseres Standortes und lagen damit in perfekter Sicht, die Morgensonne in unserem Rücken. Und direkt vor uns neigte sich das unbekannte Stealth-Flugzeug erst auf die linke, dann auf die rechte Seite, so daß wir eine exzellente Ansicht sowohl von der Ober- als auch der Unterseite erhielten. Es schaut schlichtweg aus wie eine gewaltige Version eines F-117-Stealth-Fighters und kann ohne eine F-15 als Bezugsobjekt leicht mit ihm verwechselt werden. Flügel, Rumpf und Heckbereich scheinen identisch zu sein, nur das Cockpit sieht geringfügig stromlinienförmiger aus.«

Was sich in jenen Momenten am Himmel abspielte, schien einer regelrechten Vorführung zu gleichen. Auch Jörg war verblüfft, diese geheime Stealth-Version so deutlich zu sehen zu bekommen: »Es war ein perfekter Vorbeiflug, so als ob sie uns ihr neues Spielzeug zeigen wollten. Als er sich seitlich neigte, füllte der Stealth beinahe ein Drittel des Gesichtsfeldes meines 20x50-Feldstechers aus, und ich hatte eine exzellente Sicht auf ihn. Das gewaltige Dreieck mit solcher Leichtigkeit manövrieren zu sehen, ist ein überwältigender Anblick, und dieses Flugzeug scheint bereits völlig einsatzbereit zu sein.«

Nur eins fehlte leider noch zur Vollendung dieser außergewöhnlichen Beobachtung: Foto- und Filmaufnahmen. Es scheint fast so, als habe man am Groom Lake nur gewartet, bis die Mannschaft auf dem Tikaboo all ihre Kameras weggepackt hat, um dann selbst ganz tüchtig auszupacken und auf einmalige Weise die Botschaft an den Mann zu bringen: »Seht her, hier sind wir! Es stimmt, Area 51 gibt es wirklich, sie ist überaus aktiv, und wir testen tatsächlich immer noch streng geheime Flugzeuge. Umgezogen sind wir nicht. So, und jetzt fangt uns doch!«

Verfügt man mittlerweile auf Bald Mountain über derart gute Überwachungsoptiken, um zu sehen, wann »Zaungäste« auf dem Tikaboo ihre Kameras einpacken? Immerhin soll auch auf dem benachbarten Badger-Mountain eine Kontrollkamera stehen. Liefert sie die nötigen Informationen an die Basis weiter?

Vielleicht wird sich wenigstens dieses Rätsel eines Tages noch erhellen, jedenfalls waren Jörg und die Crew vom »Learning Channel« nicht die einzigen Zeugen der großen Stealth-F-117. Schon am nächsten Tag, den 13. Juni, kletterte ein anderer Unentwegter die steilen Hänge des Tikaboo hinauf, um die notorische Basis aufs Korn zu nehmen. Dieser einsame Abenteurer war Chuck Clark, dessen gute Form man ihm äußerlich nicht unbedingt gleich ansieht, doch der mit seinen 55 Jahren immer noch wieselflink im Gelände unterwegs ist.

Bei dieser Gelegenheit entstanden auch die Aufnahmen, die erstmals von der verschwundenen Tankfarm künden. Chuck sah den enorm großen Stealth ebenfalls – und wieder wurde es nichts mit Fotos! Doch konnte er zumindest exakt das bestätigen, was Jörg auch schon beschrieben hatte: eine Maschine, die bis zu doppelt so groß sein dürfte wie die »gewöhnliche« F-117, nur etwas stromlinienförmiger und von dunkelgrauer Farbe. Verschiedene Bewohner von Rachel haben den wohl aus der strengsten Geheimhaltung in die operative Phase tretenden Flieger auch schon gesehen, im hellsten Tageslicht. Und natürlich gibt es nicht nur ein einziges Exemplar dieser Maschine. Was ohnehin selbstverständlich ist, erhält durch eine weitere Sichtung zusätzliche Rückendeckung, denn ein Augenzeuge aus Rachel schilderte alle Details in der gleichen Weise wie die übrigen Zeugen. Allerdings sprach er von einem *sandgelben* Flugzeug.

Als Chuck mir von seiner Sichtung erzählte, meinte er auch, er nenne dieses neue Flugzeug kurz »BS« und grinste dabei überzeugend breit – »BS«, die gängige Abkürzung für den amerikanischen Kraftausdruck »Bullshit«, konvertierte in der Langform hier allerdings zu »Big Stealth«. Das paßte wirklich, und Chuck war sichtlich begeistert. Chuck ist seit frühester Jugend ein Flugzeug-Enthusiast und ebenso aktiver Sternfreund. Geboren wurde er in Santa Monica im sonnigen Kalifornien, um in den folgenden Jahren stets in der Nähe von zivilen und militärischen Flughäfen zu wohnen. Nach dem Eintritt in die US-Armee und einem 13monatigen Pflichtaufenthalt in Korea blieb Chuck noch weitere anderthalb Jahre bei der Armee, wobei er, wie er sagt, auf einem sehr hohen Level des Militärs tätig war und seine Anweisungen direkt vom »Kommandieren General des Kontinentalen Armee-Kommandos« im Pentagon erhielt. In dieser Zeit, in der er über eine Sicherheitsfreistellung auf hoher Ebene verfügte, habe er auch viel über die Funktionsweise der oberen militärischen Kommandostruktur gelernt. Zum Jahreswechsel 1993/1994 zog Chuck dann nach Rachel, vor allem um die Sterne in den klaren, stockfinstren Nächten dort beobachten und fotografieren zu können, aber auch, um mehr über die geheimnisvolle Area zu erfahren und bald gleichsam von ihr besessen zu werden. Damit erging es ihm, wie etlichen anderen auch. Man kann wirklich von diesem Geheimnis und jener Gegend besessen werden. So ging es Glenn Campbell, in dessen Gefolgschaft sich eine lose Gruppe von spezialisierten »Dreamland«-Beobachtern entwickelte – die »Interceptors« –, und so ging es nicht zuletzt auch Jörg und Bill.

Jagd-Saison

Der Blick in die Geheimnisse von »Dreamland« – wer unter den Abfangjägern und Spürnasen im Hinterland von Nevada träumt nicht von ihm? Ein Schritt vor die Tür, egal ob bei Tag oder bei Nacht, am Himmel über Rachel kann zu jeder Stunde etwas Außergewöhnliches zu sehen sein. Doch vor allem, wenn der Abend hereinbricht, wird die Schwarze Welt lebendig. Mit der Zeit entwickelt der Jäger von Geheimprojekten selbst fast etwas Schattenhaftes, »Werwölfisches«, nur mit dem Unterschied, daß vor allem die Neumondzeit aufregende Nächte verspricht.

Und an manchen Tagen ist ständig etwas los. So auch dieses Mal. Jörg wollte den Nachmittag nutzen und mit seinem blauen Ford

Explorer noch einmal zu einer Stelle hinausfahren, an der er nur wenige Tage zuvor eine sehr enge, bedrohliche Begegnung mit einem Cammo-Vehikel hatte. Diese Örtlichkeit direkt im Norden von White Sides ist vielleicht insofern recht »sensibel«, als dort der neue Grenzverlauf abknickt und daher etwas unübersichtlich wird. Allerdings gebe es für einen Security-Mann ansonsten wohl kaum einen Grund, gegenüber jemanden ungemütlich zu werden, der auf öffentlichem Land unterwegs ist. Als Jörg dort entlang der Sperrzone gewandert war, die wie üblich durch nichts als schmale orangerote Metallpfosten markiert ist – einen Zaun gibt es nicht – fuhr eines der neuen champagnerfarbenen Vehikel mit recht hohem Tempo quer durch die Landschaft direkt auf ihn zu. Der offiziell »nicht existente« Fahrer brachte den Ford F150 nur sehr knapp vor Jörg zum Stehen, der die Arme weit von der Körperachse streckte, um damit seine völlig defensive Haltung zu bekunden. Trotzdem schrie der Security-Mann: »Du forderst es heraus, Partner!«, worauf der Beschuldigte erwiderte: »Ich möchte keinen Ärger mit Ihnen«, um auch jeden Zweifel auszuräumen. »Sie sind verdammt nah!« – tönte es ihm daraufhin entgegen. Dann entfernte sich der in Champagner gehüllte Aggressor wieder.

Gleichsam in demonstrativer Absicht entschloß sich Jörg, den Versuch noch einmal zu starten. Es ging ihm zum einen darum zu sehen, ob er wieder attackiert würde, zum anderen wollte er der Security klarmachen, daß deren rüde Verfahrensweise nie von Erfolg gekrönt sein wird, sprich: daß er auf solches Gebaren hin erst recht wieder an den Ort des Geschehens zurückkehren würde. Und zwar mit Verstärkung. So fuhren wir an jenem Nachmittag zu viert ins Gebiet von White Sides; Jörg, Nicki, Chuck und – der Unterzeichnete. Auf der Fahrt mußte ich daran denken, daß dies der Geburtstag meines Bruders Mike war. Während er hoffentlich im nun so fernen Frankreich einige schöne Feierstunden verbrachte, steuerten wir erwartungsvoll und eine gewaltige Staubwolke hinter uns herziehend wieder einmal mitten durch die ausgedörrte Steppenlandschaft auf das eine große Geheimnis zu.

Vor uns tauchte die Medlin-Ranch auf, die schon eine nahezu legendäre Rolle im Groom-Lake-Reigen spielt. Steve Medlin besitzt Weiderechte in der Sperrzone und eine Security Clearance, um in gewisse Bereiche dieser Region hineinzufahren. Die Leute von Groom teilten ihm ein Codezeichen zu und funken ihn aus Sicherheitsgründen jedesmal an, wenn er die Grenze überschreitet. Doch arbeitet er nicht für die Regierung, vielmehr schon hart ums Überleben; er ist lediglich zu striktem Stillschweigen verpflichtet über das, was er innerhalb des Territoriums sehen sollte, wobei das Gebiet so gewaltig groß ist, daß auch er keine tiefergehenden Einblicke über die Geschehnisse gewinnen kann. Für ihn haben sich aus der gesamten Situation hauptsächlich Ärgernisse ergeben, da er schon oft von allzu Neugierigen bedrängt worden ist. Sein berühmter Schwarzer Briefkasten, die Black Mailbox am Highway 375, war immer beliebter Treffpunkt von Beobachtern. Dagegen hatte auch Medlin grundsätzlich nichts einzuwenden, doch manch einer hat schon sein Fahrzeug so knapp an der Box abgestellt, daß der Rancher nicht mehr an seine Post gekommen ist. Andere haben sich sogar daran zu schaffen gemacht, um die Briefe zu lesen und vielleicht interessante Informationen herauszubekommen. Und wieder andere haben mit scharfer Munition auf die Mailbox geschossen. Vor einigen Jahren wurde Medlin die Sache dann zu bunt, er fertigte einen neuen, schußfesten Briefkasten aus halbzentimeterstarken Stahlplatten an und lackierte ihn demonstrativ weiß. Bald kam ein Unbekannter und spritzte den Kasten über Nacht pechschwarz um. Er hatte wohl den Bruch mit der »Black-Mailbox-Folklore« nicht verkraftet – Area 51 ohne diesen geheimnisvollen Briefkasten, das konnte es doch nicht sein! Nun war wieder Medlin an der Reihe. Dies-

Die berühmte Black Mailbox des Ranchers Steve Medlin, der sie mittlerweile durch einen weißen Stahl-briefkasten ersetzt hat.
(Aufnahme: Verfasser)

mal fruchtete die Aktion, und als wir den Kasten zum letzten Mal gesehen hatten, war er weiß, mit einem großen Schloß am Türchen. Die originale Mailbox entschädigte Medlin immerhin dadurch, daß sie zu einem guten Preis an einen Area-51-Fanatiker verkauft werden konnte.

Als wir uns der Medlin-Ranch näherten, verlangsamte Jörg den Wagen und wählte eine kleine Umgehung, um den ohnehin schon von Militär und Militärbeobachtern geplagten Rancher nicht noch zusätzlich zu stören. Dann fuhren wir weiter ins Hinterland, Richtung White Sides. Natürlich waren »unsere Freunde« bald ebenfalls zur Stelle, als Jörg den Wagen unweit der neuen Sperrzone ins Gebüsch stellte und wir uns auf einen kleinen Marsch begaben, Chuck in südliche, wir zunächst in nördliche Richtung. Die Security ließ uns nicht aus den Augen, und als wir um die Ecke bogen, meinte Jörg: »Jetzt bin ich mal neugierig; ab hier wird's interessant, das gefällt den Burschen gar nicht.« Wir paßten höllisch auf, daß wir nicht versehentlich einen falschen Schritt machten und hielten auf eine kleine Anhöhe zu.

Als wir ein Stück gelaufen waren, konnten wir selbst die jäh im Gelände endenden Wagenspuren sehen, die jener aggressive Cammo Dude wenige Tage zuvor hinterlassen hatte, um unmittelbar vor den Füßen des beharrlichen Störenfrieds zum Stillstand zu kommen. Nun aber geschah nichts. Wir liefen weiter, und die Dudes verfolgten unser Tun aus der Distanz. Sie versuchten ihr Fahrzeug so zu postieren, daß sie stets beide »Probleme« sehen konnten, uns hier genauso wie den in die Gegenrichtung wandernden Chuck. Wir schätzten, daß die Dudes möglicherweise Verstärkung holen würden, zumindest wenn wir uns noch weiter im Gelände verteilten. Eine solche, vom Boden aus kaum mehr kontrollierbare Situation könnte auch zum Einsatz eines Blackhawk-Hubschraubers führen, um uns zu »sandstrahlen« – so nennt sich die Aktion unter Leidgeprüften. In der Wüste von einem extrem niedrig fliegenden Hubschrauber verfolgt zu werden, kann den Atemwegen recht abträglich werden.

Allerdings wollten wir nicht wirklich provozieren und führten, da wir ursprünglich keinen längeren Aufenthalt geplant hatten, auch keine ausreichenden Wasserreserven mit uns.

Als wir zum Wagen zurückkamen, wartete dort bereits Chuck, er hockte auf der Schattenseite und beobachtete die Situation schon eine ganze Weile. Anschließend stand noch die Suche nach einem Bewegungsmelder auf dem »Programm«. Solche Sensoren sind im Gelände nahe den Schotterstraßen aufgestellt, die zur Geheimbasis führen. Zwei magnetische Detektoren sind jeweils über ein Kabel mit der Sende-Einrichtung verbunden, ein grauer zylindrischer Metallbehälter, der meist nur wenige Meter von der Straße zwischen den Büschen versteckt ist. Einen großen Aufwand muß die Security in dem riesigen Territorium nicht betreiben, um die Geräte zu verbergen – wer keinen Frequenzscanner besitzt, kann über diese kleinen elektronischen Spione nur mit sehr viel Glück stolpern. Ihr Funktionsprinzip ist einfach. Ein vorüberfahrender Wagen passiert die beiden Sensoren nacheinander. Dadurch gibt es zwei kurz aufeinanderfolgende Signale, die auch die Bewegungsrichtung des Fahrzeugs über den Transmitter an die Basis-Security melden.

Als wir am Sender angekommen waren, erzählte uns Chuck begeistert, daß er einmal die beiden Sensorkabel absichtlich vertauscht hatte. Er stöpselte also Kabel A in Buchse B des Senders und umgekehrt. Ein Auto, das sich in Wirklichkeit der Sperrzone näherte, meldete das System daher als wegfahrend. Mit diesem kleinen Trick provozierte Chuck auf öffentlichem Land eine sehr enge Begegnung mit den Cammo Dudes, die natürlich überhaupt nicht begeistert sind, wenn scharfe Porträts von ihnen gemacht werden. Denn schließlich sind sie so anonym wie die Adresse ihres Arbeitgebers. Von ihnen ist keiner erpicht darauf, sich irgendwo in einer Zeitung oder einem Buch wiederzufinden.

Letzten Endes wissen aber jene, die etwas Druck auf die Geheimniskrämer vom Groom Lake ausüben wollen, daß die Sicherheitsleute der Basis auch nicht mehr tun als ihren Job, der wahrscheinlich sogar einer der langweiligsten der Welt ist. Denn die »Cammos« bewachen lediglich das Gelände, tagein, tagaus. Sie streifen fortwährend zwischen dem Gebüsch umher, karren quer durchs

Gelände und schüren die Schotterstraßen entlang. Doch welche Projekte auf Area 51 aktuell ablaufen, darüber sind sie ebensowenig im Bilde wie die Außenwelt.

Die Jagden in der Wüste als ein groteskes »Räuber-und-Gendarm-Spiel« von ein paar Aussteigern zu betrachten, die nie ganz erwachsen geworden sind, wäre aber wohl daneben interpretiert. Im Grunde geht es um das Prinzip, das nimmersatte expansionistische Streben von Militär und Geheimdiensten durch sanften Gegendruck in gewissen Schranken zu halten. »Sie« sollen zumindest wissen, daß auch »Little Brother« stets argwöhnisch und kritisch präsent ist sowie für unangenehme Publicity sorgt, wenn die andere Seite noch viel weiter geht. Medien in ihrer ursprünglichen Form als Kontrollinstanz sind so ziemlich das einzige probate Mittel, das den Betreibern dermaßen ausufernd geheimer Projekte gewisse Sorgen bereiten könnte. Niemand würde erwarten, daß alle Verschwiegenheit darüber aufgegeben wird. Nur geht es genausowenig an, daß die »Schwarzwelter« nach wiederholten massiven Landnahmen immer noch weit über ihr bereits unüberschaubar großes Sperrgebiet hinaus auf öffentliches Gelände vordringen, um jeden, der sich dort aufhält, einzuschüchtern und zu verjagen. Dies ist der eigentliche illegale Akt und gleichzusetzen mit einer schleichenden Inbesitznahme zusätzlichen Territoriums.

Nachdem wir Chuck auf dem Rückweg von unserem Trip zur Sperrzone an seinem mobilen Wohnhaus in Rachel abgesetzt hatten, fuhren wir zu dritt am selben Abend hinauf in die nordwestlich des »legendären« Hancock Summit gelegenen Ausläufer des Mount Irish Range. Jörgs Off-Road-Vehikel erwies sich wieder als genauso unentbehrlich wie die Geländekenntnis des Fahrers, der nicht zuviel versprochen hatte, als er von einem wunderbaren Blickpunkt über das Tikaboo-Valley und den gesperrten Luftraum von Area 51 schwärmte. Als wir den Bergrücken in der Abenddämmerung erreichten, ging ein kräftiger, aber immer noch angenehmer Wind, die Luft war klar und die Aussicht auf das weite Tal, den Bald Mountain mit seinen Überwachungsstationen sowie all die anderen vertrauten Landmarken schlichtweg überwältigend. Das einzige, was hier draußen an die Zivilisation erinnerte, waren die Strom-Masten, wegen derer Jörg diesen Ort auch als »Powerlines Overlook« bezeichnet. Wieder blickten wir der Nacht in der stillen Hoffnung auf eine ungewöhnliche Beobachtung entgegen.

Als ich 1995 meine Aufnahmen vom Tikaboo machte, schleppte ich ständig eine leistungsstarke und sehr massiv konstruierte Teleoptik aus russischer Fertigung mit mir herum, außerdem hatte ich einen Geigerzähler bei mir, ebenfalls per reinstem Zufall ein Fabrikat ehemals sowjetischer Produktion. Bei dem Gedanken, einmal »auf frischer Tat« von der Security erwischt zu werden, mußte ich unweigerlich schmunzeln, denn die Indizienlage hätte mir wohl sicher den Ruf eines Ost-Spions eingebracht. Dabei befanden sich meine Geräte eigentlich in bester Gesellschaft, denn am Groom Lake beherbergt man immerhin auch MiG-Maschinen und setzt russische Radaranlagen ein!

Nun, für die Recherchentour im Sommer 2001 hatte ich alle schwere Optik zu Hause gelassen, obwohl mir eigentlich schon seit längerer Zeit vorschwebt, endlich auch mein zwei-Meter-Tele einmal auf die Area zu richten. Allerdings kommt ein wahrhaft massiveres Problem auf den wohlgemuten Rechercheur zu, der eine solch ausgewachsene Optik samt entsprechend dimensioniertem Stativ auf einen Berg wie den Tikaboo zu verfrachten gedenkt. Für einen solchen Trip wäre auch einiges an zusätzlichen Vorbereitungen und zeitlichem Aufwand erforderlich gewesen. Ich wollte mich diesmal lieber auf andere »Schwerpunkte« verlegen – und hatte dann geradezu schon unverschämtes Glück, als sich herausstellte, daß Jörg mit einem 1,25-Meter-Tele absolut unverdächtiger amerikanischer Produktion ausgestattet ist! Er hatte dieses Instrument öfters dabei und bot mir sofort an, daß ich wenn ich wollte doch auch Bilder dadurch schießen könne. Von diesem hochkollegialen Angebot machte ich nur zu gern Gebrauch. Während wir die Kameras aufbauten, kamen schon die ersten Sterne heraus, und wir erkannten von diesem relativ hoch gelegenen Standort aus sogar die Relaystation P1 auf dem Papoose Mountain – von uns aus gesehen direkt hinter der Basis am Groom Lake und über 50 Kilometer weit entfernt. Auch wenn wir wegen der in der Ferne vorgelagerten Höhenzüge von White Sides und der Jumbled Hills von diesem Punkt aus keine Chance hatten, irgendwelche Gebäude von Area 51 zu sehen, befanden wir uns doch an einem fantastischen Vorzugsplatz, der eine extrem tief reichende Sicht in den Luftraum unmittelbar über der Geheimanlage bietet. Ich begann mit meinem kleinen 200er Tele einige Nachtaufnahmen in Richtung P1 zu machen, während Jörg noch einige Tests mit seiner Optik durchführte.

Wir unterhielten uns in dieser Nacht über vieles, und in den stilleren Momenten mußte ich über das nachdenken, was ich zwischenzeitlich alles an Neuigkeiten erfahren hatte. Mir ging auch nochmal die Geschichte des alten Wesley Koyen durch den Kopf, den ich im Sommer 1997 das erste und gleichzeitig letzte Mal kennengelernt hatte. Dieser damals 93jährige Mann war eine Legende der Gegend, ein Pionier, der seit 1932 im Sand Spring Valley wohnte. Er lebte bald schon wie ein Einsiedler in einem Haus, in dem die Zeit stehengeblieben zu sein schien. Ich erinnere mich noch, wie mir damals in der Wohnstube ein Wandkalender auffiel, der aus den siebziger Jahren stammte. Der alte Wesley, der im Laufe seiner langen Lebenszeit sicherlich so manch ungewöhnliche Erscheinung über den Bergen von Area 51 gesehen haben dürfte, verstarb nur wenige Monate nach jener Begegnung.

Eine vom Wagendach fallende Blechdose riß mich jäh aus meinen Gedankengängen. Wollte mir etwa Wesleys Geist kundtun, daß er anwesend sei?

In der Ferne flimmerte kaum wahrnehmbar das Licht von Papoose Mountain. Und dann war da noch, ebenfalls sehr schwach im atmosphärischen Dunst, das wenige Streulicht, das von den diversen Lichtquellen der selbst so »lichtscheuen«, geheimen Basis herrührte. Nach einiger Zeit hatte ich den Eindruck, daß der leichte Lichtschimmer über den entlegenen Bergen im Westen abrupt stärker geworden sei.

»Hast Du das auch gesehen oder täusche ich mich da eben?« unterbreche ich die Stille. »Es ist dort doch eindeutig heller geworden!« – »Ja, definitiv, das sehe ich auch so!«, bestätigt mir Jörg ohne zu zögern und hat sofort denselben Gedanken: »Die müssen gerade die Rollfeld-Beleuchtung aktiviert haben.«

Nun könnte es interessant werden. Möglicherweise würde in dieser Nacht ein geheimer Test anstehen? Jörg aktiviert seinen Frequenzscanner, um den Funkverkehr zu verfolgen. »Es tut sich etwas auf Tonopah, die sind gerade recht beschäftigt«, meint er, als er von seinem Wagen kommt. Offenbar findet eine simulierte Kampfsituation statt. Wir hören, wie ein verletzter Patient gemeldet wird, die Rede ist von Rückenproblemen. Für einen Augenblick halte ich das für eine potentiell kodierte Nachricht, die vielleicht so zu interpretieren gewesen sei, daß ein Prototyp eine Panne habe. Doch der weitere Funkaustausch macht schnell klar, daß es um einen menschlichen Organismus gehen muß. Wir hören auch, wie um die Erlaubnis gebeten wird, den »gesperrten Luftraum im Süden« zu überfliegen.

Doch der Nachthimmel bleibt zunächst ruhig. In der Ferne können wir nur die Lichter von Linienmaschinen sehen, die auf den üblichen Routen eben genau jenen gesperrten Luftraum in weitem Bogen umfliegen …

Mir fiel ein, daß die nächste Langzeitbelichtung fällig war, und so ging ich wieder zur Kamera, die etwas abseits stand. Die Ruhe an diesem Ort »in der Mitte von Nirgendwo« war einmalig. Der Wind, der immer wieder auch in kräftigeren Brisen über den Abhang zu uns herüber blies, war nun bereits merklich kühler geworden. Wenn er heftiger durch die Büsche strich, raschelte das dürre Gestrüpp widerspenstig, ansonsten herrschte nahezu perfekte Stille, eine Stille, die in dieser so gut wie unberührten, einsamen Naturlandschaft auch sinneschärfend wirkt. Man beginnt, auf kleine Geräusche zu achten, vor allem, da in dieser Gegend auch Berglöwen umherstreifen, die felsige Zonen lieben und auf ihren leisen Pranken genauso »stealthy« sind wie die Jets vom Groom Lake. Auf dem Tikaboo ist Chuck Clark bereits von einer solchen Großkatze angegriffen worden, auch Jörg hat eine Begegnung hinter sich. Nicht umsonst führt er seine 357er Magnum immer griffbereit mit sich …

Zu vorgerückter Stunde waren wir schon ein wenig müde geworden und hatten uns allesamt in den Wagen gesetzt, als plötzlich aus südlicher Richtung einige Lichter auftauchten. Sobald sie sich ausreichend angenähert hatten, erkannten wir ein recht großes Flugzeug, das offenbar eine Dreiecksform besaß. Wir verfolgten es mit dem Fernglas. Die Maschine flog östlich an uns vorbei, recht schnell, wobei schließlich Propellergeräusche hörbar wurden und der Flieger nun im Nachtglas wie eine gewöhnliche Maschine mit deutlich erkennbaren Tragflächen aussah.

Irgendwie aber schien jedem von uns, daß das Flugzeug für eine Propellermaschine zu flink unterwegs war. Nach einigen merkwürdigen, recht agilen Hin- und Hermanövern nördlich von uns verschwand die Maschine dann wieder aus unserem Sichtbereich. Hatte dieses Flugzeug wirklich eine Verwandlung von einem utopischen fliegenden Dreieck zu einer langweiligen alten Propellermaschine durchgemacht oder waren wir mittlerweile nur schon so dämmrig geworden, daß wir zu halluzinieren begannen? Bei nächtlichen Flugzeugbeobachtungen kann man sich ohnehin sehr täuschen. Selbst erfahrene Beobachter sind nicht davor gefeit, Höhe, Distanz, Geschwindigkeit oder Gestalt eines Flugkörpers bei Nacht völlig falsch einzuschätzen.

Wir können daher keinesfalls sicher sein, nicht von der Perspektive genarrt worden zu sein. Doch etwas seltsam schien uns diese Beobachtung trotzdem, zumal wir alle drei sofort denselben Eindruck hatten. Wie aber soll ein Flugzeug seine Form verändern können?

Tatsächlich verfügt das Militär über so etwas wie eine Tarnkappe, wenn auch selbstverständlich nicht im Wortsinne. Bekannt sind die Stealth-Flugzeuge, jene Tarnkappen-Bomber und -Fighter, die sich einer Sichtbarkeit im Radarbereich fast völlig entziehen, schlicht wegen ihrer speziellen geometrischen Form, des verwendeten Vergütungsmaterials und weiterer technischer »Tricks«.

Nichts anderes als einen solchen »technischen Trick« wenden die Ingenieure auch beim optischen Stealth an. Wenn die Oberfläche eines Flugzeuges mit Bildelementen ausgestattet ist, kann sie als eine Art Monitor fungieren. Sensoren bestimmen die Farbe und Helligkeit des jeweiligen Himmelshintergrundes und geben die Daten an die gesamte Unterseite des Flugzeugs weiter. Chamäleonartig paßt sie sich an die Umgebung an, die Konturen des Flugzeugs sind plötzlich schwer erkennbar, sie verfließen für den Beobachter mit dem Himmel.

Ein »Schwarze-Welt-Programm« mit Namen »Iris« beschäftigt sich mit solchen Stealth-Eigenschaften. Im Grunde könnten auch irritierende Bilder erzeugt werden, die dem Flugzeug eine andere, deutlich sichtbare Form verleihen, gleichzeitig dürfte es kein Problem sein, einen geräuscharmen Stealth-Antrieb neuerer Generation mit der Akustik einer Propellermaschine zu übertönen und vor allem nachts den Eindruck zu vermitteln, daß ein völlig konventionelles Flugzeug seine Kreise am Himmel zieht. Möglich wäre das, nur ob das auch der Fall bei jenem Flugzeug war, das wir sahen, wird sich kaum sagen lassen.

Für uns jedenfalls ging ein recht ereignisreicher Tag dem Ende entgegen. Die Jagd war vorüber, zumindest für heute. Nach einer einstündigen Fahrt auf dem einsamen »Extraterrestrial Highway« sahen wir wieder die wenigen Lichter von Rachel. Als wir unseren Wohncontainer betraten und in die Betten fielen, konnten wir es kaum mehr erwarten, einen mindestens achtstündigen Ausflug in die schläfrig schwarze Welt von »Dreamland« zu unternehmen!

KAPITEL 7

Mega-Projekt »Schwarze Welt«

Im Tal der Antilopen

Das so weite Land des US-amerikanischen Westens, ein Land, das auf den ersten Blick in großen Bereichen von verlassenen Steppenlandschaften und kargen Bergketten charakterisiert ist, erweist sich bei näherem Hinsehen fast schon als ein militärischer Flickenteppich. Die enormen, unübersichtlichen Wüstenareale eignen sich hervorragend als Teststätten für supergeheime Kriegstechnologie. Wer die nicht enden wollenden Highways dort entlangfährt, wird immer wieder Hinweisschilder auf militärische Gelände finden, auf Waffenzentren und Luftwaffen-Stützpunkte.

Das ist der bekannte Teil der Geschichte. Doch selbst dort, wo niemand mit großen Geheimnissen rechnet, wo nichts auf militärische Präsenz hindeutet, wo nirgends ein Hinweis auf Operationszentralen und Teststätten zu finden ist, verbergen sich manchmal die ungewöhnlichsten Projekte.

In diesem Buch war schon von etlichen solch gewaltiger Undercover-Programme die Rede, von Tunnelsystemen, von als Farmen und Hotels getarnten Geheimkomplexen und natürlich von mysteriösen Untergrundanlagen, Top-Secret-Basen und Sperrgebieten.

Gelegentlich klang schon eine Region in den Staaten an, die zusammen mit Area 51 das wohl bedeutendste Zentrum der »Schwarzen Welt« bildet: das sagenumwobene Antelope Valley in Kalifornien. Das gesamte Gebiet – auch scherzhaft Aerospace Valley genannt – ist durchsetzt von Geheimprojekten und Forschungsstätten. Viele der privaten großen Konzerne wie Lockheed und Northrop besitzen dort ihre verborgensten Entwicklungsstätten. Hier finden sie statt – geheime Aktivitäten der Superlative im Schutz der Schattengesellschaft.

Ray und Nancy, ein bei Northrop angestelltes Ehepaar, fuhren vor etlichen Jahren in einer Juni-Nacht hinaus zu den Tehachapi-Bergen nordwestlich des Tales, um dort Sterne abseits der beiden Städte Lancaster und Palmdale zu beobachten. Sie wählten eine Stelle aus, die schon von weitem als ein deutlicher heller Einschnitt in den Berg zu erkennen ist. Diese leicht gegen die Horizontale geneigte Linie ist ein gutes Erkennungsmerkmal für die geheimnisumwitterten Berge und markiert gleichzeitig den Verlauf einer Straße, die sich durch die Felslandschaft nach oben windet. Gegen Mitternacht hatten Ray und Nancy ihr Fahrtziel erreicht. Der Himmel war klar, überall funkelten die Sterne aus der Dunkelheit. Nach einiger Zeit bemerkte Nancy am Firmament einige Lichter. Sie führten ungewöhnliche Bewegungen aus, normale Flugzeuge jedenfalls schienen sie nicht zu sein. Ray holte eine kräftige Taschenlampe aus seinem Geländewagen und begann, einige Lichtsignale in Richtung der seltsamen Objekte abzugeben. Die beiden Beobachter wußten, daß sie sich in unmittelbarer Nähe einer supergeheimen Northrop-Testanlage aufhielten, die direkt hinter dem nächsten Bergsattel lag. Sie ist offiziell als harmloser landwirtschaftlicher Betrieb deklariert und als »Tejon-Ranch« bekannt. Gelegentlich spricht man von ihr auch als »Tehachapi-Ranch«.

Plötzlich stieg über einem nahen Hügel eine glühende Kugel empor. Nancy und Ray gingen auf das Objekt zu, um mehr sehen zu können. Ihre Erlebnisse hat der UFO-Forscher Bill Hamilton festgehalten, der zahlreichen ungewöhnlichen Zeugenberichten in der Nähe von geheimen Militäranlagen nachgegangen ist: »Ray dachte, daß das Objekt direkt aus einer unsichtbaren Öffnung im Boden heraufgestiegen war«, so erläutert er. »Es schien zu blitzen und zu funkeln. Von seiner Unterseite baumelte eine Art von Schnur herab.« Die esoterisch angehauchte Nancy meinte, eine Intelligenz in dieser Erscheinung zu spüren und versuchte, eine Kommunikation aufzubauen. Was sich dann angeblich abspielte, erinnert sehr deutlich an eines jener typischen UFO-Entführungsszenarien – Menschen werden von Fremden aus ihrer gewohnten Umwelt gerissen. Sie erinnern sich zunächst möglicherweise an gar nichts mehr oder nur an einige unzusammenhängende Fragmente, stellen oft auch direkt nach ihrer Begegnung fest, daß ihnen schlichtweg die komplette Erinnerung an einen stundenlangen Zeitabschnitt fehlt. Unter Hypnose treten die fehlenden Bewußtseinsabschnitte wieder hervor, mit teils erstaunlichen Enthüllungen über Begegnungen mit unheimlichen Wesen, die in unterirdischen Labors oder auch fremdartigen Flugkörpern medizinische Experimente an ihren Opfern durchführten.

Ein genaueres Studium solcher »Abduktionen«, wie es unter anderem auch von renommierten Wissenschaftlern betrieben wurde, deutet darauf hin, daß mit den Betroffenen tatsächlich etwas zu geschehen scheint. Offenbar können ihre Erfahrungen nicht als allein subjektiv und im Sinne einer Halluzination erklärt werden. Was wirklich dahinter steckt, ob am Ende vielleicht sogar das Militär hinter den Entführungen steht und den Opfern zur Vernebelung geheimer Experimente mysteriöse Deckerinnerungen an »außerirdische Wesen« einpflanzt, läßt sich gegenwärtig nicht aufklären. Eine denkbare Möglichkeit wäre das aber. Ohne hier die später ebenfalls unter Hypnose rekonstruierten Erlebnisse von Nancy und Ray in irgendeiner Weise bewerten zu wollen, stellen auch sie sich als komplex und verwirrend heraus – und, sollten sie eine wie auch immer geartete reale Komponente besitzen, dann scheint dort in den Tehachapi-Bergen ähnlich wie unter der Archuleta Mesa bei Dulce manch sinistres Werk begangen zu werden.

Während Nancy keine hypnotische Rückführung wünschte, stellte sich Ray ohne jeden Einwand zur Verfügung. Seine Enthüllungen waren wirklich überraschend: »Es gibt eine Zone nahe der Tehachapi-Berge, die als das Kern-River-Projekt bekannt ist«, so begann er seine Schilderung. »Der obere Fluß wird von der Regierung zur Gewinnung hydroelektrischer Energie zur Versorgung einer Untergrundanlage auf der Tehachapi-Ranch genutzt. Der Berg unmittelbar neben dem Kraftwerk ist ausgehöhlt … Die gesamte Energie wird für die Ranch verwendet; sie ist der Ort für unterirdische ›Skunk Works‹, wo man sich mit Hochtechnologie-Flugzeugen, Raumschiffen und all diesen Dingen befaßt. Es ist eine gewaltige Untergrund-Basis, wahrscheinlich vergleichbar mit der Größe derjenigen unter der 29-Palms-Marine-Basis, und besitzt riesige Hangars, sehr große Liftschächte sowie technische Laboratorien. Da unten gibt es eine ganze Stadt, mächtige Korridore … das gesamte Tal ist durchtunnelt. Sie können unter der Erde von einem Ende zum anderen fahren. Sie können von Palmdale, dem Lageplatz von Northrop, Lockheed und Arealen der ›Schwarzen Projekte‹ bis nach California City fahren, alles unterirdisch. Den ganzen Weg hin zur George Air Force Base gibt es Tunnel-Systeme.« Sowohl von California City bis Palmdale als auch von dort zur George-Basis sind es jeweils rund 60 Kilometer. Untergrundanlagen von diesem Ausmaß sind jedenfalls durchaus denkbar. Die von Ray angesprochene 29-Palms-Basis ist das *Marine Corps Air Ground Combat Center* östlich des Antelope Valley und gilt als die größte bekannte Marine-Basis der Staaten.

Was Ray im weiteren Verlauf seiner Schilderungen hervorbrachte, erinnert sehr an die unglaublichen Geschichten, wie sie ein dubioser Zeuge namens Thomas E. Castello erzählte, der als Militärfotograf angeblich in die finstersten Abschnitte von »Section D« kam, also der Dulce-Untergrundanlage, und dort schrecklichste Szenarien genetischer Experimente eines Projektes unter gemeinsamer Führung von Menschen und Außerirdischen gesehen haben will. Nicht viel anders hört sich Ray an, wenn er sagt: »Außerirdische haben anscheinend Zugang … sie sind dort überall gesehen worden. Die Regierung läßt sie tun, was immer sie wollen. Sie erforschen das menschliche Gehirn, sie versuchen, unsere Schwächen zu ergründen und zu lernen, wie sie uns kontrollieren können. Sie sezieren Menschen … ich kann aber diese Sektionen nicht beschreiben, denn sie sind nicht human. Wirklich krankhaft. Die ›Regierung‹ weiß davon, aber sie wendet das Haupt ab. Einige Leute in der Regierung wollen das alles beenden, aber sie wissen nicht wie!«

Mir geht es an dieser Stelle nun allerdings nur sehr peripher darum, dem Phänomen »Abduktionen« sowie den diversen Erklärungen dazu nachzugehen, sondern viel eher darum, wenigstens einige Beispiele ungewöhnlicher Ereignisse im Antelope Valley kurz zu erwähnen. Ähnlich wie bei Area 51 berichten Zeugen immer wieder, in jener Gegend die ungewöhnlichsten Flugkörper und Lichter am Himmel zu sehen. Diese Objekte zeigen sich oft extrem flexibel, sie wechseln die Bewegungsrichtung sprunghaft und erscheinen unter anderem als orangeglühende Scheiben.

Sicher, man wird vorsichtig bei der Bewertung vieler Beobachtungen sein müssen. So, wie die blauen Nachbrenner von ansonsten völlig unbeleuchteten Geheimflugzeugen nahe Area 51, landende *JANETs* oder auch die goldenen Leuchtkugeln über dem weiten Militärgelände in Nevada nicht selten für fremde Raumschiffe gehalten wurden, genauso werden natürlich auch im Antelope Valley viele gar nicht so exotische Erscheinungen fehlinterpretiert. Ohne jede Frage aber finden in der Region immer wieder Flüge ungewöhnlicher Maschinen statt, ohne jede Frage auch gibt es Sichtungen, die sich nicht mehr mit konventionellen, das heißt bekannten Flugtechnologien aufklären lassen. Schon vor vielen Jahren gab es solche höchst merkwürdige Beobachtungen.

Am 31. Januar 1991 beispielsweise sahen mehrere Zeugen, wie ein grün glühender Diskus aus dem »Anthill«, dem »Ameisenhügel« aufstieg – diesen Beinamen trägt die »Tejon-Ranch« angeblich unter Insidern, wegen der Architektur der Anlage. Jener Diskus schwebte sehr langsam nach oben; er schien von Anfang an überhaupt keine Beschleunigung aufzuweisen, sondern stieg mit stetem Tempo in einem Winkel von 45 Grad nach oben. Als die Zeugen entlang der 170ten Straße West zurückfuhren, die einige Meilen lang zunächst unbefestigt ist und dann als geteerte Straße nach weiteren sechs Meilen auf den Highway 138 stößt, sahen sie zwei schwarze Vans auf dem Weg und zwei ebenfalls schwarze, unmarkierte Hubschrauber am Himmel.

In der Morgendämmerung des 23. Februar 1991, also einen knappen Monat nach dieser Sichtung, machte sich ein Pilot vom *General William J. Fox Airport* im Nordwesten von Lancaster auf den Flug zur 200 Meilen entfernten kalifornischen Stadt Merced. Als er über die Tehachapi Mountains flog und die Pisten der vermeintlichen Ranch in Sicht kamen, konnte er vier weiße, rechteckige Objekte sehen, die über der Anlage schwebten. Sie seien etwa viermal so groß gewesen wie die typischen Reklametafeln auf dem Highway.

Anwohner aus der Umgebung der Tejon-Ranch wollen gesehen haben, wie sich innerhalb des umzäunten Geländes ein Bereich im Boden öffnete, ähnlich einem Raketensilo, und eine »fliegende Untertasse« aus der unterirdischen Anlage in den Himmel startete.

Wir werden darauf noch zurückkommen: Es gibt eine Reihe solcher Einrichtungen, bei denen ungewöhnliche Flugzeugprototypen auf langen, hydraulisch ausfahrbaren Masten (Testpylonen) »aufgebockt« werden, wie auf einer Hebebühne, um dann mit Radarwellen bestrahlt und auf den Grad ihrer Rückstrahlfähigkeit überprüft zu werden. Die Radarreflektivität soll natürlich möglichst gering ausfallen, eben ganz im Sinne von Stealth. Auf Area 51 glaube ich ähnliche Pylone gesehen zu haben, in einem vom Hauptkomplex ziemlich abgelegenen Territorium im Norden. Solche Anlagen werden als »RCS Facilities« bezeichnet, wobei »RCS« »Radar Cross Section«, also »Radar-(Wirkungs-)Querschnitt« bedeutet. Auch die Tejon-Ranch ist als RCS-Einrichtung bekannt.

Eine Gruppe um den allerdings umstrittenen UFO-Enthusiasten Gary Schultz versammelte sich in unregelmäßigen Zeitabständen am Ende einer zur 170ten parallel verlaufenden Straße weiter im Westen, um nach ungewöhnlichen Objekten am Himmel zu suchen. An Wochentagen zeigten sich seiner Beschreibung nach geräuschlose, nicht nach aerodynamischen Gesichtspunkten konstruierte Flugobjekte, die aus den Tehachapi-Bergen aufstiegen.

Drei Haupttypen unkonventioneller Flugkörper werden dort immer wieder gesehen:
- diskusförmige Objekte,
- dreiecksförmige, relativ flache Körper,
- fortgeschrittene bumerangförmige Objekte vom Typ eines Nurflügel-Flugzeugs (»Flying Wing«), wie zum Beispiel die Northrop B-2 »Stealth-Bomber« (»Advanced Technology Bomber« ATB) oder die alte YB-49, Northrops faszinierendes Projekt aus den Jahren 1948–52, das wie die gesamte Nurflügel-Technologie auf den Forschungen der Horten-Brüder basiert.

Ovale Flugobjekte, möglicherweise auch Scheiben gesehen aus einer schrägen Perspektive, senden oft helle Lichtpulse aus und bewegen sich auf eine nach heute bekanntem Stand der Technik kaum erreichbare Weise – sie scheinen große Entfernungen regelrecht zu überspringen und sind dazu in der Lage, bei sehr hohen Geschwindigkeiten radikale Richtungsänderungen vorzunehmen.

Gary Schultz behauptet, daß die Erwähnung der Tejon-Ranch als RCS-Einrichtung lediglich eine Deckgeschichte sei. Nun, aus der Luft sind jedenfalls die typischen RCS-Merkmale gut zu erkennen; es gibt dort Pisten, die aussehen wie Rollbahnen, die allerdings von hellen Rechtecken unterbrochen werden. Diese Rechtecke sind die »Silos«, aus denen die RCS-Pylone hydraulisch nach oben gefahren werden.

Tejon ist mit Sicherheit eine »RCS Facility«. Doch muß das nicht bedeuten, daß in dem kaum einsehbaren Gelände nicht noch ganz andere Dinge geschehen. Der »Ameisenhügel«, gelegentlich auch als »Black Hole« bezeichnet, soll 42 Stockwerke tief in die Erde führen. Wenn das wirklich den Tatsachen entspricht, dann dürfte die Idee, es hier lediglich mit einer Radartest-Anlage zu tun zu haben, wahrhaft etwas naiv sein.

Der auch um die Erkundung von Area 51 sehr bemühte Physiker Tom Mahood hat einige Behörden und Sachverständige zum Rätsel der Tejon Ranch kontaktiert und mußte feststellen, daß man durchaus über die Existenz der Einrichtung informiert ist. Ein Sachverständiger in Bakersfield eröffnete ihm, das Gelände stehe im Besitz der Tejon Ranch, man sei aber nicht befugt, auch nur einen Fuß darauf zu setzen, sie gelte als geheime Regierungseinrichtung. Ein Mitarbeiter des Büros in Bakersfield erzählte Tom Mahood außerdem, den Versuch unternommen zu haben, der Ranch einen Besuch abzustatten. Der Mann wurde von bewaffneten Sicherheitsleuten abgewehrt.

Die Besitzverhältnisse sind wie vieles andere nach wie vor unklar. Steht der private Konzern Northrop oder die Regierung dahinter? Dabei möchte man fast fragen: Welche Regierung? Jedenfalls dürfte Northrop wohl der Betreiber sein, doch tatsächlich unterstehe das Gelände der US-Regierung, so war die Auskunft.

Die Feuerwehr von Kern County, dem Landstrich also, in dem

auch die Tejon Ranch liegt, hat Befugnis, alle kommerziellen und
industriellen Entwicklungen in ihrem Einzugsbereich auf die Feuer-
sicherheit hin zu überprüfen. Doch die Tejon-Ranch entzieht sich
ihr genauso. Sie werde von der Regierung inspiziert, so heißt es.
Interessant ist auch die extrem niedrige Besteuerung der »Ranch«,
ein Sachverhalt, der einmal mehr an die Verhältnisse auf einer anderen »Ranch« im abgeschiedensten Bergland von Nevada erinnert.

Aufbruch zum Unerforschten

An die Area 51 mußte ich auch denken, als ich am Westende des
Rosamond Boulevard ankam, dort wo die Straße einen scharfen
Knick macht und linkerhand in die 170te Straße West übergeht, die
ihrerseits auf der rechten Seite als Schotterstraße in nördliche Richtung zu den Tehachapi Moutains hin weiterverläuft. Links und rechts
dieser Schotterstraße, die bereits meilenweit außerhalb von Lancaster liegt, sah ich zwischen den Büschen einige orangefarbene Mar-
kierungspfosten, die genauso aussahen, wie die schmalen Pfosten,
die das Gelände um Area 51 abgrenzen. Auch befinden sich bereits
hier, noch viele Meilen vom eigentlichen Tejon-Sperrgebiet entfernt,
etliche Warntafeln, die jedes Betreten des Geländes abseits der Straße verbieten. In Anbetracht der soeben geschilderten Gesamtsituati-
on ist es an Ort und Stelle nur schwer abzuschätzen, ob diese »NO
TRESPASSING«-Tafeln nun von privaten Landbesitzern aufgestellt
wurden oder nicht vielleicht doch von der Regierung. Nach anderthalb Meilen taucht in der Landschaft ein pittoresker Wegweiser auf,
der die *Broken Arrow Road* markiert. Dort liegt auch ein großer Stein
am Boden, auf den jemand mit blauer Farbe etwas gemalt hat, das
offenbar einen Totenschädel darstellen soll. Mitten über den »Schä-
del« ist ein roter Pfeil aufgetragen. Wahrscheinlich, um zu vermei-
den, daß Mitarbeiter des »Ameisenhügels« sich in der Steppe verfahren. Die Broken Arrow Road führt direkt zum verschlossenen
Northrop-Gate, an dem Warntafeln jedes weitere Vordringen verbieten. Und die 170te Straße selbst endet nach teils recht unwegsa-

men Passagen schließlich an einem Blickpunkt, von dem einige Bereiche der oberirdischen Anlage zu sehen sind.

Norio Hayakawa, einer der lange Zeit rührigsten Area-51-Aktivisten, berichtet, in der Region um die Tejon Ranch einige Schilder mit massiveren Warnungen entdeckt zu haben. Auf ihnen findet der neugierige Besucher einen recht merkwürdigen Text vor:

»Gefahr! Giftige Vorrichtungen in der Region! Diese Vorrichtungen sind gefährlich. Sie enthalten tödliches Zyanid. Bleiben Sie fern und halten Sie ihre Hunde ab. Diese Vorrichtungen sind Eigentum der Regierung der Vereinigten Staaten und werden zum Schutz von Weide- und Haustieren genutzt. Sich an diesen Vorrichtungen oder diesem Schild zu schaffen zu machen, ist ein Delikt auf Bundesebene.
Das US-Ministerium für Landwirtschaft«

Schon seltsam! Wie kann man Zyanid zum Tierschutz einsetzen? Viel wahrscheinlicher ist, daß diese Schilder unter Aufrechterhaltung des harmlosen »Ranch-Status« eben jene neugierigen Besucher verunsichern und von dem Gelände fernhalten sollen.

Interessant ist auch eine weitere Beobachtung, die Norio Hayakawa gemacht hat: Die »Tierschützer« reisen in einem weißen Transporter mit Regierungskennzeichen zur Ranch, jeden Tag um sieben Uhr morgens, drei Uhr nachmittags und elf Uhr nachts. Begleitet werden sie dabei oft von Militärpersonal in Uniform. Keine Frage, wenn es um Tierschutz geht, wird in der Regel eben doch kein Aufwand gescheut …

Und ganz ähnlich verhält es sich auch mit dem Bau ultrageheimer Flugzeuge. Produktivität und Kreativität auf diesem Sektor sind unvorstellbar hoch. Das habe ich vor allem während meiner zahlreichen Aufenthalte in der Region von Area 51 immer wieder sehr deutlich mitbekommen. Was dort an unterschiedlichst geformten Flugkörpern gesehen wird, ist immens. Nicht alle dieser Vehikel sind übrigens zwangsläufig bemannt. Es gibt mittlerweile eine ganze Reihe ferngelenkter Aufklärungsmaschinen ohne Pilot und Cockpit – Flugzeuge, die daher etwas blind aussehen und im Fach-Jargon als

Drohnen (engl. »drone«) bezeichnet werden. Sie sind teils größer als Linienmaschinen und mit weiten Flügeln ausgestattet, wie die »Tier«-Drohnen, doch gibt es auch ganz andere Konstrukte. Vielseitigkeit und Flexibilität bei der Aufklärung in Kriegssituationen spielen dabei eine wichtige Rolle. Diese Flugkörper können aus manchen Winkeln betrachtet wie UFOs aussehen oder völlig uneinordbar sein. Einige erweisen sich als sehr behende, wie der Predator, den ich einmal über seiner Heimat, dem Indian-Springs-Testgelände im Süden von Area 51, in Aktion gesehen habe.

Auch bei Aurora ist völlig unklar, ob es sich um ein bemanntes superschnelles Flugzeug handelt oder aber um eine Drohne. Einige bezweifeln sogar immer noch, daß dieses Flugzeug überhaupt existiert.

Für mich eine der ungewöhnlichsten Sichtungen war diejenige vom Tikaboo Peak aus, als sich ganz kurz jenes sehr große, weiße Flugzeug vor dem riesigen Haupthangar blicken ließ, ein Flieger, der wie die Kreuzung aus einer Concorde und einem Segelflugzeug wirkte. Übrigens haben mir andere Zeugen bestätigt, eine ähnliche weiße Maschine gesehen zu haben. Bis heute aber ist über die Natur dieses Flugzeugs nichts an die Öffentlichkeit gedrungen. Auch der »Big Stealth«, den Jörg und danach Chuck im Sommer 2001 unabhängig voneinander sahen, ist in keinem offiziellen Dossier zu finden, war noch in keinem Fachblatt abgebildet und erst recht auf keiner Flugshow zu sehen – mit Ausnahme jener ganz speziellen über Tikaboo, die wie schon erwähnt dafür spricht, daß dieser interessante Flieger bald aus dem schwarzen Zirkel vom Groom Lake ins Rampenlicht treten dürfte. Schon im Jahr 1977, als die Entwicklung der Stealth F-117 unter Bedingungen höchster Geheimhaltung und dem Code »Have Blue« vorangetrieben wurde, gab es einige Pläne, einen größeren Stealth zu entwickeln. Diese Ideen reiften dann aus dem »Advanced Technology Aircraft« zu einem völlig eigenständigen Projekt heran, dem »Advanced Technology Bomber« ATB, der mittlerweile als B-2 »Spirit«, dem Stealth-Bomber eben, zur Berühmtheit geworden ist. So scheint die »Ahnenreihe« von »Big Stealth« doch noch anders verlaufen zu sein. Oder hat sie sich ebenfalls schon aus jenen ersten Ideen heraus entwickelt und dann als eigene Linie der großen Jet-Geheimfamilie abgespalten?

Eine gewisse Ähnlichkeit mit dem mächtigen neuen Tarnkappen-Jet scheint ein Flugzeug-Projekt zu haben, über das die »Schwarze-Welt-Beobachter« und Flugzeugkenner Steve Douglass und Stuart F. Brown schon im Dezember 1994 in der angesehenen Zeitschrift »Popular Mechanics« berichteten: die »fliegende Artichocke«. Dieses fortgeschrittene Stealth-Flugzeug sieht aus wie eine Mischung zwischen einer F-117 und einer B-2. Es wurde damals bereits gelegentlich über den südwestlichen Vereinigten Staaten gesehen. Die Heckpartie ist extrem gezackt, der eigentliche Flugzeugkörper im Aufriß von vergleichbarer Ellipsenform wie bei einer B-2. Doch auch dieses bis heute nicht bekanntgewordene Flugzeug scheint wiederum ein eigenes Geheimprojekt darzustellen. Douglass und Brown schätzen, daß es auf Tonopah beherbergt wird und erwähnen Sichtungen über dem Holloman-Luftwaffen-Stützpunkt in New Mexico sowie bei der legendär geheimnisvollen »Plant 42« im Antilopen-Tal.

Bekannt geworden sind unlängst auch Northrop-Pläne für einen Nachfolger des B-2. Der neue schwere Bomber soll ihm gegenüber den Vorteil besitzen, nicht mehr allein im Unterschall-Bereich zu fliegen, sondern sogar mehrfache Schallgeschwindigkeit bis in die Regionen von Mach 5 zu erreichen, also etwa 6.000 Stundenkilometer. Mit diesem »Supercruising Delta Wing« will das Pentagon Angriffsziele weltweit innerhalb von nur wenigen Stunden erreichen können, außerdem geht es darum, Maßnahmen gegen die immer besser werdenden Anti-Stealth-Techniken zu entwickeln. Hohe Geschwindigkeit und Flexibilität gehören dazu. Ein derart schnelles Flugzeug ist ein schwer zu treffendes Ziel.

Was am Groom Lake getestet wird, entsteht in den Forschungs- und Entwicklungsabteilungen im Antelope Valley. Hier befinden sich die eigentlichen Nester der utopischen Technologien. Nicht umsonst ist auch das *Air Force Flight Test Center*, dessen Abteilung Nummer Drei (Detachment 3, AFFTC – DET3) mit Area 51 identisch ist, auf dem riesigen Edwards-Stützpunkt lokalisiert, direkt nordöstlich

Plakette vor dem Museum des Air Force Flight Test Centers (AFFTC) auf der Edwards-Basis. Sie ehrt das 50jährige Bestehen dieser militärischen Spezialeinrichtung. Abteilung 3 des AFFTC ist Area 51.
(Aufnahme: Verfasser)

des Antelope Valley. Das AFFTC wurde am 25. Juni 1951 unter dem Motto »Ad Inexplorata« – »Zum Unerforschten« offiziell aktiviert. Ich könnte mir – wie schon erwähnt – wirklich sehr gut vorstellen, daß die »51« im Namen der Geheimbasis am Groom Lake an die Jahreszahl der Gründung des AFFTC anknüpft. Am 25. Juni 2001 wurde das AFFTC also exakt ein halbes Jahrhundert alt. In jedem Fall sicher auch auf Area 51 ein Grund zu feiern. Genau an jenem Abend befanden wir uns mit Jörg und Bill nahe Rachel in der Wüste und hielten unser kleines Barbecue ab. Doch ich muß gestehen, mir war völlig entgangen, wer in diesen Stunden ganz in der Nähe seinen runden Geburtstag feierte. Geradezu unverzeihlich! Vielleicht hätten wir, wenn uns die Idee nur rechtzeitig gekommen wäre, an diesem Jubeltag ganz unverfänglich mit einer Geburtstagstorte in Händen über die Grenze marschieren sollen …

Die innere Dachkonstruktion des riesigen Hangar 1600 auf Edwards. Er besitzt ähnliche Ausmaße wie der Haupthangar von Area 51.
(Aufnahme: Verfasser)

»Plant 42«

Wenigstens hatte ich nur wenige Tage zuvor einen anderen Geburtstag nicht verpaßt, auch wenn ich rein zufällig zur richtigen Stunde bei der Feier eintraf. Am 21. Juni 2001 fand eine große »Hangar-Party« zum 20jährigen Erstflug-Jubiläum des Stealth-Fighters F-117 statt. Im riesigen Hangar 1600, gewissermaßen dem Gegenstück zum »Hangar 18« von Area 51, versammelten sich zu jenen Stunden unter Ausschluß der Öffentlichkeit viele, die an der Realisierung dieses noch heute utopischen Fliegers mitgewirkt hatten. Der mächtige Hangar an der Wolfe Avenue auf »Edwards« füllte sich mit »Skunk-Works«-Personal und ihren Angehörigen. Als Ehrengäste waren die vier Piloten geladen, die den Stealth-Fighter als erste geflogen hatten, auf einer »abgelegenen Testanlage in Nevada« …

Auf dem Programm stand neben einer vom Fernsehen übertragenen Podiumsdiskussion und Jazz-Einlagen des Tony-Capko-Quartetts« auch eine »interne« Flugshow mit zwölf F-117. Als wir alle am weit geöffneten Riesentor des Hangars standen und unsere Hälse in Erwartung des Kommenden gen Himmel reckten, wurde auf der Piste vor uns gerade eine B-2 entlanggerollt, die am früheren Nachmittag ihre Runden über Edwards gedreht hatte. Neben mir stand ein kräftiger Schwarzer in ziviler Kleidung, der sich angeregt mit einer jungen Air-Force-Angehörigen unterhielt. Als er den Bomber auf dem Rollfeld sah, erklärte er ihr, diese B-2 sei vorhin gerade noch aktiv gewesen und habe ihn wieder an ein schreckliches Erlebnis erinnert: »Jedes Mal, wenn ich dieses Flugzeug sehe«, erklärte er ihr, »dann geht es mir durch und durch. Mein Bruder ist nämlich beim Testflug einer B-2 ums Leben gekommen.« Die Menschenmenge am Hangartor wurde nun merklich unruhig. In der Ferne zeigte sich eine Formation von vier schwarzen Punkten am Himmel. Sie wurden schnell größer und zogen mit verhaltenem Donnern über das begeisterte Publikum hinweg. Vier F-117 im Formationsflug, das war wirklich ein einmaliger Anblick! Noch bevor diese Gruppe verschwunden war, tauchte die nächste auf, eine weitere im Gefolge. Der Düsenlärm verstummte bald wieder, und nach einiger Zeit waren die Konturen der futuristischen Flieger nurmehr schwer auszumachen.

Der Schwarze neben mir meinte: »Was die Leute in der Stadt draußen wohl denken werden! Wahrscheinlich: ›Verdammt, was ist heute auf Edwards los? Vorher der Bomber und jetzt starten sie ein Dutzend F-117. Hoffentlich ist nichts Ernstes passiert, die werden doch nicht in den Krieg ziehen‹ …« Die Vierer-Gruppierungen hatten sich mittlerweile aufgelöst. Jetzt zogen einzelne F-117 über den Himmel. Eine von ihnen näherte sich verblüffend langsam, und irgend jemand unter den Zuschauern rief: »Fantastisch, die steht fast in der Luft!« Kurz darauf eine mächtige Explosion. Eine F-117 hatte gerade eine Bombe über freiem Territorium abgeworfen, schwarze Rauchschwaden stiegen von dort nach oben und breiteten sich aus. Eine feurige Feier!

Welche Flugzeuge wird man wohl in 20 Jahren umjubeln? Die Antworten auf diese Frage stehen heute wahrscheinlich bereits im

Geschichtsmuseum am Groom Lake. Wie dem auch sei, das Antelope Valley ist die eigentliche Brutstätte der geheimen Superflieger.

Nur wenige Meilen südlich der Edwards-Basis befindet sich die
schon erwähnte »Plant 42«, ein mit rund 25 Quadratkilometern recht
weitläufiges Areal bei Palmdale, auf dem die Entwicklungsstätten
der gewaltigsten Konzerne versammelt sind: Lockheed Martins
»Skunk Works«, die früher in Burbank, ebenfalls Kalifornien, an-
sässig waren, Northrop-Grumman, Boeing und Rockwell – Boeing
North American. Auch den Area-51-Betreiber EG&G, der – wie
bereits diskutiert – in die obskure Carlye-Group übergegangen ist,
treffen wir hier wieder an. Interessant ist ein Militär-Vertragspartner
namens »Pacifica«. Der umstrittene, aber eigentlich in mancher Hinsicht doch recht gut informierte Robert Lazar, jener Mann, der als
Physiker an außerirdischen Flugscheiben auf »S-4« am Papoose Lake
gearbeitet haben will, erwähnte einmal, bei Pacifica ausgebildet worden zu sein …

Plant 42 zählt wie wohl auch die Tejon-Ranch zu den sogenannten GOCO-Einrichtungen, die der Regierung gehören, aber von Ver-
tragspartnern betrieben werden (»Government Owned Contractor
Operated Facility«). Das Gelände ist in zehn Unterabschnitte auf-
geteilt, die Sites 1 bis 10. Die ersten acht befanden sich bis dahin
unter der Kontrolle der Air Force, allerdings steht eine Vertragsver-
längerung aus. Die gesamte Plant 42 gehört zu Detachment 1, dem
Aeronautical Systems Center der Wright-Patterson-Luftwaffenbasis
in Ohio, jener schon von einer regelrechten Aura des Mysteriösen
umgebenen Basis, auf der angeblich die rätselhaften Überreste des
Roswell-UFO-Crashes von 1947 unter Verschluß gehalten werden.

Auf Site 4 wurde der seinerzeit supergeheime B-2-Bomber konstruiert, bis er dann in der Mitte der 90er Jahre – des nunmehr bereits vorigen Jahrhunderts! – bekannt gemacht wurde. Site 6 ist Standort eines Hangars von EG&G und befindet sich nahe dem Kontrollturm sowie der Rollbahn 4-22, die von Lockheed und EG&G ge-
meinschaftlich benutzt wird. Auf Site 7 befinden sich drei Hangars,
die sofort an ihren runden Dächern zu erkennen sind. Hier stehen
noch heute einige F-117 und U-2, die teilweise modifiziert werden.

Site 9 ist im Besitz von Boeing, und Site Nummer 10 beherbergt schließlich die legendären »Skunk Works« in einem riesigen weißen Hangar-Gebäude. Der Name der Geheimabteilung von Lockheed wurde zwischenzeitlich auf LM Aero geändert, doch dürfte

das einstige Skunk-Logo im Laufe der Jahre so mächtig geworden sein, daß der Konzern früher oder später dazu zurückkehren wird. Die Anlagen von Plant 42 sind hervorragend abgesichert, auch gegen Naturkatastrophen. Die Haupt-Rollbahn ist die stabilste der Welt, sie ist

Site 7 auf Plant 42. Gut zu sehen:
Die drei F-117-Hangars.
(Aufnahme: Verfasser)

so konstruiert, daß sie noch ein Erdbeben der Stärke 8,3 auf der nach oben offenen Richter-Skala übersteht. Da sich Plant 42 nahe der St.-Andreas-Verwerfung befindet, sind derartige Maßnahmen notwendig. Auch der Feuerschutz ist hervorragend, Eliteeinheiten wachen mit modernster Ausrüstung über die Anlagen, die seit dem Jahr 1953 offiziell als »Plant 42« geführt werden.

Nachts öffnen sich gelegentlich die Tore auf dem Entwicklungsgelände, und geheime Flugzeuge starten auf den sehr kurzen Flug hinüber zur Nordbasis des Edwards-Stützpunktes. Manche steuern Tonopah oder den Groom Lake an. Nicht selten werden die TOP-SECRET-Prototypen auch in Teile zerlegt und dann absolut verborgen im Inneren von C-141- und C-5B/C-Galaxy-Frachtmaschinen zur Area 51 transportiert.

Es gibt viele Verbindungsstränge im Netz der Schwarzen Welt. Denn auch die Undercover-Einrichtungen dieses geheimen Mega-Unternehmens sind sehr zahlreich.

Fakt oder Fiktion?

Direkt an der Ostgrenze der Edwards-Basis, nahe dem Raketentest-gelände der NASA, befindet sich ein harmlos aussehender Hügel, der Haystack Butte, über den diverse Personen aus dem militärischen Umfeld in inoffiziellen Gesprächen gesagt haben, er verberge eine tief in die Erde reichende Untergrundanlage. Sie führe noch bedeutend weiter hinab als die Abgründe unter der Tejon-Ranch. Ein Informant von Bill Hamilton behauptete beispielsweise, an dem Tunnelprojekt dort gearbeitet zu haben. Zusammen mit einigen Mitarbeitern sei er einmal in einem Lift sehr tief hinabgefahren. Aus der ihm bekannten Geschwindigkeit des Aufzugs und der Dauer der Fahrt schätzte er die Tiefe auf rund einen Kilometer, weit mehr also als die 42 Stockwerke des »Ameisenhügels«. Für viele wird seine Geschichte allerdings fragwürdig, nachdem er erzählte, in einem Raum dort unten ein sehr großes fremdes Wesen gesehen zu haben, das direkt neben zwei Männern in Laboratoriumskitteln stand. Er sprach auch von zwei alten Schulkollegen, die später zeitweilig im »Anthill« gearbeitet hätten sowie in anderen Untergrund-Einrichtungen. Graue Aliens und reptiloide Lebensformen sollen ihnen zufolge in mehreren Untergrundbasen leben.

Ein Mann namens Paul erzählte von einer gewaltigen Untergrundhalle mit hundert Metern Durchmesser, in der er für ein Projekt mit der Bezeichnung »Startalk« gearbeitet habe. Hier sei es darum gegangen, einen riesigen Laser über Spiegel ins All zu senden, als eine Art Leuchtfeuer für die Navigation von Raumschiffen einer freundlich gesinnten Fremdkultur. Bei der geheimnisvollen Llano-Facility des McDonnell-Douglas-Konzerns unweit von Palmdale will er die Landung eines Diskus verfolgt haben. Die Flugscheibe soll dann in einem riesigen Untergrundhangar verschwunden sein.

Diese Berichte werden sich schwer überprüfen lassen. Es gibt überraschend viele solcher inoffizieller Schilderungen aus Kreisen des Militärs, teils auch von Technikern, Ingenieuren oder Wissenschaftlern. Scherze? Geflunker? Vernebelung tatsächlicher Hintergründe? Sicherlich ist es auch denkbar, daß in etlichen Fällen die

wahren Vorgänge durch diese Geschichten verdeckt und ungewöhnliche, aber reale Vorfälle im Militärbereich, die vielleicht von zivilen Zeugen gesehen wurden, schnell den Ruf von Produkten über-
spitzter Fantasien erhalten sollen. Wie weit die Realität in diesen
Fällen geht und wo die Fiktion beginnt, wird mit hundertprozentiger
Verläßlichkeit nicht feststellbar sein.

Fakt ist aber die Existenz einer großen Zahl zum Teil sehr ausge-
fallener Geheimanlagen in jenen Landstrichen des Antelope Valley
und der Edwards-Basis. Im Süden des Haystack Butte liegt der El
Mirage Dry Lake, der von Motocross-Fans als Rennstrecke verwendet wird. Dort befindet sich allerdings auch die der CIA angehören-
de und von der *General Atomics Corporation* betriebene *El Mirage
Flight Test Facility* – Testgelände der Drohnen *Gnat-750* und des
schon erwähnten Predators.

Der CIA-Zulieferer AeroChem.
(Aufnahme: Verfasser)

Über Straßen im Hinterland, die auch an dem CIA-Lieferanten
AeroChem vorbeiführen, stößt der Besucher des von geheimdienstlichen Operationen durchsetzten Gebiets schließlich auf die historische Route 66, die in nördlicher Richtung zum verschlafenen Nest
Helendale führt. Unweit davon befindet sich eine wohl besonders
futuristisch wirkende Testanlage dieser Region – die *Helendale Avionics Facility.*

Am 11. August 1979 übernahm der Anwalt J. Gregg Evans aus Los Angeles das dortige Gelände mit Kaufoption von der ursprünglichen Eigentümerfamilie Seino. Hinter der Aktion stand allerdings der Lockheed-Konzern, was möglicherweise nicht einmal die Seinos wußten. 1983 begann die erste Bauphase, 1985 dann schon die Helendale-Expansion »HELEX Phase 2« auf jenem Areal, das etwa so groß ist wie die Plant 42. Erst 1989 dann übernahm Lockheed mit dem Kauf des dortigen Landes die Einrichtung offiziell. So wie sich auf »Tejon« die RCS-Anlage von Northrop befindet, so dient »Helendale« als RCS-Anlage für Lockheed.

Am südlichen Ende der Einrichtung, gelegen an der unbefestigten Wheeler Road, die auch als offizielle Adresse angegeben wird, erstreckt sich der Operations-Komplex in Form von etlichen großen Gebäuden, darunter Hangars, Kontrollzentrum und Verwaltung, sowie einer Gruppe mächtiger Antennen, die auf einem hohen Stahlgerüst thronen. Von dort führt eine 2,5 Kilometer lange Piste in nördliche Richtung. Sie ist von außerhalb des gesicherten Hauptgates aus nicht sichtbar. Genau wie die Piste der Tejon-Ranch aber handelt es sich bei ihr nicht um ein Rollfeld für Flugzeuge. Die Strecke wird wiederum genau wie die Konstruktion in den Tehachapi-Bergen von zwei hellen Rechtecken geteilt, den ursprünglichen Zielpunkten für die Radarwellen. Am Ende der Piste befindet sich dann das andere Kernstück von »Helendale«, eine wirklich utopisch wirkende Betonkonstruktion: Eine lange Rampe führt dort hinab in eine künstliche Senke, die von mehreren, in verschiedenen Winkeln zueinanderstehenden Betonflächen gebildet wird. Eingebettet in diese entlang ihrer Längsachse nahezu symmetrische Architektur befindet sich ein überdachter Bunker, an dessen senkrechter Frontseite die Zufahrtsrampe endet – mitten in jener künstlichen Mulde. Das Bunkerdach ist so ausgelegt, daß eine in seiner Mitte liegende, etwa 25 auf 25 Meter messende und diagonal geteilte Fläche geöffnet werden kann. Dazu werden die beiden Dreieckshälften im rechten Winkel voneinander wegbewegt und kommen dann vollständig auf anderen Partien des gewaltigen Bunkerdaches zu liegen. Im Inneren dieser unheimlich anmutenden Konstruktion befindet sich ein sieb-

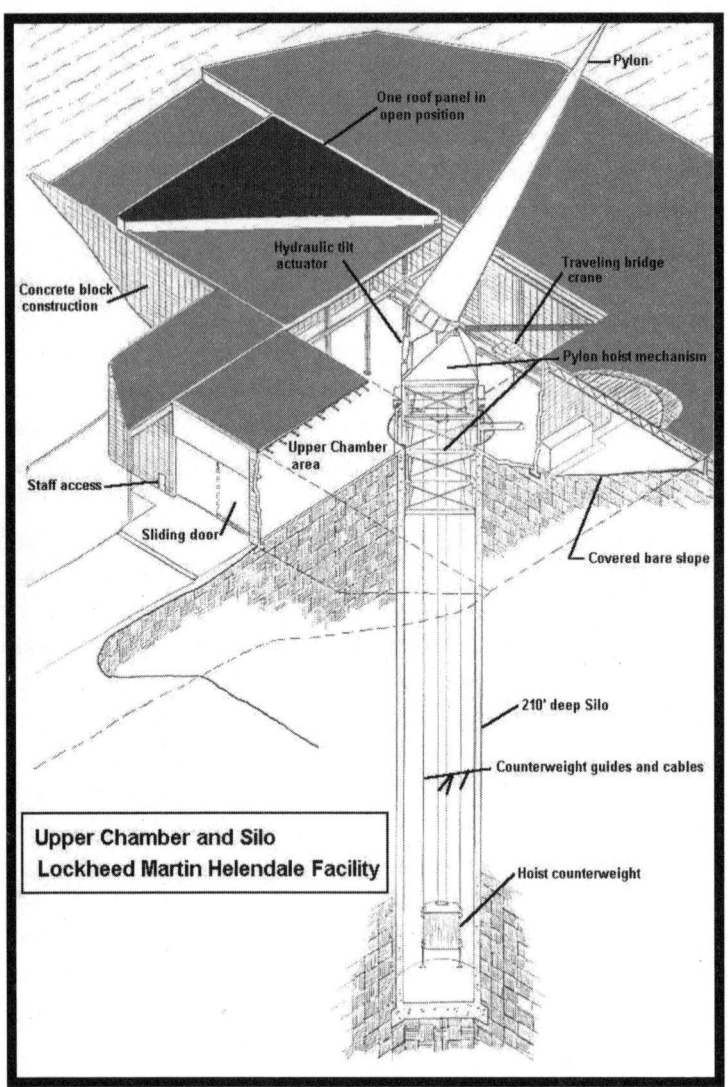

Die Grafik zeigt den Aufbau des Schachtes unterhalb der »Upper Chamber«
von Helendale.

(Archiv Verfasser/Helendale Avionics Facility)

zig Meter tiefer Schacht, der einen von Lockheed 1996 neu entwikkelten *Squareback-Superskirt*-Pylon birgt. Zum Test werden geheime Flugzeug-Prototypen aus den Hangars zu jener bemerkenswerten Betonanlage gerollt, die als »Obere Kammer« bezeichnet wird (»Upper Chamber«), und durch das Tor des zentralen Bunkers über den Pylon gefahren. Mit Hilfe einer Hebeeinrichtung – einer stabilen Brücke im oberen Bereich der Kammer – wird das Flugzeug auf dem Pylon genau positioniert und anschließend durch das geöffnete Dach nach oben gefahren. Wenn der Pylon-Mast, dessen eigene Radarreflektivität natürlich sehr exakt bestimmt sein muß, voll ausgefahren ist, können die Tests in gewohnter Art und Weise beginnen, bei denen von der südlichen Anlage aus Radarwellen auf das Flugzeug gerichtet werden. Der große Vorteil der Bunkerkonstruktion von Helendale ist, daß die geheimen Testobjekte im Sinne des Worte sehr schnell in der Versenkung verschwinden können, sobald unbefugte Augen sich in der Nähe zeigen sollten.

Auf »Helendale« fanden auch die RCS-Tests für die F-117 statt, und der damalige Skunk-Works-Chef Ben Rich berichtete davon, wie man anfangs glaubte, das Flugzeug sei vom Pylon gefallen, weil keine Radarreflexe im Kontrollzentrum registriert wurden. Erst als sich ein Vogel auf die Spitze des Fliegers setzte, trafen Signale ein, und der Radaroperateur meinte zu Rich: »Doch, es ist da!«

In Anbetracht der sehr ungewöhnlichen Upper Chamber ist es eigentlich kein Wunder, daß etliche Gerüchte über die *Helendale Avionics Facility* kursieren. So soll sich unter der Struktur eine UFO-Fabrik befinden. Doch scheint dies mit ziemlicher Sicherheit nicht der Fall zu sein.

Der schon erwähnte Physiker Tom Mahood, der glänzende Hintergrund-Recherchen zur Area 51 angestellt hat und von dem auch zahlreiche der oben aufgeführten technischen Angaben über »Helendale« stammen, hatte die Gelegenheit, Pläne über die Konstruktion der Upper Chamber einzusehen. Am 15. Juni 1996 fand nämlich in der Tat ein »Tag der Offenen Tür« auf dem Gelände statt, bei dem Zivilisten die einmalige Möglichkeit erhielten, in die Kammer zu gelangen und den Radar-Mast in Funktion zu beobachten – natürlich ohne Geheimflugzeug drauf, einen Wermutstropfen muß es schließlich immer geben!

Wer wollte, konnte an jenem Tag die gesamte Anlage besichtigen. Natürlich mag es eine ganze Reihe verborgener Bereiche auf dem Areal geben, auf die kein Besucher je aufmerksam würde. Doch sehr wahrscheinlich ist es wohl nicht, daß Normalbürger in den Eingangsschacht einer UFO-Fabrik gelassen werden.

Das wirklich Geheime an der Helendale Avionics Facility ist nicht die ausgefeilte RCS-Anlage, sondern das, was auf ihr getestet wird. Es sind jene utopischen Flieger, die bei den Skunk Works geplant und gebaut, dann auf ihre »Reflexe« hin untersucht und anschließend zu Testflügen nach »Dreamland« verfrachtet werden.

Der schwarze Korridor

Die fliegenden Rätsel der »Schwarzen Welt«, jene mysteriösen Konstruktionen neuester Flugobjekte, zeigen sich sehr selten am Himmel, selbst in den Gegenden, wo man ihr Erscheinen am ehesten erwarten kann. Doch über die Jahre haben sich die Sichtungen gehäuft. Einiges, was ernstzunehmende Zeugen gesehen haben, läßt sich in kein übliches Raster mehr einordnen. Einige Beobachtungen vor allem über Area 51 scheinen sogar die unfaßbaren Geschichten zu untermauern, denen zufolge das US-Militär bereits technologische Komponenten von Raumschiffen einer fremden Zivilisation in seine eigenen Jets einbaut und testet oder gar die außerirdischen Flugscheiben selbst erforscht. Ob das wirklich so ist oder nicht, soll hier nicht Gegenstand der Diskussion sein; interessant ist aber, daß die bis dato unidentifizierten Objekte sich hauptsächlich entlang eines Streifens zeigen, der von Area 51 in südwestlicher Richtung über diverse Testgelände hinwegführt – über Nellis, über das mächtige *China Lake Naval Weapons Center*, über die Edwards-Luftwaffenbasis und das Antelope Valley. Ungewöhnlichste Flugzeuge und UFO-Erscheinungen werden hier immer wieder beobachtet. Nun befinden sich in diesen Bereichen wie wir gesehen haben auch viele der Entwicklungs- und Teststätten dieser Flugkörper, weshalb es wohl nicht weiter verwunderlich ist, wenn sie dort auch gehäuft zu sehen sind. Doch könnten mit diesem Luftkorridor noch andere interessante Perspektiven verbunden sein. Sicherlich leuchtet ein, daß die superschnellen Flieger bei anspruchsvolleren Tests auch viel Platz benötigen, viel »Auslauf« am Himmel, um nicht zu sagen »Ausflug«. Sicherlich ist es auch im Sinne der Erfinder, die geheimen Jets weitestgehend unauffällig zu bewegen, sonst wäre schließlich allein schon die extreme Geheimhaltung am Groom Lake einigermaßen sinnlos. So bietet sich eine Flugroute an, die entweder über militärische Sperrgebiete oder über abgelegenes, menschenarmes Territorium verläuft. Eine solche Route ist auch die oben beschriebene.

Vielleicht ist aber auch das nur Zufall. Überlegen wir einmal, was wohl wäre, wenn eine geheime Maschine in einiger Höhe über eine Großstadt hinwegfliegt. Im Prinzip würde doch kein Hahn danach krähen! Gerade in einer Großstadt gibt es noch weniger Gründe, zum Himmel hochzublicken, dort, wo selbst die hellsten Sterne wegen der zunehmenden Luft- und Lichtverschmutzung kaum mehr zu erkennen sind. Wer sich nachts durch den Verkehr einer amerikanischen City schlängelt, wird neben Tausenden heller Lichter am Boden kaum das eine zusätzliche Licht am Himmel wahrnehmen und dann auch noch feststellen können: Das ist kein gewöhnliches Flugzeug, das ist ein geheimer Prototyp!

Insofern scheint es sogar überhaupt keine Rolle zu spielen, ob die Flugroute über eine Großstadt führt oder nicht.

Rund 80 Kilometer südlich von Edwards, am Fuße der San Gabriel Mountains, beginnen die berühmten Vororte von Los Angeles – Pasadena mit seinem NASA-Laboratorium für Strahlantriebe, Burbank, einstige Hochburg der Skunk Works, und natürlich auch Hollywood, das Eldorado der Filmwelt. Die Frage ist nun, wo endet die Route der Flieger aus der Schwarzen Welt? Läßt sie sich noch über das dicht besiedelte Los Angeles verfolgen oder gar darüber hinaus? Tatsächlich existieren recht wenige Sichtungen aus der riesigen Stadt selbst, was nicht überrascht. Doch kommen aus den Küstenorten rund um »LA« durchaus recht viele Meldungen. Immer wieder werden dort vor allem auch in der Richtung über dem Pazifischen Ozean geheimnisvolle Phänomene und Flugkörper gesehen, Objekte, die genau wie die Erscheinungen über den beschriebenen Testgeländen die Bezeichnung »UFO« ohne weiteres verdienen würden. Was suchen diese Flugkörper dort, sogar über dem Meer? Wo könnten sie im Notfall landen? Anzunehmen ist zunächst einmal, daß bei der Planung eines geheimen Testfluges mehrere Zwischenstationen für unvorhergesehene Landungen mit einbezogen werden. Ein Vogel, der den Käfig von Area 51 verläßt, wird daher völlig unabhängig vom Faktor »Beobachtbarkeit durch Unbefugte« die sicherste Route fliegen, diejenige, die ihm zahlreiche Möglichkeiten bietet, auf Militärgebiet zu landen. Diese Option ist auf dem beschriebenen Kurs gegeben. Aus Sicherheitsgründen werden Geheimflugzeuge im Realfall nicht über dicht besiedeltem Gelände fliegen, einerseits wegen möglicher Gefährdung der Öffentlichkeit, anderseits wegen der vorhandenen Publicity bei einem unvorhergesehenen Zwischenfall.

Tatsächlich gibt es im Küstenabschnitt von Los Angeles relativ wenige Sichtungen, während vor allem im Nordwesten, in der Region von Ventura und Santa Barbara, aber auch über dem Ozean südlich von Los Angeles gehäuft ungewöhnliche Objekte aufzufallen scheinen. Mit Gewißheit existiert eine sichere Landemöglichkeit aber auch am Endpunkt der Route. Wo liegt er in diesem Fall?

Meine Vermutung ist, daß die Schwarze Welt eine »Filiale« im Pazifik besitzt. Eine hinter hohen Bergen in der Wüste versteckte Basis ist schwer einsehbar. Genauso schwierig wird es, wenn sich eine Landepiste irgendwo auf einer Insel im Ozean befindet, nicht zu weit von der Küste entfernt, aber genügend abgelegen, um sich dort sicher fühlen können. In Frage für einen potentiellen Außen-Stützpunkt könnten San Clemente Island und San Nicolas Island kommen, zwei Inseln der Channel Islands, die der kalifornischen Küste im Santa Barbara Channel vorgelagert sind. Tatsächlich erweisen sie sich als Sperrgebiet der US-Marine, vielleicht also eine heiße Spur?

Eine gute Freundin von mir, die vor einigen Jahren in Ventura lebte, machte eines Tages eine interessante Beobachtung. Sie befand sich gerade auf dem Highway, als sie sah, wie eine ganze Flotte von schwarzen Hubschraubern über dem Meer auftauchte. Die Helikopter, mindestens ein Dutzend, flogen genau in ihre Richtung und donnerten über sie hinweg. Meine Bekannte parkte ihren Wagen am Straßenrand und beobachtete das Spektakel. Sie wollte gerade wieder ins Fahrzeug steigen, als auf dem Highway ein Konvoi schwarzer Limousinen an ihr vorbeirauschte, ebenfalls von der Küste her kommend. – In der Umgebung von Ventura werden schon seit einiger Zeit immer wieder ungewöhnliche Beobachtungen gemacht, die mit militärischen Operationen über dem Ozean in Verbindung zu stehen scheinen.

Am Abend des 21. November 1997 hatten sich Ted Loder, Professor für Geowissenschaften an der Universität von New Hampshire, und sein Freund Tony Craddock, Vorsitzender einer im Ölgeschäft tätigen Consulting-Firma, in dessen Haus getroffen, um einige Beobachtungen mit neuen Nachtsichtgeräten zu machen. Beide interessieren sich für ungewöhnliche Flugobjekte und die Möglichkeit von fremden Intelligenzen aus dem Kosmos. So könnte man sie als Zeugen einer ungewöhnlichen Himmelserscheinung natürlich für vorbelastet oder gar voreingenommen ansehen, andererseits aber auch als gut informiert über das, was sich alles an Erklärbarem zeigen kann.

Das Craddock-Anwesen überblickt den gesamten Santa Barbara Channel und bietet somit einen wunderbaren Standort vor allem für die hier interessierenden Dinge. An jenem Abend testeten die beiden Beobachter ihre neuen Instrumente. Der Professor verwendete ein ITT Night Mariner, Model G3, sein Bekannter ein Litton Nite-Mate, Model Nav3. Beide Nachtsichtgeräte besitzen einen Verstärkungsfaktor im Bereich zwischen 30.000- und 50.000fach. Loder und Craddock warfen durch sie hindurch gegen zehn Uhr abends einen Blick zum Planeten Jupiter, der zu diesem Zeitpunkt unweit des Horizonts über San Miguel Island stand, der westlichsten der Channel Islands. Nun wollte es der Zufall, daß exakt in jenem Moment ein düsterer dreiecksförmiger Flugkörper die gleiche Himmels-region passierte. Die Restlichtverstärker besitzen ein großes Gesichts-feld, und so sahen beide Zeugen das Objekt im selben Augenblick – dort über dem Meer zog ein großes, bumerangförmiges Gebilde laut-los in östliche Richtung dahin, den Santa Barbara Channel entlang und zu den anderen Inseln der Gruppe. Der ungewöhnliche Flug-körper war nur an einigen Begrenzungslichtern zu erkennen, die seine Kanten markierten. Und schon nach etwa sechs Sekunden ver-schwand das Dreieck hinter einer Baumreihe. In der Zeit hatte es ungefähr 75 Winkelgrad oder rund ein Fünftel eines Vollkreises am Himmel zurückgelegt. Als das Objekt wieder hinter den Bäumen auftauchte, neigte es sich leicht zur Seite, wodurch die Form noch deutlicher hervortrat. Professor Loder zählte in dem Moment fünf, vielleicht sogar sechs Begrenzungslichter. Tony Cradock konnte noch ein bis zwei weitere Lichter erkennen, da die Bilddefinition seines Instruments dem anderen Gerät etwas überlegen ist. Durch die Art und Weise, wie sich die Lichter im Raum bewegten, sind beide Zeu-gen sich völlig sicher, daß hier nicht etwa mehrere kleinere Objekte am Himmel entlangzogen, sondern auf jeden Fall ein einziges gro-ßes von der Form eines Bumerangs. Ohne die optische Verstärkung war allerdings nichts zu sehen.

An dem Abend waren noch zwei weitere Personen anwesend. Sie standen neben Loder und Craddock auf der Haus-Terrasse, nur ver-fügten sie eben nicht über Nachtsichtgeräte und konnten überhaupt nichts Auffallendes erkennen. Geräusche waren gleichfalls nicht zu hören. Da das Objekt mit bloßem Auge unsichtbar war, ist nicht klar, welche Farbe seine Lichter gehabt haben. Denn Photomultip-lier geben keine Farben wieder. Nur wenn durch sie hindurch ein leuchtendes Objekt ausreichend lange zu sehen ist, bestünde die Möglichkeit, seine Farben durch Einsatz verschiedener Filter abzu-schätzen. Viel wesentlicher aber ist natürlich ohnehin die Beobach-tung des Flugobjekts an sich.

Bei einer geschätzten Entfernung von etwa fünf bis zehn Meilen, wie sie die beiden Beobachter annehmen, muß sich der unbekannte Flugkörper mit einer Geschwindigkeit von über 5.800 bis knapp

12.000 Stundenkilometern bewegt haben. Das entspricht der fünf-
bis zehnfachen Schallgeschwindigkeit!

Wenn die Annahmen stimmen, haben Loder und Craddock in jener Nacht ein unbekanntes *Hyperschall-Flugzeug* gesehen, ein Flugzeug also, das mindestens fünfmal so schnell unterwegs ist wie der
Schall.

Auch in jüngerer Zeit haben sich in den Küstenregionen um Los
Angeles einige merkwürdige Vorfälle ereignet. Einer davon, der sich
am Samstag, den 6. Januar 2001 zugetragen hat, führt uns wieder
zurück nach Ventura. Gegen 21.15 Uhr fuhren der Zeuge Warren L.
und seine Freundin zum Abendessen, als der jungen Frau ein ihr
seltsam erscheinendes Flugzeug am Himmel auffiel. »Wir stiegen
sofort aus dem Wagen, um eine bessere Sicht darauf zu bekommen«,
berichtete Warren später. »Ich wußte auf den ersten Blick, daß das
kein Flugzeug von der Art war, wie wir sie kennen. Das Objekt war
eine Mischung zwischen einem Rechteck, einem Dreieck und einem Parallelogramm. Mit anderen Worten, wir konnten seine Form
nicht endgültig beschreiben oder wahrnehmen.« Trotzdem schien
es einem Stealth-Flugzeug ähnlich zu sein, so meinte Warren. Als
das mit einigen weißen Lichtern bestückte Objekt über den beiden
überraschten Zeugen hinwegflog, wurde ein kaum wahrnehmbares
Geräusch hörbar, das »wie eine elektrische Drohne oder ein Summen« klang. Warren erinnert sich weiter: »Das Fluggerät bewegte
sich entlang einer geraden Linie auf etwa 600 Meter Höhe und mit
dem Tempo eines Kleinluftschiffs. Die Geschwindigkeit des Ob-
jekts macht einfach keinen Sinn, weil es zu langsam war, um nach
dem gegenwärtigen Stand der Jet-Technologie in der Luft zu bleiben.« Den Zeugen überwältigten die Ausmaße des utopischen Flugzeugs. Er nimmt an, daß es doppelt bis dreimal so lang war wie ein
Jumbojet.

Die Größe einer unbekannten Maschine am Himmel abzuschätzen, also dort, wo es keinerlei Anhaltspunkte gibt, ist natürlich extrem schwer. Bei aller Aufrichtigkeit der Beobachter sind dabei beachtliche Fehlerspannen möglich. Meist stellt sich heraus, daß die
wirklichen Dimensionen bedeutend kleiner sind. Doch selbst, wenn

das beinahe im Schwebeflug über die Zeugen hinwegziehende Objekt »nur« die gleiche Länge wie ein Jumbo-Jet besessen hätte, es wäre doch schon ein ganz beachtlicher Brocken gewesen. Außerdem belegen seine im Wortsinne unbeschreibliche Formgebung und genau jene Schwebe-Eigenschaft, daß hier etwas »in der Luft lag«, was es in der offiziellen Luftfahrtgeschichte eigentlich noch gar nicht gibt.

Außer den rätselhaften fliegenden Dreiecken und stealth-ähnlichen Flugkörpern zeigen sich auch andere Seltsamkeiten an diesem Küstenabschnitt. Ein Privatflieger aus Santa Barbara, rund 40 Kilometer Luftlinie von Ventura entfernt, beobachtete am 14. Mai 2001 gegen 4.30 Uhr gewohnheitsmäßig den Morgenhimmel. Als er in nördöstliche Richtung blickte, fiel ihm aus dem Augenwinkel heraus zu seiner Rechten eine gelbweiße, leuchtende Kugel auf, die vom Santa Barbara Channel zu kommen schien. Dieses Objekt war laut Zeugenaussage absolut rund und strahlte ein gleichförmiges Licht ab. Geschwindigkeit und Höhe schienen sich leicht zu ändern.

Es gibt genügend weitere Beispiele von doch recht merkwürdigen Flugkörpern, die in der Region gesehen wurden. Etliche von ihnen kommen aus Richtung der Channel Islands. Wie schon kurz angesprochen, zwei dieser Inseln, Clemente und Nicolas, unterstehen der Navy und sind Sperrgebiete.

Untersee-Basen

San Nicolas Island, gut 100 Kilometer von der kalifornischen Küste entfernt, wurde 1933 zum Waffentestgelände erklärt und bald nach Ende des Zweiten Weltkriegs dem *U.S. Naval Missile Center* von Point Mugu angegliedert. Die knapp 15 Kilometer lange Insel, deren hohe Klippen morgens oft in Nebelschwaden gehüllt sind, ist bekannt als die »Insel der Blauen Delphine«, seitdem ein Kinderbuch mit diesem Titel sich ihr und dem tatsächlichen Schicksal von »Juana Maria« widmete.

»Juana Maria« nannte man eine Frau indianischer Abstammung,

die 1835 zusammen mit den letzten ursprünglichen Bewohnern der Insel zum Festland gebracht werden sollte. Schon bald nachdem der von Franziskaner-Missionaren angeheuerte Schoner »Peor es Nada« – »Nichts ist schlimmer« – in einer Bucht angelegt hatte, trieb ein sehr plötzlich aufkommender rauher Seegang den Kapitän zur Eile an. Das Schiff drohte an den Felsen zu zerschellen. Mitten in der Wirrnis dieser Situation bemerkte die junge Indianerfrau, daß ihr kleines Kind nicht mit an Bord genommen worden war. Sofort sprang sie ins Wasser und schwamm zur Insel zurück. Doch die »Peor es Nada« mußte ablegen, um nicht selbst Schaden zu erleiden. Captain Hubbard wollte so bald wie möglich zurück zu San Nicolas Island fahren, um die Frau zu suchen, doch nicht einmal einen Monat nach dem tragische Ereignis auf der Insel sank die »Peor es Nada« in der Bucht von San Francisco. Das Schiff hatte seinen Namen wohl zu recht getragen.

Über die Jahre war die Geschichte von der unglücklichen Frau immer wieder zu hören gewesen, doch kaum jemand glaubte daran, daß sie auf dem unwirtlichen Eiland überlebt habe. Erst 1853 wurde die Indianerin auf einer weiteren Expedition zur Insel von San Nicolas gefunden. Sie hatte all die Jahre überstanden und sich vor gelegentlichen Besuchern versteckt gehabt, obwohl sie nicht wirklich Angst vor ihnen zeigte. Ihr Kind hatte sie bereits an dem Tag tot geborgen, an dem sie von Deck gesprungen war.

Als sie aufgefunden wurde, befand sich die Frau in einem überraschend guten körperlichen Zustand und war mit einem Gewand aus Kormoranfedern bekleidet. Sie wurde nach Santa Barbara gebracht, wo sich die Ehefrau eines Expeditionsmitglieds um sie kümmerte. Doch die »Gerettete« wurde schnell schwächer, bald konnte sie nicht mehr laufen, und nur drei Monate nach ihrer Ankunft auf dem Festland starb sie. Die Annehmlichkeiten der zivilisierten Welt waren für sie eine einzige Belastung.

Außer einer Gedenkplatte in Santa Barbara und dem Kleid aus Kormoranfedern, das nun im Vatikanmuseum in Rom aufbewahrt wird, erinnert nicht mehr viel an das Schicksal der einsamen Frau von San Nicolas Island.

Heute hält das US-Verteidigungsministerium seine Hand auf San Nicolas Island und führt die Insel als streng gesichertes Sperrgebiet. San Nicolas verfügt über zahlreiche militärische Gebäudekomplexe und mindestens eine Rollbahn. Allerdings ist nicht sehr viel über die Tests bekannt, die dort durchgeführt werden. In jedem Fall sind es auch Versuche mit Raketen und Missiles. So fanden beispielsweise Experimente mit SLAM statt, einer Missile, die von Point Mugu zu einem Ziel auf der Insel abgeschossen wurde. Außerdem startet von San Nicolas auch der schon im Zusammenhang mit der *El Mirage Facility* und *Indian Springs* erwähnte »Predator« zu Übungsflügen. Dieses UAV – »Unmanned Aerial Vehicle«, das heißt: »unbemannte Luftfahrzeug« – ist auf Aufnahmen in militärischen Bildarchiven auf der Piste von San Nicolas Island zu sehen.

Der Predator vor Nicolas Island.
(Aufnahme: U.S. Department of Defense)

Auch das benachbarte, 37 Kilometer lange San Clemente Island hüllt sich weitgehend in Schweigen, was die militärischen Aktivitäten dort betrifft. Schon 1934 gelangte Clemente unter Kontrolle der US-Marine. An der Nordspitze der Insel, die rund 80 Kilometer von der Küste entfernt im Pazifik liegt, befindet sich eine Landepiste.

Sie ist ost-nordost – west-südwest orientiert und wird im Rahmen der *Naval Auxiliary Landing Facility* genutzt, der Hilfs-Landeeinrichtung der Marine. Handelt es sich bei ihr um eine Notfall-Piste für geheime Flieger aus der Schwarzen Welt?

San Clemente Island ist in jedem Falle wesentlicher Fokus elitärer Operationen und Einheiten. Ein engagierter Leser schrieb mir im Herbst 1999, er befasse sich schon lange mit der Geschichte der Navy-SEALs und machte mich darauf aufmerksam, daß dieses Sondereinsatz-Kommando auf San Clemente Island ausgebildet und trainiert wird. Die berühmte Spezialeinheit, die unter allen Bedingungen und in allen Umgebungen unter Höchsteinsatz operiert, trägt ihre enorme Flexibilität im Namen: SEAL – Sea, Air, Land, die drei möglichen Elemente, sind darin vereint. Tatsächlich hängen die Operationen auf der Insel, die zur *Coronado-Marine-Basis* zählt, sehr eng mit ihnen zusammen. In Coronado sowie in der Bucht von San Diego und auf San Clemente selbst findet das unvorstellbar harte Training der Teams statt. Extrembedingungen sind das Stichwort, das wohl ernster als hier nirgends genommen wird. Die Ausbildung dauert rund fünf Jahre, und nur wenige schaffen es bis zum Ziel. Wer hier teilnimmt, wird vom ersten Moment an körperlich und physisch unter einen Druck gesetzt, der für keinen normalen Menschen mehr nachvollziehbar ist. Die SEALs werden darauf trainiert, mit bloßen Händen zu töten, Kernwaffen zu entschärfen und unter allen Bedingungen eigenverantwortlich zu handeln. Sie müssen lernen, stundenlang in eisigem Wasser zu überleben, drei Tage lang ununterbrochen und bis zum Hals im Schlamm auf Lauer zu liegen, nachts jede Viertelstunde aus dem Schlaf gerissen und dennoch jederzeit sofort einsatzbereit zu sein sowie viele Torturen mehr ertragen, bei denen selbst ein Bulle weinend zusammenbrechen würde.

Neben diesem Training und unklassifizierten Projekten, wie zum Beispiel Tests eines tragbaren chemischen Sensorsystems der Sandia-Laboratorien, das schon kleinste Spuren von Explosivstoffen unter Wasser erfolgreich aufspürt, könnten auf San Clemente noch ganz andere Aktivitäten vor sich gehen.

Wir dürfen ohne jede Übertreibung feststellen, daß die Technologien zur geheimen Konstruktion von tiefen Untersee-Basen schon seit Jahrzehnten existieren. Rein aus zivilen Projekten geht hervor, welch erstaunliche Möglichkeiten bestehen, kilometerweit unter dem Ozeanboden geheime Tunnelnetze und komplette Basen anzulegen. Grundsätzlich besteht kein großer Unterschied, ob nun eine solche Station tief im Gestein des Festlandes konstruiert wird oder aber unterseeisch.

Schon vor über hundert Jahren bewerkstelligten geniale Ingenieure diese Aufgabe. Schächte von Kohleminen erstrecken sich teils Hunderte von Metern tief unter dem Boden der Nordsee und weit weg von der Landmasse. Vergleichbare Minen sind weltweit zu finden. In diesem Kontext sollten wir auch noch einmal kurz an den Channel Tunnel denken. Die Techniken, gigantische Höhlungen unter dem Meer auszuschachten, sind lange schon Realität. Aus Marinekreisen sind ebenfalls schon lange »Gerüchte« zu vernehmen, daß beide Küstenstreifen entlang der Vereinigten Staaten von militärisch genutzten Tunnelanlagen durchzogen sind. Hier scheint eine eigene geheime Welt zu existieren. So ist die Rede von Tunnelschächten für U-Boote, die durch diese Konstruktionen hindurch zu unterirdischen Geheimbasen im Inland gelangen. Die Technik existiert, um beispielsweise einen Tunnel von San Clemente Island tief unter Los Angeles bis hin zur Tejon-Ranch zu realisieren. Was würden wir bei einer Fahrt durch die Wüste wohl alles sehen, hätten wir Röntgenaugen? Ausgehöhlte Berge mit gewaltigen künstlichen Cavernen vor uns, während unter uns U-Boote durchs Land ziehen? Von den Gerüchten zu ehemals sowjetischen Tunnelsystemen, die von Flugzeugen als Verbindungsstrecken benutzt werden sollen, war bereits die Rede. Tatsache ist jedenfalls, daß Rußland über U-Boot-Tunnel verfügt, zum Beispiel bei der Gremikha-Basis an der Spitze der Kola-Halbinsel.

Was nun San Clemente angeht, so kommen hier mit Blick auf einen ausgedehnten unterseeischen Komplex einige interessante Aspekte zusammen. Zunächst einmal befindet sich an der kalifornischen Küste, bei Port Hueneme, eine der Zentralen für die sogenannten *Underwater Construction Teams* (*UCT*s), die bei Unterwassser-Bauprojekten weltweit tätig werden. Diese Teams unterstehen der US-Marine. Bei den Baumaßnahmen geht es sicher nicht um öffentlich bekanntgegebene Programme; die Mitarbeiter operieren mit »geheimen Sicherheitsfreistellungen«.

Interessanterweise gibt es an der Ostküste der USA ein Pendant zur UCT-Zentrale von Port Hueneme – und zwar in Little Creek, Virginia. In seinem zweiten Buch über »Unterwasser- und unterirdische Basen« macht der schon mehrfach genannte Richard Sauder auf das *Naval Facilities Engineering Service Center* NFESC aufmerksam, das auch über eine Website verfügt. Auf der Seite über »Specialized Ocean Facilities« – »spezialisierte ozeanische Einrichtungen« also – steht ohne jegliche Geheimniskrämerei zu lesen, daß diese Organisation der Marine bei Entwicklung, Konstruktion, Betrieb und Instandhaltung von festen Anlagen im Ozean oder unter Wasser bis zu Tiefen von 6.000 Metern behilflich sein kann. Schon 1966 veröffentlichte die US-Marine einen unklassifizierten technischen Bericht über »Bemannte Untersee-Strukturen – Das Rock-Site-Konzept«. Autor ist ein C. F. Austin von der Forschungsabteilung der Marine-Geschütz-Teststation auf China Lake, Kalifornien. Schon die Zusammenfassung dieses Berichtes ist verblüffend, vor allem, wenn man bedenkt, daß sie den technischen Stand vor 35 Jahren wiedergibt:

»Große Untersee-Einrichtungen mit einer wohnlichen Umgebung existieren unter den kontinentalen Schelfs seit vielen Jahrzehnten. Nun existiert die Technologie, unter Verwendung sofort verfügbaren Petroleums sowie von Bergbau-, U-Boot- und Nuklear-Ausrüstung, permanente bemannte Anlagen im Meeresgrund zu errichten, die keinerlei Luftzuleitungen oder andere Verbindungen zur Land- oder Wasseroberfläche besitzen ...«

Ohne sich hier in weiterreichenden Details der ausführlichen Präsentation zu verlieren, ist es doch schon hochinteressant, daß zu jener Zeit offenbar bereits seit langem weiträumige Unterwasseranlagen existierten und die Technik verfügbar war, völlig autarke, von der Außenwelt unabhängige Basen zu bauen. Dieses Dokument unterlag zu jener Zeit lediglich der recht sanften Restriktion spezieller

Das Rock-Site-Konzept.
(Archiv Verfasser)

Exportkontrolle. Jede Weitergabe an fremde Nationen oder Staats-angehörige durfte nur nach vorhergehender Billigung durch den Herausgeber, also jener Teststation der Marine, geschehen. In dem Report heißt es ferner:

»Mit den modernen Schacht- und Tunnelbohrtechniken kann der Zugang zum Meeresboden vom Land aus bei Tiefen von etlichen tausend Fuß (bis zu mindestens 10.000 bis 12.000 Fuß) und zu Entfernungen von mehreren zehn bis mehreren hundert Meilen von der Küste ausgeführt werden.«

Damals also waren laut offizieller Darstellung schon untersee-ische Anlagen bis zu Tiefen von rund vier Kilometer unter dem Meeresboden realisierbar. Der Zugang zu einer Rock-Site-Anlage wäre durch einen vertikalen Schacht ermöglicht, der in eine sich ausweitende, komplette Basis führt. Hier, einige hundert Meter unter dem Meeresboden oder auch noch deutlich tiefer, finden sich Zugangs- und Verbindungsstollen zwischen Laboratorien, großvo-lumigen Hallen, Wohnquartieren, Erholungsbereichen, Steuer-, Kon-troll- und Versorgungszentralen, Waffenlagern und U-Boot-Häfen. Einem Konzept zufolge geht von dem Vertikalschacht ein spiralför-miger Tunnel nach außen aus, dem sich die diversen Bereiche an-gliedern.

Interessanterweise erwog die US-Marine in den 1960er Jahren tatsächlich, eine Rock-Site-Basis bei San Clemente Island zu ver-wirklichen. Was könnte hier mittlerweile, innerhalb der seitdem verstrichenen Jahrzehnte entstanden sein? Dieser absichtlich nicht zu Ende gedachte Gedankengang ist natürlich spekulativ, aber er liegt gleichfalls im grünen Bereich der Möglichkeiten.

Ein intelligenter Einwand ist sicherlich, daß das Gebiet, auf dem auch die Channel Islands lokalisiert sind, sich mit einer geologisch aktiven Zone deckt. Bekanntlich stoßen unweit von hier zwei Kontinentalplatten aufeinander, die pazifische und die nordamerikanische Platte. Die Gefahr von Beben ist also groß, und das scheint doch ein massives Argument gegen den Bau von Unterwasser-Basen dort zu sein.

Die Ingenieure haben Probleme dieser Art allerdings bereits andernorts erfolgreich gemeistert. Der 1988 vollendete, über 50 Kilometer lange Seikan-Tunnel, der die beiden japanischen Inseln Honshu und Hokkaido miteinander verbindet, läuft ebenfalls durch eine Zone, in der starke Erdbeben auftreten. Diese einzigartige Eisenbahnstrecke taucht über 200 Meter unter das Wasser ab. Ein Experte, mit dem Richard Sauder sprach, bemerkte dazu lapidar, daß heute ein Tunnel von der Art des Seikan-Projekts vergleichsweise ein »Kinderspiel« sei.

Ebenso unproblematisch ist die Finanzierung. Das »Schwarze Budget« ist zwar nicht unbegrenzt, aber milliardenschwer und in seinen Kanälen selbst für die körperschaftliche Regierung unkontrollierbar. Die »Schwarze Welt«, das zeigt sich immer wieder, lebt ihr eigenes Leben, mit eigenen Regeln und genauso autark wie die geheimen Basen, die aus ihrem technischen und finanziellen Potential hervorgehen, ob nun hinter hohen Berggipfeln versteckt, unter der Landmasse oder gar kilometertief unterhalb des Ozeanbodens.

Unheimliche Experimente

Während einiger Recherchen zur vermeintlichen *neuen* Area 51, dem Ort, an den die geheimen Projekte laut dem »Popular-Mechanics«-Reporter Jim Wilson umgezogen sein sollen, ging ich einer ungewöhnlichen Geschichte nach, die sich angeblich im Jahr 1983 zuge-

212

tragen hat. Bevor ich auf sie zu sprechen komme, möchte ich aber doch einige Hintergründe beleuchten …

Der Schauplatz befindet sich in Utah, in einer Gegend, die ebenso abgelegen und einsam ist wie das Land um Area 51. Rund 130 Kilometer südwestlich von Salt Lake City, am Rande der Great Salt Lake Desert, erstreckt sich das weitläufige Armee-Testgelände von Dugway mit seinen verschiedenen Unterabschnitten. Hier liegt das *Deseret Test Center* und der *Wendover Range*, nördlich davon der *Hill Air Force Range*. »Dugway« bedeckt immerhin eine Fläche von 320.000 Hektar und ist die geheimste militärische Einrichtung in diesem US-amerikanischen Bundesstaat. Jahrzehntelang wurde dort ohne jede Rücksicht auf Verluste die Forschung im Bereich chemischer und biologischer Kriegsführung betrieben. Auch nukleare Tests ganz besonderer Art wurden hier durchgeführt. So versuchte das Militär 1959 die Auswirkungen einer Reaktorschmelze zu erforschen – dabei verseuchten abdriftende Wolken mit radioaktiver Strahlung die Umgebung. Das war nicht der einzige nukleare Test, der die Gegend massiv belastete. Auch die biologischen Versuche hatten es in sich. Vor allem nach der japanischen Attacke auf Pearl Harbour 1941 setzte eine Welle von Waffentests zur Abwehr chemischer und biologischer Kampfstoffe ein. 328 Versuche mit gefährlichen Keimen fanden dort in einer Weise statt, daß auch die Atmosphäre mit ihnen in Kontakt geriet. Tony Freemantle vom *Houston Chronicle* zufolge wurden auf dem Dugway Proving Ground unzählige Soldaten absichtlich einer Menge von insgesamt sieben Tonnen Nervengas ausgesetzt. Auch Experimente mit den sporenbildenden Anthrax-Bakterien, die Milzbrand verursachen, gehörten zum Repertoire von Dugway.

Freemantle resümiert: »Der Dugway Proving Ground … war 50 Jahre lang das Testgelände für einige der lebensgefährlichsten chemischen, biologischen und nuklearen Waffen, die je hergestellt worden sind. Ein Hang in den Bergen im Osten ist übersät mit Hunderten verstärkter Bunker, die genügend Toxine lagern, um die gesamte Menschheit auszuradieren. Das Grundwasser ist mit Karzinogenen verseucht.«

Eine Lokalzeitschrift genau wie auch ehemals ahnungslose Opfer der Tests versuchten, im Laufe der Jahre mehr über die Vorgänge auf Dugway herauszufinden. Doch das erwies sich nicht gerade als leicht. Brisante Aufzeichnungen und Dokumente gingen plötzlich »verloren«, eine bequeme, häufig gebrauchte Erklärung für die Eliminierung von Beweismaterial. Auch aus der Praxis eines zivilen Arztes verschwanden belastende Unterlagen. Ein Betroffener der Dugway-Experimente erklärte mit Blick auf seine Suche nach Unterstützung aus berufener Quelle: »Ich glaubte, einen Mediziner in Salt Lake City gefunden zu haben, aber als er hörte, daß ich in Dugway geschädigt worden bin, schreckte er zurück. Er wurde vom Verteidigungsministerium bedroht, sobald er Zivilisten aus Dugway behandelte.«

Heute ist der Dugway Proving Ground mit seinen rund 600 Gebäuden ein Teil des *U.S. Army Test and Evaluation Command* (*TECOM*), des Test- und Bewertungs-Kommandos der US-Armee mit Hauptsitz am Aberdeen-Versuchsgelände in Maryland. Nach offizieller Darstellung finden heute auf Dugway unter anderem noch Versuche für *defensive Maßnahmen* gegen chemische und biologische Angriffe statt.

Diverse Überwachungs- und Radaranlagen auf dem Dugway Proving Ground.
(Aufnahme: Verfasser)

Und Tests ungewöhnlicher Flugkörper?

Der Name Jim Wilson ist in diesem Buch bereits wiederholt gefallen. Daß seine Behauptung, Area 51 sei mittlerweile inaktiv, nicht haltbar ist, hat sich klar herausgestellt. Das wiederum heißt allerdings nicht, daß der damit verbundene zweite Teil seiner Darstellung ebenfalls völlig unzutreffend ist. Will sagen: Wilson erklärte, man setze die Tests von Area 51 nun auf einem Gelände des Dugway Proving Ground fort, nämlich auf der *Area 6413* des *White Sands Utah Launch Complex*. Denkbar ist, daß man Teilprogramme und Projekte, die in die operative Phase getreten sind, auch nach Utah transferiert hat, genauso wie beispielsweise nach Tonopah, nach Indian Springs oder auf die Channel Islands. Dadurch aber wird die Aktivität von Area 51 keineswegs zwangsläufig beeinträchtigt, im Gegenteil, man schafft Platz für neue, topaktuelle Geheimprojekte.

Immerhin hat Jim Wilson insofern recht, als die Aktivität ungewöhnlicher Flugkörper über dem Gelände in Utah ganz offenbar in den vergangenen Jahren zugenommen hat. Im Jahr 2000 wurde dort auch eine neue Rollbahn gebaut, die nach gegenwärtigen Berichten für Tests der NASA zur Verfügung steht. Zeugen haben auch davon gesprochen, ihnen unbekannte Flugobjekte über der Region gesehen zu haben, die mysteriöse Spuren von Dampfwolken hinter sich zurückgelassen haben. Genau wie bei Area 51 ist die Bewachung des Geländes wieder strenger geworden, was in ihrer Art ebenfalls für die Präsenz neuer Geheimprojekte unter dem Siegel der Schwärze spricht.

Und sehr ähnlich den Vorgängen um »Dreamland« machen auch recht mysteriöse Geschichten die Runde um Dugway. Zwischen den 1950er und 1970er Jahren wachten bewaffnete Soldaten über das Gebiet. Zeugen erzählten von Lastwagen-Konvois, die mit ihrer von Planen bedeckten Fracht in Hangars hinein fuhren, was natürlich bei einem Militärgelände dieses Ausmaßes nicht gerade etwas Besonderes ist. Einer der Transporter muß allerdings schon eine sehr geheimnisvolle Ladung transportiert haben. Er brachte ein ebenfalls mit Planen bedecktes, ovales oder rundes Objekt von ungefähr zehn Meter Durchmesser auf die Basis und wurde von insgesamt fünf

Personen begleitet. Wie es heißt, wurde der Hangar, in den man diesen merkwürdigen Gegenstand brachte, von drei konzentrischen Zäunen umgeben. Das sprach für ein nukleares Geheimnis – vielleicht ein transportabler SLR-1-Reaktor?

Andere glaubten, daß in dem hochgesicherten Hangar ein noch brisanteres Rätsel verborgen gehalten wurde, am Ende vielleicht sogar eine der mysteriösen Flugscheiben, wie sie immer wieder am Himmel gesehen wurden. In Berichten ist die Rede davon, daß die fünf Männer, die den Laster nach Dugway begleitet hatten, allesamt innerhalb eines Jahres einen ungewöhnlichen Tod fanden, wohl, um so auf ewig zum Schweigen gebracht zu werden: Zwei von ihnen starben beim Absturz einer Privatmaschine auf dem Weg von Chicago nach Denver, der dritte hängte sich offenbar ohne jeden Grund eines Tages an seiner Krawatte auf, der vierte Mann kam durch Bremsversagen seines Autos ums Leben, als er eine Klippe in Nordkalifornien hinabstürzte, und der fünfte Unglückliche verschwand schlichtweg auf dem Weg zur Arbeit auf Nimmerwiedersehn.

Noch von einem anderen verschwundenen Menschen wird berichtet, und damit komme ich nun, nach diesen langen, aber vielleicht eben doch recht sinnvollen »Vorbemerkungen«, zu jener seltsamen Geschichte, die ich schon zu Beginn des Kapitel angekündigt habe …

Ganz bestimmt lädt der Dugway Proving Ground und seine Umgebung kaum dazu ein, dort seine Zelte für längere Zeit aufzuschlagen. Zwar gibt es im Westen der Staaten weitaus abstoßendere Gegenden, doch diese Region hat etwas Unheimliches an sich. Ganz gleich, ob dieser Eindruck aus dem Hintergrund all jener lebensverachtenden Experimente von Dugway erwächst oder aber unabhängig davon ein stets spürbares Attribut des Landstrichs ist, den Besucher beschleicht ein permanentes Gefühl von Verlorenheit.

Trotz alledem soll dort über längere Zeit hinweg ein Mann gelebt haben, der wohl nichts anderes als die Einsamkeit für sich suchte.

Wohin verschwand der alte George?

George Pekoric hatte viele Jahre bei der US-amerikanischen Armee gedient, als Lastwagenfahrer für ein großes Waffendepot in Tooele, nicht allzu fern des bedrohlichen Geländes. Pekoric war an dem Punkt seiner Existenz angelangt, an dem er sich von seinem bisherigen Leben verabschieden wollte. Alltag, Hektik, Menschen, das alles war ihm zuviel geworden, die Belange der Gesellschaft, sie waren nicht mehr die seinen. Was brauchte er noch, um sein Leben zu bestreiten? Als er mit seinem alten Pickup-Truck samt Wohnwagen im Schlepptau die holprige Straße entlangfuhr, die direkt am Sperrgelände vorbeiführt, war ihm klar, daß er nun ein denkbar einfaches Dasein führen müsse. Doch nichts anderes schwebte ihm vor. Und als er schließlich den gottverlassenen Campground beim Wasserloch von Simpson Springs nördlich des Thomas Range erreicht hatte, wußte er, daß er am Ziel seiner Träume vom Aussteigerleben angelangt war. Was er über die Zeit an Verpflegung benötigte, holte er sich in den rund 70 Kilometer entfernten Orten Sugarville und Delta. Dort gab es Lebensmittel, Sprit und Propangas. Ein Einkauf jede Woche reichte völlig aus. George Pekoric hatte die Ruhe gefunden, die ihm so wichtig geworden war. Der einzige Mensch, der gelegentlich in diese selbstgewählte Verbannung einbrach, war ein Hilfs-Sheriff. Man wechselte einige Worte, dann trennten sich die Wege wieder. Das ging ungefähr ein Jahr lang in immer gleicher Manier vonstatten. Der eigenbrötlerische George lebte offenbar wirklich zufrieden in der Ein-Mann-Siedlung von Simpson Springs. Die Dinge spielten sich im Laufe der Zeit anscheinend gut ein, bis der alte Mann plötzlich sonderbare Geschichten zu erzählen begann. Sollte ihm die ewige Einsamkeit doch nicht so gut bekommen sein?

Der Sheriff wunderte sich zunehmend über das, was George ihm berichtete. Da gab es mysteriöse Lichterscheinungen in der Nacht. Gleißend hell leuchtende, ungewöhnliche Objekte zeigten sich am Himmel. Ihr Weg führte sie über das Testgelände, und sie schienen mitten in der Wüste zu landen. Manchmal näherten sie sich bedrohlich an, flogen in niedriger Höhe über den Campingplatz hinweg

und blendeten mit ihrem Licht. Ganze Flotten von Lichtern husch-
ten durch die Dunkelheit, die ganze Nacht hindurch. George war
sich sicher: Dahinter konnte nur die Regierung stecken.

Nun hatte er sich schon fernab aller Zivilisation angesiedelt, um
endlich die Ruhe genießen zu können, doch nicht einmal hier, mitten im knocheneinsamen Juab County ließ man ihm seinen Frieden!
Jetzt schwirrten ihm irgendwelche undefinierbaren Lichter um die
Ohren! Allzu große Bedeutung maß der Sheriff den Schilderungen
nicht bei, so heißt es. Vielleicht wurde der alte Mann nun doch vom
Einsamkeitssyndrom erfaßt und begann einfach, ein wenig zu halluzinieren und zu konfabulieren. Die Hitze, die Stille, immer diesel-
ben Eindrücke, da mochte das Hirn schon ein klein wenig zu kochen
anfangen und sich ganz von selbst Abwechslung in Form einiger
neuer Eindrücke schaffen. George konnte jedenfalls nicht mehr schla-
fen. Er war überzeugt davon, daß das Militär daran Schuld war –
eine alles andere als unlogische Erklärung – und bat den Sheriff,
sich doch darum zu kümmern, daß die Air Force ihn mit ihren Experimenten in Ruhe lassen solle. Und damit meinte er weniger die seltsamen Flugobjekte als einige schemenhafte, offenbar nicht menschliche Gestalten, die nachts angeblich um sein Lager schlichen. Sie
hatten farbige Lichter dabei, mit denen sie durch die Fenster des
Wohnwagens leuchteten, und sie klopften auch ans dünne Wand-
blech. Ganz offenbar also schien George zu halluzinieren. Er begann seine Behausung abzusichern und brachte unzählige Lichter-
ketten mit Niedrigspannungsbirnen an, um die schattengleichen
»Wesen« zu verjagen.

Als der Sheriff eines Tages wieder zum Campground von Simpson Springs hinausfuhr, sollte er dort dann eine Überraschung erleben. An jenem Dezembertag 1983 war Pekorics verschwunden.
Nicht, daß er einfach irgendwo in der Wüste unterwegs oder zum
Einkaufen weggefahren war. Er schien das Lager fluchtartig verlassen zu haben. Die Tür zum Wohnwagen stand sperrangelweit offen,
der Frühstückstisch war gedeckt, die Pfanne mit der Mahlzeit stand
angesengt auf dem Herd. Der Sheriff stellte fest, daß die Flamme
gebrannt hatte, bis die Propanflasche leer wurde. Genauso leer wa-

ren die Batterien der »Christbaum-Beleuchtung« am Camper, denn George hatte den Schalter angelassen. Am Boden lag ein aufgeschlagenes Westernbuch, nirgends eine Notiz, keine Spur von George.

Eine unheimliche Szenerie, fraglos. Sie wurde laut der Schilderungen noch um ein weiteres Element des Mysteriösen angereichert, als zwei oder drei Tage nach dem Verschwinden des alten George ein dunkelblauer Kleintransporter der Air Force zusammen mit einem militärischen Mannschaftsfahrzeug vor dem Büro des Sheriffs hielt. Der blaue Van war von unten bis oben vollgepfercht mit undefinierbaren elektronischen Instrumenten, und die Insassen erkundigten sich sehr eingehend nach George. Also machte sich der Sheriff mit ihnen zusammen auf den Weg nach Simpson Springs. Doch dort angekommen, sagte man ihm, das alles sei eine »Angelegenheit der nationalen Sicherheit«, er solle hier nun bleiben und warten, bis sie ihre Arbeit getan hätten. Über das, was sie dort bewerkstelligten, war nie ein Wort zu erfahren, ebensowenig wie über den Verbleib des alten George Pekorics.

Die Geschichte ist sehr merkwürdig. Einerseits erscheint sie absolut unglaubwürdig. Andererseits vermittelt die ungezwungene Kombination einer im Grunde sehr einfachen Story mit einigen präzisen Details und dem Hintergrund einer streng geheimen Militäreinrichtung den Eindruck einer gewissen Authentizität. Mich jedenfalls begann dieser so fragwürdige Bericht von Anfang an zu interessieren. Folglich begab ich mich auf den Weg nach Utah und Simpson Springs. Auch die gewisse Ähnlichkeit mit manchen Gerüchten über Dreamland mit seiner Area 51 weckten meine Neugierde. Man hört ja des öfteren, daß Menschen in der Nähe von geheimen Sperrgebieten auf ungewöhnliche Weise verschwinden. Ich habe sogar von Anlagen in Deutschland einige recht gruslige Geschichten gehört, die in diese Richtung gehen. Dabei sollte man natürlich bedenken, daß unheimliche Geheimnisse auch unheimliche Gerüchte nach sich ziehen und daß dies vielleicht sogar im Sinne der Erfinder ist – denn wer geht schon gerne nachts an Orte, an denen angeblich Menschen spurlos verschwinden!

Tatsache ist, daß vor allem in den USA jedes Jahr unzählige Men-

schen wie vom Erdboden verschluckt werden und nie wieder auftauchen. Das Militär ist schon öfters in den Verdacht geraten, hier
seine Finger im Spiel zu haben und sinistre Experimente an Opfern
aus der Bevölkerung durchzuführen. Eine Tradition in dieser Bezie-
hung kann es ohnehin nicht verleugnen. Wenn man den Gerüchten
glauben will, werden in die Area 51 Kinder verschleppt, die das
Gelände nie wieder verlassen. Doch wie gesagt, Gerüchte werden in
einer Großküche gekocht, es gibt einfach Unmengen davon.

Was den alten George Pekorics angeht, ist es vielleicht nicht viel
anders. In der recht rührigen Zeitung *Deseret News* in Salt Lake
City sei Ende 1983 ein kurzer Bericht über das rätselhafte Verschwinden des Mannes erschienen, doch konnte dieser Bericht bisher nicht
mehr ausfindig gemacht werden. Ist er vielleicht genauso rätselhaft
verschollen wie der alte George?

Im August 2001 erklärte mir die Archiv-Betreuerin der Deseret
News auf eine Anfrage, sie habe unter den Begriffen Simpson
Springs, Dugway Proving Ground und sogar unter UFOs gesucht,
doch keinerlei Einträge zu George Pekoric gefunden. Auch will sich
sonst niemand mehr erinnern. Aber trotz der extrem geringen Be-
siedlungsdichte von Juab County müßte doch noch irgend jemand
ausfindig zu machen sein, dem der Eigenbrötler im Bewußtsein geblieben ist. An der Tankstelle in Vernon kam ich ins Gespräch mit
einem gewissen Marc, der selbst zwar auch nichts über einen Mr.
Pekorics oder einen alten George in Simpson Springs wußte, der
mir aber empfahl, ins benachbarte Willow Springs zu fahren, um
dort mit Tom zu sprechen. Er lebe schon sehr lange in der Gegend,
habe sich ausführlich mit der lokalen Geschichte befaßt und wisse
wohl am ehesten Bescheid. Eine Adresse gab es nicht, sollte es Probleme geben, dann könne ich ihn, Marc, aber später noch auf einem
nahegelegenen Campground treffen. Willow Springs erwies sich noch
kleiner als Rachel und schien aus nur einem Haus zu bestehen, einer
Bar, die auf den ersten Blick ein wenig wirkte wie aus einer Geister-
stadt. Das Gebäude war verschlossen, und zunächst rührte sich nichts,
bis dann ein Hund kräftig zu bellen anfing, was wiederum den Besitzer auf den Plan rief. Die Türe öffnete sich und dahinter lugte

etwas mißtrauisch ein älterer Mann hervor. Ich erklärte ihm mein Anliegen, und tatsächlich, es war Tom. Nachdem sich die erste Verwunderung gelegt hatte, wurde er immer herzlicher und suchte ältere Berichte und Aufzeichnungen heraus, doch er fand leider niemanden namens Pekorics. Tom, übrigens Bürgermeister von Willow Springs, konnte sich auch nicht erinnern, je etwas von ihm gehört zu haben. Allerdings räumte er ein, es sei schon möglich, daß in diesem weiten Territorium jemand lebte, von dem er nichts wußte. Ich hatte auch überhaupt nicht den Eindruck, als würde Tom mir nicht die Wahrheit erzählen wollen. Sein gesamtes Verhalten und seine Bereitschaft, gleich alle möglichen Unterlagen stapelweise auf den Tisch zu legen, sprechen für seine Aufrichtigkeit. Er meinte auch, es sei sehr seltsam, daß ich nun diese Fragen stellte, denn nur zwei Tage zuvor seien zwei Männer vorbeigekommen, die sich als Mitglieder der UFO-Organisation MUFON ausgegeben und genau die gleichen Fragen an ihn gerichtet hätten. »Merkwürdig«, meinte er, »sonst fragt hier keiner danach, noch nie hat sich jemand dafür interessiert«. Der einzige, der noch eine Hilfe hätte sein können, war ein gewisser John, UFO-Forscher und nach allem, was Tom erzählte, ein ziemlicher Eigenbrötler, genau wie der wirklich spurlos verschwundene George. Und auch jener Mann schien sich wohl in Luft aufgelöst zu haben. Oder er ging nicht ans Telefon oder war einfach nicht zu Hause …

Die bisherigen Nachforschungen führten also in eine Sackgasse. Trotz dieser vergeblichen Suche nach George Pekorics läßt mich das Gefühl nicht los, daß an der Story über ihn und sein Schicksal doch ein Fünkchen Wahrheit sein könnte. Die Schwarze Welt verschlingt ja so manches, ohne Spuren zu hinterlassen. Ich glaube auch und bin – zumindest in dieser Hinsicht – völlig einer Meinung mit Jim Wilson, daß der Dugway Proving Ground durchaus im Auge behalten werden sollte, wenn es um Projekte der Schwarzen Welt geht. Das Gelände ist zwar ähnlich Tonopah und völlig im Gegensatz zu Area 51 in weiten Teilen gut einsehbar, doch ist trotzdem nicht klar, was so alles auf dem ausgedehnten Territorium geschieht und verborgen sein mag. Während ich an der Sperrzone von Dug-

way entlangfuhr und auch immer wieder stoppte, um Bilder zu machen, stieg über den Gebäuden der Testanlage ein unmarkierter Black-
hawk-Hubschrauber auf, was mich natürlich gleich wieder an die
Security-Einsätze desselben Helikopter-Typs vor Area 51 erinnerte.

Ungelöste Rätsel

Im Dunkeln ist gut Munkeln, so sagt man, und das trifft ganz besonders auf die Schwarze Welt zu. Die Grenzen zu ihr sind scharf gezogen, sie umgeben diese Welt der Geheimnisse so vollständig wie der
Ereignishorizont, der die Raumzeit eines Schwarzen Loches von der
Außenwelt abkoppelt. Was hier hineindriftet, wird verschlungen und
taucht nicht mehr auf. Doch so scharf diese Grenzen sind, so nebu-
lös und verschwommen sind die Machenschaften innerhalb des rätselhaften Netzwerks der größten Geheimnisse. Nur mühsam lassen
sich hier und da einige Erkenntnisse und Einsichten gewinnen, und
aus dem Vorhandenen, aus dieser Spitze des Eisbergs, können Forscher und Journalisten versuchen, auf das noch Verborgene zu schließen. Gerüchte kursieren, wie wir gerade schon wieder festgestellt
haben, massenweise, es sind so viele, daß der sich auftürmende Wust
an Verschwörungstheorien um die Schwarze Welt schon wieder ein
erwünschtes Cover für diejenigen bietet, die etwas zu vertuschen
suchen. Wer soll sich hier noch zurechtfinden!
   Doch daß es Verschwörungen gibt, zahlreich und übermächtig,
das abzustreiten steht gar nicht zur Debatte. Das Hauptproblem ist,
daß wir uns in einem Grenzbereich ungewöhnlichster Behauptungen und Vorgänge bewegen, der für die meisten Zeitgenossen einfach nicht mehr sein kann als reinste Fiktion. Unsere Welt ist so
komplex und unübersichtlich geworden, daß Verschwörungen immer leichter werden, trotz eines nie zuvor erreichten Medienpoten-
tials, das allerdings, wie wir auch schon gesehen haben, wiederum
von den wirklich Mächtigen ohne jede Skrupel benutzt wird. Was
sich in der Schwarzen Welt abspielt, ist uns weit voraus. Der Außenstehende hat kaum noch eine Möglichkeit, zwischen Utopie und

Realität zu unterscheiden. Nicht einmal ein Spezialist aus der »Weißen Welt« verfügt hier über ausreichend Einsichten und Fachkenntnis, um ein relevantes Urteil abgeben zu können. So erklärte ein Insider der Area 51 einmal, daß kein konventioneller Flugzeugexperte auch nur eine annähernde Vorstellung über die Technologie entwickeln könne, die auf Dreamland erprobt werde. Reine Wichtigtuerei oder doch eine Aussage mit Substanz?

Dies alles erschwert jedenfalls die Bewertung des Ganzen ungemein. Das Gesamt-Budget des US-Verteidigungsministeriums steuert seit einigen Jahren wieder auf Spitzenwerte zu. Nachdem 1994 eine »Talsohle« bei immerhin noch 77,1 Milliarden US-Dollar erreicht war, lag die Summe 1999 bei 86,6 Milliarden und wurde für 2001 auf 96,1 Milliarden beantragt. Die geheimen Forschungs- und Entwicklungsprojekte der Air Force sind für 2001 auf knapp 18 Milliarden Dollar veranschlagt. Das entspricht 18 Prozent des Gesamtbudgets. Das Schwarze Budget für Army, Navy und Air Force liegt 2001 bei 32,4 Milliarden Dollar.

Was mit diesen Geldern geschieht, ist nicht ersichtlich. Alles, was zu den sogenannten *Unacknowledged Special Access Programs* zählt, den nicht offiziell bestätigten Projekten, die unter strikte Geheimhaltung fallen, ist entsprechend codiert. Und die Gesamtsummen sind nur die Beträge, die offiziell für diese Programme zugestanden werden.

Genau wie ein weiterer Etat, sozusagen ein pechschwarzes Budget, in jenem Schwarzen Budget vermutet wird, das im geheimdienstlichen Sektor rund fünf Prozent des »Black Budget« einnehmen soll, genauso besteht immerhin die Möglichkeit, daß weitere Summen in nicht bekannten Größen und aus unbekannten Kanälen in die topgeheimen Projekte fließen.

Hinter den hohen Mauern des Schweigens ist im Prinzip alles möglich, selbst die verbrecherischsten Aktivitäten bleiben hier ungestraft. Abseits des öffentlichen Auges wurde und wird mit den übelsten Methoden operiert. CIA-gesteuerte Drogenoperationen sind bekanntlich ebenso Fakt wie Betrug, Raub, Mord, jede Form von Gesetzesbruch. Wieder einmal bestätigt sich, daß ab einer gewissen

Ebene in der Machtstruktur keine Kontrolle mehr ausgeübt werden kann.

Auch ahnungslose Menschen, Bürger, egal welcher Nationalität, werden von den federführenden Kräften im Bedarfsfall lediglich als »Material« betrachtet, das hat die Geschichte oft bewiesen. Wenn diese Haltung nie bestanden hätte, dann wären die großen Kriege ausgeblieben, daran sollten wir doch gelegentlich denken. Wer glaubt denn ernsthaft, die Situation sei in »Friedenszeiten« anders? Das anzunehmen wäre schlichtweg naiv. Vielmehr gibt es Menschen ohne jegliche Moral zu allen Zeiten in ausreichender Zahl, vor allem wenn sie innerhalb eines Systems arbeiten dürfen, das sie jeglicher Verantwortung enthebt, ja ihr Handeln sogar vermeintlich legitimiert. Jede Nation verfügt über genügend Menschen, um so manche »Leiche im Keller« zu haben. Die schreckliche, bis ins letzte menschenverachtende NS-Zeit ist wohl das herausragendste Beispiel.

Und welche Leichen versteckt Uncle Sam in seinem Keller? Daß auch der US-Bürger selbst nicht vor den Experimenten seiner Regierung sicher ist, hat sich wiederholt gezeigt. Das Nuklearzeitalter ist voll von Beispielen kontaminierter Opfer radikaler Versuche. Alles natürlich im Dienste hochstehender Interessen zum Wohle aller … Wir fühlen uns bei vielem irgendwie an die verlogene Moral und Argumentation der Befürworter von Tierversuchen erinnert.

Als im Sommer 1955 eine 28-Kilotonnen-Atombombe mit dem Codenamen »Zucchini« über Utah detonierte, wußten die Bürger nicht, was sie aus der Ferne als grellen Lichtblitz, enormen Donner und bebende Erde wahrnahmen. Sie wußten nicht, daß sie soeben die Zündung eines nuklearen Sprengkopfes miterlebt hatten. Die Leute wußten auch nicht, was in *Rocky Flats* geschah, nur 16 Meilen nordwestlich von Denver. Seit 1953 betrieb dort die in so manch obskure Aktivität verstrickte Firma *Dow Chemical* im Regierungsauftrag eine gewaltige Anlage zur Herstellung von Plutonium-Scheiben, die 1975 von *Rockwell International* übernommen wurde. Immer wieder kam es dort zu Plutoniumbränden, so im Jahr 1957. Eine kontaminierte Rauchwolke zog damals einen halben Tag lang über Denver hinweg. Laut offizieller Regierungsaussage war keine oder kaum Strahlung ausgetreten, doch ein geheimer Bericht enthielt Messungen von einer gegenüber den normalen Werten 8.000fach erhöhten Belastung nahe einer Ranch und zwei Grundschulen. In einem ebenfalls lange geheimgehaltenen Regierungsbericht findet sich eine merkwürdige handschriftliche Randbemerkung: »Möchte irgend jemand raten, wieviel frei wurde?«

1969 kam der 21jährige Don Gabel nach Rocky Flats, glücklich, einen festen Job zu finden. Er war in der Plutoniumaufbereitung tätig und jahrelang an seinem Arbeitsplatz austretendem, mit Plutonium angereichertem Dampf ausgesetzt. Acht Jahre später litt er fortwährend an Kopfschmerzen, Konzentrationsschwäche, Vergeßlichkeit, außerdem spürte er immer ein merkwürdiges Kribbeln im linken Arm und Bein. Eines Abends fühlte er sich unwohl und ging früh zu Bett. Mitten in der Nacht erlitt er einen heftigen Anfall, kollabierte und lag starr und unansprechbar im Bett. In der Klinik stellten die Ärzte einen Gehirntumor fest. Man könne nicht alles entfernen, auch eine Chemotherapie würde das Leben nur um zwei Jahre verlängern können. Der Hausarzt empfahl Kae Gabel, Dons Frau, ihr Mann solle doch im *Los Alamos National Laboratory* behandelt werden. Dort könne man ihm mit Pionen-Bestrahlung helfen. Kae wußte nicht, daß Los Alamos von der Atomenergie-Behörde (DOE) betrieben wird, die auch hinter Rocky Flats steht.

Als die Gabels mit den Ärzten sprachen, als sie fragten, was den Tumor verursacht haben und ob Dons Arbeitsumfeld der Auslöser gewesen sein könne, erwiderten sie, dies nicht zu wissen. Der Anwalt Bruce DeBoskey engagierte sich in dem Fall, bald kam es zum Prozeß, doch Rockwell legte falsche Pläne von Don Gabels Arbeitsraum vor. Außerdem hatte man schnell reagiert und das Austrittsrohr entfernt, aus dem die gefährliche Mischung direkt über Dons Kopf ausgeströmt war. Rockwell wies alle Anschuldigungen der Vernebelung von Beweisen von sich und hatte bereits einige Erfahrung im Umgang mit solchen Prozessen. Als Don Gabel am 6. September 1980 in Denver starb und die in einem Warteraum versammelte Familie dies selbst eben gerade erfahren hatte, kam eine Schwester herein und meldete ein Ferngespräch. Am anderen Ende der

Leitung: ein Mann aus Los Alamos. Er fragte Kae, ob er das Gehirn ihres Mannes für Tests bekommen könne – um herauszufinden, woran er gestorben sei. Die ohnehin unter Schock stehende Kae Gabel, die immer noch davon ausging, daß ihr die Leute von Alamos wirklich helfen wollten, sagte zu. Immerhin hatte sich über die Zeit ein vertrautes, geborgenes Verhältnis zu einigen Mitarbeitern dort entwikkelt. Erst etwas später begann sie sich darüber zu wundern, wie man Hunderte von Meilen entfernt so schnell erfahren haben konnte, daß ihr Mann gestorben sei, gewissermaßen im gleichen Moment, in dem auch die Familie selbst es erfuhr. Der Mann am Telefon hatte ihr einen schriftlichen Bericht über die Analyse versprochen. Sie bekam ihn nie. Vom DOE erhielt sie später die Auskunft, das Gehirn ihres Mannes sei verloren gegangen! Zur Beerdigung schickte Rockwell einen Strauß Blumen und steuerte höchst großzügig noch zehn Dollar bei!

Diesen Menschen hatte Kae Gabel gutgläubig vertraut – »Sie sind so hartgesotten, so kaltblütig, daß es jenseits meines Begriffsvermögens liegt«, meinte sie später entsetzt und ergänzte: »Ich weiß nicht, ob ich zu Lebzeiten je erfahren werde, welche Vertuschungen sie uns noch angetan haben.«

Der Fall Gabel ist kein Einzelgeschehen. Sogar sehr ähnlich war die Entwicklung bei Dan Karkenan verlaufen, der 1976 starb. Auch seine Gewebeproben verschwanden. Sie wurden »versehentlich« entsorgt.

Was in der Versenkung verschwinden soll, das verschwindet dort auch, im Kleinen wie im Großen. Es ist meist ein Kampf gegen Windmühlenflügel, wenn Opfer oder ihre Angehörigen versuchen, gegen die Regierung zu klagen. Wie soll man beispielsweise gegen verbrecherische Aktivitäten auf einer militärisch-geheimdienstlichen Testeinrichtung vorgehen, wenn diese Einrichtung so geheim ist, daß sie offiziell überhaupt nicht existiert? Als Personal von Area 51 hochgeheimes toxisches Vergütungsmaterial von Stealth in weiten Gräben auf Dreamland verbrennen mußte und an den Dämpfen tödlich erkrankte, gab es keine juristische Handhabe zu klagen. Die Welt der Geheimnisse bedeutet oft Gefahr und die »Schwarze Welt« bringt oft sogar akute Lebensgefahr mit sich. Was spielt sich dort noch alles ab?

Dieses Schattenreich birgt noch unendlich viele Rätsel, die ein weiteres Buch füllen würden. Finden beispielsweise dort wirklich grausame Experimente an Menschen statt? Mir haben im Laufe der Zeit viele Personen aus dem Umfeld der Schwarze-Welt-Forschung – sowohl auf der einen, als auch auf der anderen Seite – sehr schwer einzuschätzende Informationen über teils erschreckende Sachverhalte zukommen lassen, Kriegstechnologien des 21. Jahrhunderts, nicht-lethale Waffen, Informations-Krieg, psychologische Kriegsführung.

Vieles hat mit Krieg zu tun, der Mensch kann in verschiedenster Weise zur Waffe werden. Die größte Waffe ist sein Gehirn. Hier entstehen alle Konzepte, Ideen, die gegen den Artgenossen gerichtet sind – einmalig in der Natur, einmalig grausam. Das Gehirn kann auch in anderer Hinsicht zur Waffe oder aber auch entschärft werden, wenn es »gepolt« wird oder einen geistigen »Reset« erlebt. Stichwort »Mind Control« – »Gedankenkontrolle«, Beeinflussung des innersten Selbst. Wer meint, das sei gar nicht möglich, sollte sich einmal der Mühe unterziehen, gezielt auf die Suche nach US-Patenten zu diesem Thema zu gehen. Allein unter den unklassifizierten Dokumenten finden sich teils mehr als aufschlußreiche Arbeiten. Hier werden, logisch nachvollziehbar, Systeme beschrieben, die akustische Reize mit Hilfe gepulster Mikrowellen direkt in das Gehirn übertragen sollen – sicherlich eine grandiose Hilfe für Gehörlose, doch auch eine einflußreiche Waffe. Einem alten Prinzip folgend, läßt sich eben alles und jedes im guten wie im schlechten Sinne zum Einsatz bringen. In einem offiziellen US-Patent ist auch die Rede von einem funktionierenden Mechanismus, die Gehirnwellen eines Menschen abzugreifen, sie zu kartieren und dann digital zu speichern. Den Konzepten zufolge ist es auch möglich, Gehirnwellen einer Zielperson herunterzuladen, um eine veränderte Version der Wellen in das anpeilte Gehirn zurückzusenden, um das Denken aus größerer Entfernung zu beeinflussen. Diese Aktivitäten setzen voraus, daß Hirnwellen nicht nur gescannt, sondern auch interpretiert, also gelesen werden können – Gedankenlesen, eine Realität? Wer die Patente studiert, wird zumindest zu dem Eindruck gelangen, daß das anscheinend Unmögliche offenbar doch technisch im Bereich des Machbaren liegen könnte. Vielleicht ist man in der Schwarzen Welt hier auch schon einige Schritte weiter.

Das erinnert an die Gerüchte um das schon kurz angesprochene HAARP-Projekt in Alaska, angeblich und laut offizieller Darstellung ein Umweltprojekt. Das Kernstück von HAARP ist ein Antennennetzwerk von 640 Kreuzdipolen, das die Ionosphäre aufheizt und laut Aussagen verschiedener Quellen geeignet ist, das menschliche Denken zu beeinflussen.

Vorsicht ist bei solchen Behauptungen angebracht, trotz aller unfraglich real existierenden Regierungsverschwörungen. Gleich wie, stimmen aber einige Filmaufnahmen aus dem Golfkrieg diesbezüglich schon nachdenklich. Eine Gruppe Irakis, die sich beharrlich weigert, einen Bunker zu verlassen, gibt ihn plötzlich völlig widerstandslos auf, als ein mit merkwürdigen technischen Anbauten ausgestatteter US-Helikopter einige Runden darüber dreht. Zufall? Wenn aber ein kausaler Zusammenhang besteht und die USA über solche weitreichenden Mind-Control-Techniken verfügen, warum kommt es dann überhaupt zu Aufständen, warum vielerorts zu Aktionen gegen die mächtigste Nation, warum zu Kriegen? Ist das vielleicht so, weil man sogar einige Krisenherde auch für die Öffentlichkeit deutlich sichtbar, wenn auch künstlich am Leben erhalten will, um bei Bedarf eine logische Eskalation heraufzubeschwören? So weit hergeholt das klingen mag, dies wären nicht die ersten aus »Sonderinteressen« der Machthaber heraus geschürten Kriege.

Die Fragen um die Schwarze Welt und die Techniken, die dort zur Verfügung stehen, hören nicht auf. Ungelöste Rätsel gibt es hier wahrhaft wie Sand am Meer. Die weltweiten Verwicklungen des undurchschaubaren Apparates von körperschaftlicher US-Führung und Schattenregierung, die Vernetzung von Militär, Industrie und Geheimdienst, all diese Faktoren, die auf Area 51 als experimenteller Zentrale der Schwarzen Welt so wunderbar vertreten sind, werfen Fragen über Fragen auf. Zu welchem Zweck operiert eine unheimliche Streitmacht mit einer Flotte unmarkierter dunkler Hubschrauber, sogenannter »Black Helicopter«? Sie zeigen sich zusammen mit unidentifizierten Flugobjekten im engen zeitlichen und räumlichen Umfeld von bis heute ungeklärten Verstümmelungen (Mutilationen) von Tieren. Vor allem Pferde, Kühe und Rinder werden in vielen Ländern der Erde, doch wiederum vor allem in den westlichen USA, schon seit den sechziger Jahren verstümmelt aufgefunden. Auch wenn sie Minuten zuvor noch lebend gesehen werden, liegen große Weidetiere plötzlich blutleer im Gelände. Weder auf dem Fell noch auf dem Boden finden sich Spuren von Blut. Einige Körperteile sind bis zum Knochen entfleischt, die Wundränder mit Hochtemperatur-Lasern präzise geschnitten, einzelne Körperorgane fehlen, wurden manchmal durch winzige Öffnungen entfernt; schüssellochförmige Schnitte legen den Kiefer meist halbseitig frei, Augen, Ohren, Zunge sind mit sicherem Schnitt entfernt worden – um nur einige der grausamen Merkwürdigkeiten zu nennen. Doch Spuren der Täter gibt es keine. Keine Reifenspuren, keine Fußspuren, gar nichts.

Seuchenkontrolle? Geheime Experimente?

Wenige bizarre Fälle sind bekannt, bei denen auch Menschen in diesem Zustand aufgefunden wurden. Wer steckt wirklich dahinter? Ist es die offzielle Regierung? Mächtige Privatkonzerne? Oder außerirdische Wesen – oder erneut eine aus welchen Gründen auch immer an grauenvollen Experimenten interessierte Schattenagenda? Oder alle zusammen?

Ein Ex-Police-Sergeant legte mir schon vor Jahren einige deutliche Bilder eines mutilierten Menschen vor und erzählte mir während eines Aufenthalts im Hochland nahe der schottischen Grenze, er habe aus sicherer Quelle unter der Hand in Erfahrung bringen können, daß auf der schottischen Machrihanish-Militärbasis angeblich 130 derart verstümmelte Menschen unter extremer Geheimhaltung unter Verschluß gehalten würden. Ungewöhnliche Objekte seien auch am Himmel über der nahegelegenen NSA-Anlage von Menwith Hill gesehen worden. Und wieder gingen Gerüchte dort um, eine geheimnisvolle Kreatur würde des Nachts ihr Unwesen treiben. Nun gut, schließlich befanden wir uns im traditionsbehafteten, spukigen England!

Als ich am späten Abend noch einmal das Hotel in jenem kleinen, mittelalterlichen britischen Nest verließ, um ein wenig frische Luft zu schnappen, gingen mir all diese Gerüchte noch einmal durch den Kopf. Die regennassen Pflastersteine schimmerten im diffusen Licht der Straßenlaternen, leichter englischer Nebel lag in der abgekühlten Luft, und trotz dieser für mein Hauptthema eher untypischen Stimmung begann ich wieder, über Area 51 und die Schwarze Welt nachzudenken.

Ob in England, Südafrika, Australien oder Deutschland, ihre »Filialen« sind überall anzutreffen. Wenn man offenen Auges unterwegs ist, kann man sie gelegentlich sogar erkennen. Schauen Sie sich doch einmal ganz genau um, wenn Sie demnächst vor die Haustür gehen!

Literatur

Das Verzeichnis erhebt keinen Anspruch auf Vollständigkeit.

- Agent X: »Oh … THAT Secret Base!«, in: The Nose Magazine, April 1994.

- Alexander, John B.: »Future War – Non-Lethal Weapons In Twenty-First-Century Warfare«, New York: Thomas Dunne, 1999.

- Archer, Bob: »United States Air Force – Units, bases and aircraft 1997«, in: USAF Yearbook 1997, S. 65–71.

- Aldrich, Gary: »Unlimited Access – An FBI Agent Inside The Clinton White House«, Washington, D.C., USA: Regnery, 1998.

- Bamford, James: »The Puzzle Palace«, Boston: Houghton Mifflin Company 1982.
  Dt. Ausgabe: »NSA – Amerikas geheimster Nachrichtendienst«, Zürich: Orell Füssli, 1986.
- Bärwolf, Adalbert: »Die Geheimfabrik – Amerikas Sieg im technologischen Krieg«, München: Herbig, 1994.

- Bartimus, T./McCartney, S.: »Trinity's Children – Living Along Americas Nuclear Highway«, New York: Harcourt Brace Jovanovich, 1991.

- Billeisen, Martin: »Der Himmel öffnet sich weit«, in: AeroSpace, Februar 1997, S. 50-52.

- Boyer, Richard: »Dictionary Of Military Terms«, Middlesex, England: Peter Collin, 1999.

- Broad, William J.: »Teller's War – The Top-Secret Story Behind the Star Wars Deception«, New York, Simon & Schuster, 1992.

- Brown, D./DeFelice, J.: »Dale Brown's Dreamland«, New York: Berkley, 2001.

- Brown, Stuart F.: »Reusable Rocket Ships«, in: Popular Science, February 1994, S. 49-55.

- Brown, Stuart F.: »Searching for the Secrets of Groom Lake«, in: Popular Science, March 1994, S. 53-58 u. 84-85.

- Brown, Stuart F.: »The Eternal Airplane – A solar electric wing takes off«, in: Popular Science, April 1994.

- Bull, Leona C.: »Stealth fighter marks 20 years of flying«, in AeroTech News And Review – Journal of Aerospace And Defense Industry News«, June & July 2001, S. 1, 3, 4.

- Bureau of Land Managment: »Final Environmental Impact Statement, Groom Mountain Range, Lincoln County, Nevada«, November 1986.

- Campbell, Glenn: »Area 51 Viewer's Guide«, Edition 4.01, 8. September 1995, Rachel: Glenn Campbell/Psychospy, 1995.

- Campbell, Glenn: »Bob Lazar at the ›Ultimate UFO Seminar‹«, Rachel: Psychospy 1993.

- Campbell, Glenn: »Groom Range Land Seizure. Clippings from Las Vegas Newspapers 1984 to Present«, Rachel: Psychospy 1993.

- Campbell, Glenn: »How to Evade the Engle Act at Groom Lake, Nevada«, White Sides Defense Committee, 22. Februar 1994.

- Campbell, Glenn: »The Groom Lake Desert Rat«, Hardcopy-Jahrgänge 1994, 1995 und 1996.

- Campbell, Glenn: »The Groom Range Land Grab – Part II«, in: Citizen Alert – An Independent Information Source for Nevadans«.

- Campbell, Glenn: »White Sides/Freedom Ridge Land Seizure Fact Sheet«, White Sides Defense Committee, 18. Oktober 1993.

- Campbell, Glenn: »A Short History of Rachel, Nevada«, (online) Edition l.1a, Revised Edition Sept. 4, 1996.

- Campbell, Glenn: »E.T. Highway Alternative Press Kit – What Fox and the Governor Don't Want You to Know«, Rachel/NV, USA: Area 51 Research Center, April 1996.

- Clark, Chuck: »Area 51 & S-4 Handbook« Rachel / NV, USA: Chuck Clark, 1995.

- Darby, Dale: »Die Sichtungen am White Mountain«, in: UFO-KU-RIER Nr. 25, November 1996, S. 36-38.

- Darlington, David: »Area 51 – The Dreamland Chronicles. The Legend Of Americas Most Secret Military Base«, New York: Henry Holt, 1997.

- Decker, Mark: »Secret AF base center of controversy«, in: Aerotech News and Review, 4. Februar 1994, S. 11.

- DiGregorio, Michael: »Area 51«, in: bike, April 1994, S. 70–77 und 112.

- DiGregorio, Michael: »Groom Lake's Guerilla Groupies«, in: FAR OUT, Sommer 1993, S. 55–58.

- DiGregorio, Michael: »High Strangeness In the High Country – Is The Air Force Flying a UFO Over Nevada?«, in: FAR OUT, Herbst 1992, S.10-16 u. 47.

- DiGregorio, Michael: »Home On the Range«, in: FAR OUT, Sommer 1993, S. 12–15.

- DiGregorio, Michael: »On the Ground at Groom Lake«, in: FAR OUT, Winter 1993, S. 12–17.

- DiGregorio, Michael: »Reality Check«, in: Spin, April 1994, S. 60–64 und 103.

- DiGregorio, Michael: »So Who's Really In the Know About Groom Lake?« in: Citizen Alert Newsletter, Frühjahr 1994, S. 5.

- Doyle, Andrew: »NASA tests hypersonic design«, in: Flight International, 20.–26.9.1995.

- Office of Civilian Radioactive Waste Managment (Hrsg.): »Environmental Assessment Overview – Yucca Mountain Site, Nevada Research and Development Area, Nevada. Nuclear Waste Policy Act (Section 112).« U.S. Department of Energy, Mai, 1986.

- Office of Civilian Radioactive Waste Managment (Hrsg.): »OCRWM – Annual Report to Congress«, DOE/RW-0513, U.S. Department of Energy, Juni 1999.

- Office of Civilian Radioactive Waste Managment (Hrsg.): »Supplement to the Draft Environmental Impact Statement for a Geologic Repository for the Disposal of Spent Nuclear Fuel and High-Level Radioactive Waste at Yucca Mountain, Nye County, Nevada«, DOE/EIS-0250D-S, U.S. Department of Energy, Mai 2001.

- Office of Civilian Radioactive Waste Managment (Hrsg.): »Total System Life Cycle Cost of the Civilian Radioactive Waste Managment Program«, DOE/RW-0533, U.S. Department of Energy, Mai 2001.

- Office of Civilian Radioactive Waste Managment (Hrsg.): »Nuclear Waste Fund Fee Adequacy: An Assessment«, DOE/RW-0534, U.S. Department of Energy, Mai 2001.

- Erlich, J./Ferster, W.: »Cold War Origins Forge Strong Ties To Federal Purse«, in: Space News, September 18–24, 1995, S. 23.

- Farmer, Mark: »Not So Secret Weapons«, in: CovertAction, Frühjahr 1995, S. 38–40.

- Fehner, T. R./Gosling, F. G.: »Origins of the Nevada Test Site«, DOE/MA-0518, History Division Executive Secretariat Managment and Administration, Department of Energy, Dezember 2000.

- Fehner, T. R./Hall, J. M.: »Department of Energy 1977 – 1994. A Summary History. United States Department of Energy / Energy History Series«, DOE/HR-0098, History Division Executive Secretariat Human Ressources and Administration, DOE: Oak Ridge/TN, USA, November 1994.

- Freeman, Jerry: »Desert Diary: Jerry Freeman Chronicles. His Trip Through The Desert«, in: Las Vegas Sun, Las Vegas/NV, USA, 1998.

- Friedman, Stanton T.; Berliner, Don: »Crash At Corona – With Exclusive Testimony on a Second New Mexico Crash Site And New Evidence of the Government's Secret MJ-12 Team«, New York: Paragon House 1992. Dt. Ausgabe: »Der UFO-Absturz bei Corona – Die Bergung eines UFOs durch das US-Militär« Rottenburg: Kopp 1995.

· Fulghum, David A.: »Groom Lake Tests Target Stealth«, in: Aviation Week & Space Technology, February 5, 1996, S. 26–28.

· Gaffney, Timothy R.: »ABC News gear confiscated at base« in: Dayton Daily News, 13, April 1994.

· Gaffney, Timothy R.: »Authorities Seize News Cameras Near Secret Nevada Base«, in: Cox News Service, 13.4.1994.

· Gaffney, Timothy R.: »Top Secret«, in: Dayton Daily News, 20. März 1994.

· Gall, Richard: »Mind Control & MK Ultra«, Skywatch International, o.J.

· Gerlach, Tim: »Whiskey Alpha Report – Your Window to Nellis Air Force Base«, Jahrg. 1994 und 1995.

· Greene, Susan: »Wide area with view of military base shut«, in: Las Vegas Review Journal, 11. April 1995.

· Geology and history of the Climax Mine – United States Department of Energy Yucca Mountain Site Characterization Project. P.O. Box 98518, Las Vegas, NV, 89193-8518

· Hamilton, William F.: »Area 51 Encounter«, in: MUFON UFO Journal, No. 304, August 1993, S. 14–17.

· Hamilton, William F.: »Cosmic Top Secret – Americas Secret UFO Program«, New Brunswick/NJ: Inner Light, 1991.

· Hayakawa, Norio: »Secrets of Dreamland – UFOs, Area 51 And The New World Order«, (Video), Gardena/CA, USA: Civilian Intelligence Network, o.J.

· Hayakawa, Norio: »Secrets of Dreamland – UFOs, Area 51 And The New World Order 2« (Video), Gardena – Van Nuys/CA, USA: Civilian Intelligence Network/UFO Central Home Video, o.J.

· Heideking, Jürgen: »Die amerikanischen Präsidenten – 41 historische Porträts von George Washington bis Bill Clinton«, München: Beck, 1997.

· Hoelzgen, Joachim: »Traumland des Todes«, in: Der Spiegel, Nr. 16/1995, S. 154–159.

- Hohnadel, A. / Truttmann, M.: »Guide de la Ligne Maginot«, Heimdal, 1988.

- Howe, Linda Moulton: »An Alien Harvest – Further Evidence Linking Animal Mutiliations And Human Abductions To Alien Life Forms«, Huntingdon Valley: Linda Moulton Howe Productions, 1989.

- Hübner, Emil: »Das politische System der USA«, München: Beck 1993.

- Iannotta, Ben: »Lockheed Enters Competition For Space Lifter«, in: Space News, May 10–16, 1993, S. 4.

- v. Ilsemann, Siegesmund: »»Nach dem Lesen sofort vernichten‹«, in: Der Spiegel, Heft 17/2001, S. 180–184.

- Johnson, Leland: »Tonopah Test Range – Outpost of Sandia National Laboratories«, Sandia Report SAND96–0375 · UC–700, Oak Ridge, Tennessee, USA: Office of Scientific and Technical Information, und Springfield, Virginia, USA: US Department of Commerce, 1996.

- Kaiser-Hill (Hrsg.): »Rocky Flats Closure Project – Project Managment Plan«, Revision 5, Kaiser-Hill, June 30, 2000.

- Keith, Jim: »Black Helicopters Over America – Strikeforce for the New World Order«, Lilburn/GA, USA: IllumiNet Press, 1994.

- Koenig, George: The Lost Death Valley '49er Journal of Louis Nussbaumer. Death Valley '49ers, Inc., 1974.

- Lansford, Robert R. et. al.: »The Economic Impact of Sandia National Laboratories on Central New Mexico and the State of New Mexico Fiscal Year 1992«, Albuquerque: Office of Managment Planning and Analysis, U.S. Department of Energy, 1993.

- Legislative Counsel Bureau: »Constitution of the State of Nevada«; Carson City, NV March 1, 1993.

- Lindemann, Michael (Hrsg.): »UFOs and the Alien Presence – Six Viewpoints«, Santa Barbara/CA: The 2020 Group, 1991.

- Lindemann, Michael (Hrsg.): »UFOs and the Alien Presence« (Video), Los Angeles/CA, USA: Spears / Thomas, o.J.

- Mahood, Tom: »Groom Lake Timeline – Significant and interesting events in the history of Groom Lake«, revidierte online-Fassung von Dezember 1996.

- Manning, Mary: »AF takes blame for boom«, in Las Vegas Sun, 23. Februar 1994.

- Manning, Mary: »Citizens, AF stir waters at Groom Lake«, in: Las Vegas Sun, 3. März 1994.

- Manning, J./Begich, N.: »Angels Don't Play This HAARP – Advances in Tesla Technology«, Anchorage: Earthpulse, 1995. In Deutsch: »Löcher im Himmel – Der geheime Ökokrieg mit dem Ionosphärenheizer HAARP«, Frankfurt / Main: Zweitausendeins, 1996.

- Martocci, B./Wilson, G.: »A Basic Guide To Nuclear Power«, Washington, D.C.: Edison Electric Institute, 1987.

- Merlin, Peter W.: »Dreamland – the Air Force's remote test site« in: Aerotech News and Review, April 1, 1994.

- Misrach, Richard: »Violent Legacies – Das Erbe der Gewalt. Drei Gesänge. Mit einer Erzählung von Susan Sontag«, Zweitausendeins, 1992.

- National Atomic Museum (Hrsg.): »Trinity Site«, U.S. Department of Energy, Januar 1994.

- Norris, Guy: »Reaching for the Sun«, in: Flight International, 20.-26. September 1995, S. 74.

- Office of Civilian Radioactive Waste Managment, Programm Business Plan, August 18, 1999.

- Morrison, C.: »Pentagon's Top Secret Black Budget Has Skyrocketed During Reagan Years«, in: National Journal vom 1. März 1986, S. 494.

- o. N.: »Det 3 SP – ›Groom Lake / Area 51 Security Manual‹«, 29seitiges Anweisungsbuch für Wachpersonal, online einsehbar unter: http://www.ufomind.com/handbook, Webpage von Glenn Campbell mit zahlreichen Informationen zu Area 51). Zu Area 51 im Internet siehe vor allem: www.dreamlandresort.com.

- o. N.: Has top-secret UFO base been spirited to Utah?«, in: Deseret News – Web Edition, Deseret News Archives, Delta/UT, USA, Montag, 26. Mai 1997.

- o. N.: »Kelly's Way – The Story of Kelly Johnson & The Lockheed Skunk Works« (Video), Burbank: Lockheed, o.J.

- o. N.: »Northrop B-2«, in: Aircraft, Heft 1, 1992, S. 8–20.

- o. N.: »The Truth Is Out There – Probably!«, in: Air Forces Monthly, June 1997, S. 17-22.

- Pace, Steve: »Edwards Air Force Base – Experimental Flight Test Center« Osceola/Wi, USA: Motorbooks, 1994.

- Patton, Phil: »Exposing the Black Budget«, in: Wired, November 1995, S. 94–102.

- Patton, Phil: »Travels in Dreamland – The Secret History of Area 5I « London: Orion, 1997.

- Pendergras, G./Nelson, L.: »The Mushroom Cloud and the Downwinders« NykØbing Mors: Futurum 1987.

- Pocock, Chris: »Groom Lake – The top secret base that officially doesn't exist«, in: USAF Yearbook 1997, S. 22–26.

- Radespiel, Rolf et. al.: »Entwurf von Wellenreitern für Hyperschall-flugzeuge«, in: DLR-Nachrichten, Heft 80, November 1995, S. 2–10.

- Raytheon (Hrsg.): »Raytheon Annual Report 1999«, Raytheon, 1999

- Reed, T./Cummings, J.: »Compromised – Clinton, Bush and the CIA. From Mena, Arkansas, to the White House: How Presidency Was Co-opted by the CIA«, New York: Clandestine, 1994.

- Reference Design Description for a Geologic Repository Revised 03, ICN2, January 2001. U.S. Department of Energy, Office of Civilian Radioactive Waste Managment, Yucca Mountain Project.

- v. Rétyi, Andreas: »Geheimbasis Area 51 – Die Rätsel von ›Dreamland‹«, Rottenburg: Kopp, 1998.

- v. Rétyi, Andreas: »Area 51 – Das Geheimnis weitet sich aus«, in: UFO-KURIER, Nr. 9, Juli 1995, S. 17–26. .

- v. Rétyi, Andreas: »Neue Rätsel um Area 51«, in: New Scientific Times, Nr. 2/1996, S. 4–13.

- v. Rétyi, Andreas: »Area 51 – Geheimste Forschungsbasis der USA«, in: STAR OBSERVER, Heft 4/95, S. 34–41.

- v. Rétyi, Andreas: »Botschaften aus der Schwarzen Welt I«, in: UFO-KURIER, Nr. 14, Dezember 1995, S. 10–18.

- v. Rétyi, Andreas: »Botschaften aus der Schwarzen Welt II«, in UFO-KURIER, Nr. 15, Januar 1996, S. 32–40.

- v. Rétyi, Andreas: »Ausgeträumt? – Ist Dreamland umgezogen?«, in: UFO-KURIER, Nr. 37, November 1997, S. 30–35.

- v. Rétyi, Andreas: »HAARP – Gefährliche Sphärenklänge?«, in: UFO-KURIER, Nr. 28, Februar 1997, S. 23–31.

- v. Rétyi, Andreas: »Neue Spuren im Roswell-Rätsel?«, in: Wissenschaft ohne Grenzen, Nr. 1/1996, S. 3–11.

- Rich, B. / Janos, L.: »Skunk Works«, Boston: Little/Brown, 1994.

- Rogers, Keith: »Air Force buffer zone for Groom Lake base to be discussed«, in: Las Vegas Review Joumal, 30 Januar, 1994.

- Rogers, Keith: »Las Vegas Shaken by morning blasts«, in: Las Vegas Review Journal, 23. Februar 1994.

- Rogers, Keith: »Officials won't reveal source of complaint«, in: Las Vegas Review Journal, Tuesday, April 26, 1994.

- Rogers, Keith: »Classified Air Force Base Grooming For A Move?«, in: Las Vegas Review Journal, 24. Mai 1997.

- Rogers, Keith: »Area 51 known to ›vanish‹ from government landscape«, in: Las Vegas Review Journal, 21. Mai 2000.

- Rothkugel, Klaus-Peter: »Das Geheimnis der deutschen Flugscheiben – Fliegende Untertassen? – Sensationelle Entwicklungen«, in: »Deutsche Militärzeitschrift«, Nr. 23, Oktober – Dezember 2000, S. 86–88.

- Ruddy, Christopher: »The Strange Death Of Vincent Foster – An Investigation«, New York: The Free Press, 1997.

- Sauder, Richard: »Underground Bases and Tunnels – What is the government trying to hide?«, Abingdon, Virginia, USA: Dracon, 1995.

- Sauder, Richard: »Underwater and Underground Bases«, Kempton, Illinois, USA: Adventures Unlimited, 2001.

- Schmidt-Eenboom, E. / Angerer, J.: »Die schmutzigen Geschäfte der Wirtschaftsspione«, Düsseldorf: Econ, 1994.

- Schwarz, Karl: »Ungekürzte Einkaufsliste«, in: FLUG REVUE, Heft 1, 1994, S. 13–19.

- Scott, Bill: »Secret Advanced Vehicles Demonstrate Technologies For Future Military Use«, in: Aviation Week & Space Technology, 1. Oktober 1990, S. 20-21.

- Sgarlato, N. / Gohl, R.: »Dreamland – Area 51: Die geheimste Flugbasis der Welt«, in: Air Force Special No. 2, 2000.

- Sikes, Derek: »George Knapp on Area 51 and Bob Lazar: An Update«, in: UFO Encounters, Vol. 1, No. 9, 1993, S. 7–8 und 15–19.

- Site Characterization Progress Report Yucca Mountain, Nevada. Nuclear Waste Policy Act (Section 113), October 1, 1999 – March 31, 2000. Number 22, January 2001. U.S. Department of Energy, Office of Civilian Radioactive Waste Managment.

- Skinner, M./Hall, G.: »Red Flag – Air Combat for the 1990s«, Osceola/WI, USA: Motorbooks, 1993.

- Smith, Christopher: »Secret Base: Is It Headed For Utah?«, in: Salt Lake Tribune, 23. Mai 1997, S. A 1.

- Sweetman, Bill: »Aurora – The Pentagon's Secret Hypersonic Spyplane«, Osceola/WI, USA: Motorbooks, 1993.

- Sweetman, Bill: »Stealth Aircraft – Secrets of Future Airpower«, Osceola/WI, USA: Motorbooks, 1986.

- Sweetman, Bill: »Send in the Drones«, in: Popular Science, October 1995, S. 66-71.

- Sweetman, Bill: »Out of the Black: Secret Mach 6 Spy Plane«, in: Popular Science, March 1995, S. 56–63/98.

- The OCRWM Enterprise – June 1999 – Yucca Mountain Viability Assessment Completed. A Publication of the Office of Civilian Radioactive Waste Managment – DOE/RW-0514.

- U.S. Army Corps of Engineers (Hrsg.): »Underground Construction (Tunnels), Shafts, and Caissons«, EM 385-1-1, September 3, 1996.

- U.S. Department of Defense (Hrsg.): »Directive Number 3020.26 – Subject: Continuity of Operation Policies and Planning«, October 24, 1985.

- U.S. Government Printing Office (Hrsg.): »Department of Energy, 10 CFR Part 960, Nuclear Waste Policy Act of 1982; General Guidelines for the Recommendation of Sites for the Nuclear Waste Repositories; Final Sting Guidelines«, Federal Register – Vol. 49, No. 236, Thursday December 6, 1984: Rules and Regulations.Part III, S. 47.714–47.770.

- Webster, Donovan: »Area 51«, in: The New York Times Magazine, June 26, 1994, S. 32–35 und S. 44.

- Weiner, Tim: »Spy Plane That Came in From Cold Just Will Not Go Away in the Senate«, in: THE NEW YORK TIMES NATIONAL, Monday, July 4, 1994, S. 8.

- Wilson, Jim: »The New ›Area 51‹«, in: Popular Mechanics, Juni 1997.

- Wolschin, G.: »Landung auf der Insel der Stabilität«, in: Spektrum der Wissenschaft, September 1999, S. 10–14.

Index

252